Introducción a la
Última Cena
y el
Banquete de la Creación

Introducción a la Última Cena y el Banquete de la Creación

Eliseo Pérez-Álvarez

ABINGDON PRESS / Nashville

INTRODUCCIÓN A LA ÚLTIMA CENA Y EL BANQUETE DE LA CREACIÓN

Derechos reservados © 2011 por Abingdon Press

Todos los derechos reservados.
Se prohíbe la reproducción de cualquier parte de este libro, sea de manera electrónica, mecánica, fotostática, por grabación o en sistema para el almacenaje y recuperación de información. Solamente se permitirá de acuerdo a las especificaciones de la ley de derechos de autor de 1976 o con permiso escrito del publicador. Solicitudes de permisos se deben pedir por escrito a Abingdon Press, 201 Eighth Avenue South, Nashville, TN 37203.

Este libro fue impreso en papel sin ácido.

A menos que se indique de otra manera, los textos bíblicos en este libro son tomados de la Santa Biblia, Edición de Estudio: Versión Reina-Valera 1995, Edición de Estudio, derechos reservados de autor © 1995 Sociedades Bíblicas Unidas. Usados con permiso. Todos los derechos reservados.

ISBN-13: 978-1-4267-4217-0

Para

Catherine Gunsalus González

y

Justo L. González

mentores y colegas del alma

Agradecimientos

Este libro se debe al apoyo económico del gran corazón de Evelyn Soto, ejecutiva de la Iglesia Evangélica Luterana de América.

Asimismo agradezco la ayuda extra que brindaron:

Paul Collinson-Streng, Director del Ministerio del Campus de la Universidad de Tejas en Austin,

Michael Reinhart, obispo del Sínodo Luterano de la Costa del Golfo y

Rubén Durán, Director para el Desarrollo de Congregaciones Nuevas de la Iglesia Evangélica Luterana de América.

Contenido

Prólogo 9

Introducción 13

    ¿Qué gustan beber? 13

    Tenetempié 16

    Menú 20

1. Sopa del día: El año cristiano hispano 29

2. Ensalada: Preparativos para la fiesta 113

3. Guisado: Celebración de la Palabra y la Mesa 147

4. Guarniciones: Términos eucarísticos 181

Postre 205

Alacena (Bibliografía) 209

Prólogo

El comer en compañía de otros u otras es una experiencia sagrada. Además de ser un derecho humano —ya que si no comemos, morimos—, el comer representa una experiencia humano-divina. Humana, porque entran en juego todos los sentidos del cuerpo: el olfato, los olores de las especias de los alimentos; el gusto: los sabores que entran al paladar; el tacto: tocamos la comida y la sentimos en la boca; la vista: vemos los bocados, sus tamaños y sus colores; y el oído porque, además de escuchar el golpeteo de las cucharas con los platos, oímos el crujido al partir el pan, y sobre todo, las voces de los invitados al compartirlo. El comer es una experiencia divina porque se siente a Dios (presente o ausente) en el acto de comer (o no comer) y en el compartir con los demás. En una buena cena se vive un trozo de eternidad porque no se siente el tiempo, su principio y final. Por eso es una realidad divina vivida en medio de los afanes cotidianos, las persecuciones y opresiones. Ya lo decía Qohelet reiteradamente, más o menos así si juntamos todos los refranes: "Anda, come tu pan y bebe tu vino con la persona que amas, en medio del trabajo esclavizante de este mundo. Esto es regalo de Dios y Dios lo aprueba".

Por eso no es extraño que la Biblia está llena de pasajes sobre comidas: para sellar pactos, para compartir la amistad y practicar la sagrada hospitalidad, para producir milagros como los del profeta Elías y los de Jesús. También están para transgredir los rituales que marginan y para señalar nuevos caminos de comportamiento humano. Por todo eso no es descabellado que Eliseo Pérez escriba un libro sobre la última cena en clave culinaria desde una perspectiva geopolítica, económica, cultural y teológica.

Prólogo

La última cena es un locus teológico desbordante de sentidos. No porque sea algo sagrado dentro de la tradición cristiana, elemento que satura dichos sentidos, sino porque desde la antropología cultural, como dice el biblista español Rafael Aguirre en su libro La mesa compartida (1994, 31), lo que vemos a nivel micro en las comidas cotidianas lo vemos a nivel macro de la sociedad. La identidad de los grupos sociales sale a la luz, así como el orden sociocultural y económico del cual se es parte. Eso queda muy claro en el libro de Eliseo Pérez porque orienta todo su discurso alrededor de las preguntas: qué se come, quiénes comen, cuándo se come, dónde se come y cómo se come. El análisis geopolítico y económico, siguiendo el orden del menú trazado por Pérez, permite ir dando respuesta a esas preguntas alrededor de la última cena.

De manera que como dice la antropóloga Mary Douglas, citada por Aguirre, "la experiencia física del cuerpo sostiene una visión particular de la sociedad. Refleja el orden social vigente" (Idem). Esto lo observamos en el análisis de Eliseo Pérez cuando reflexiona desde el acto del comer. Sin embargo, hay que añadir algo más: la experiencia corporal, además de reflejar el orden social vigente, es también la encargada de producir teología. La teóloga brasileña Ivone Gebara (Compartir los Panes y los Peces, 2008, 64) afirma que las creencias de las personas comienzan en los cuerpos, pues son las experiencias físicas y psíquicas de distintas clases e intensidades las que producen las creencias religiosas. Por ejemplo, el nacimiento de un bebé o el morir son eventos rodeados de misterio, alegría y temor, dice ella. Yo pongo a ese nivel el evento de la mesa compartida, un acto que no se puede obviar porque de él depende la vida humana. Por eso no me pareció ilógico que Dios sea una cocinera en la novela La Cabaña de M. W. Paul Young, y además afrodescendiente, para sorprender a más de uno prejuicioso. Los sabores y los saberes siempre van de la mano, reitera Pérez, y en esa novela las discusiones teológicas más profundas se dieron allí, alrededor de la mesa, degustando manjares divinos; compartiendo y discutiendo la Trinidad: dos mujeres (Dios y el Espíritu Santo) y un varón (Jesús el carpintero), y un hombre terrenal que busca entender por qué hay tanta injusticia y perversidad en el mundo.

Prólogo

Eliseo Pérez con gran creatividad va tejiendo su libro a partir del campo semántico de la última cena; y así como el menú es tan minucioso, así también el libro de Pérez está lleno de datos y estadísticas de todo tipo, interesantísimos. En torno a la comida, el autor hila el presente y el pasado geopolítico, económico, cultural y ecológico. Todo el menú está cargado de historias sagradas y profanas con sus respectivos datos socioculturales. La entrada (el calendario del año cristiano e hispano), la ensalada (los preparativos de la fiesta), el guisado (la mesa y la palabra), las guarniciones (aclaración de términos eucarísticos) y hasta la alacena (bibliografía), le sirven de plataforma para organizar los temas y datos. Los lectores disfrutarán y se asombrarán de la fecunda información de datos, muchas veces desconocidos, sobre la cultura y la historia, tanto bíblica como no-bíblica, antigua y de los siglos posteriores. Por supuesto que esos datos la mayoría de las veces no se ofrecen por pura curiosidad. Hay en la información la denuncia de una sociedad injusta que favorece los estratos pudientes en detrimento de las clases pobres. La ausencia de la comida deja ver el rostro triste de la última cena, pero a la vez la esperanza del banquete prometido, gracias a la terquedad de la lucha de los hambrientos por la vida abundante.

Una de las características centrales del estilo del discurso del autor es el humor. No fueron pocas las veces que me eché a reír con sus ocurrencias, juegos de palabras y afirmaciones de doble sentido. Definitivamente esa genialidad hace atractiva la lectura; aunque, debo advertir, a veces choca en algunos casos por su irreverencia e ironía inmisericorde. Sin embargo, hay que reconocer que esos recursos literarios, junto con los relatos cortos, hechos en clave culinaria en torno al vocabulario eucarístico, le ayudan a Eliseo Pérez a alcanzar su objetivo: historizar el lenguaje sacramental, muchas veces abstracto e incomprensible, que toca las experiencias límites de vida y muerte sin que nadie se inmute.

Es bueno y hace bien leer el libro de Eliseo Pérez.

Elsa Tamez

Introducción

¿Qué gustan beber?

> *Vamos todos al banquete*
> *a la mesa de la creación*
> *cada cual con su taburete*
> *tiene un puesto y una misión.*[1]

El primer menú que hace su aparición en un restaurante es el de los bebestibles. Fue en los Estados Unidos, el lugar de origen de las bebidas enlatadas, donde muchos aprendimos a acompañar y a empezar la comida con agua de la llave, la pluma o el grifo. Quienes tienen un paladar más reacio "humedecen el apetito" con jerez, pitorro, cañita, pisco, o con mezcal por aquello de que "para todo mal, mezcal; para todo bien, también".

A manera de lubricante tenemos que esta no es una introducción tradicional a la Última Cena instituida por Jesucristo hace más de 2.000 años. Tampoco brega con la práctica de esta ordenanza o sacramento cristiano, ni mucho menos con la teología histórica de esta institución, aunque encontraremos muchos elementos de todo ello.

Por "banquete de la creación" nos referimos al hecho de que nuestro ser está ligado al comer y el comer esta unido a la madre tierra. No es verdad que seamos seres trascendentes a la tierra; lo cierto es que tenemos continuidad con ella, pues sin el suelo no somos. La creación toda y nuestro planeta en particular es un organismo vivo que sufre cuando se le explota. Participar de la Última Cena de Jesús implica así entrar en comunión con la creación y hacer algo para que los miles de millones de personas hambrientas puedan probar bocado.

El banquete de la creación apunta hacia la redistribución de los comestibles y los bebestibles. En la historia del género humano nunca se ha producido tanta comida como hoy en día y, al mismo tiempo, jamás se ha concentrado en tan poquísimas bocas que se comen el mundo de un bocado. El que pueblos enteros tengan una sola comida al día y no recuerden cuándo comieron su última cena no tiene que ver con un problema tecnológico de producción; más bien, se debe al acaparamiento del pan de quienes comen "con el sudor del de enfrente" o "a costillas de los demás".

Lo que nos interesa es juntar a la Última Cena con las muchas otras mesas de Jesús y con las mesas contemporáneas. En otras palabras, nos ocupa el tema de la Última Cena del *illic et tunc* (allá y entonces) en tanto tenga una incidencia directa en el *hic et nunc* (aquí y ahora). Es una especie de actualización de la Última Cena, tomando en consideración la dimensión geopolítica y económica de nuestro pueblo hispano del siglo XXI. De ahí que el primer capítulo lo dediquemos al Año Cristiano Hispano, en un esfuerzo por abordar las fiestas antiguas y contemporáneas en clave culinaria. Nuestro tratamiento del Año Litúrgico Hispano tiene como trasfondo la Última Cena, la cual en sus inicios se observaba cada domingo. En este primer apartado intentamos, entonces, poner en perspectiva histórica las implicaciones sociales actuales de la Santa Cena.

La comida es un tema recurrente en el ministerio de Jesús. Pero, por angas o por mangas, se volatizó con el correr de los siglos. Es moneda corriente afirmar que "cuando el hambre entra por la puerta, el amor sale por la ventana", pero este juicio no hace justicia a la práctica de Jesús y su mesa franca. La persona que pide es un mendigo; la que no da es un méndigo. Pero desde la iglesia primitiva el evangelista Mateo espiritualizaría la cruda realidad: "bienaventurados los pobres... en espíritu" (Mt 5.3), o "perdónanos nuestras ofensas" en lugar de "perdónanos nuestras deudas económicas" (Mt 6.12). El móvil de esta introducción tiene que ver con la referencia a la institución de la Última Cena pero, sobre todo, con el cruce hermenéutico de las repercusiones concretas de dicha celebración para nuestra comunidad hispana hoy. Por lo mismo, en la segunda sección apetecimos ambientar no una, sino las dos ocasiones en que Jesús instituyera la sacralidad de la mesa: la de Galilea a campo abierto y la de la ciudad amurallada de Jerusalén. Aquí, como en los demás capítulos, no pretendemos ser exhaustivos. Lo que buscamos es encontrar ángulos frescos desde nuestra cultura hispana para poder re-parir la eucaristía. Si nos hemos detenido en aspectos culturales de la Cena de Jesús narrada en el Nuevo Testamento, todo ello es en función de darnos permiso como pueblo hispano de re-contextualizar la Última Cena al calor del fogón de nuestras cocinas.

Lejos está de nosotros dar prescripciones de cómo ha de celebrarse este rito cristiano. Hay denominaciones cristianas como la episcopal, la romana, la luterana, entre otras, que conservan mucho de la liturgia milenaria de la mesa. Otras iglesias han echado mano de elementos eucarísticos innovadores. En ambos casos media la tradición como el acervo que porta en su mismo vientre tanto lo antiguo como lo nuevo en una sana tensión. La tradición que prescinde del elemento de lo novedoso cae en la momificación; la tradición que privilegia la novedad, desemboca en la "moda-ficación". En este tren de ideas hay que situar esta Introducción.

En la tercera sección cocinamos un orden de culto conforme a las iglesias que cultivan una liturgia más elaborada de la Palabra y la Mesa. La intención no es favorecer tales denominaciones en detrimento de las más libres o espontáneas. Sencillamente es un repaso histórico de algunos de los elementos de la adoración cristiana para caer en la cuenta de la centralidad de la Última Cena, y de su desmaterialización con el correr de los años. Si bien es cierto que antes únicamente las personas bautizadas podían permanecer para la liturgia de la Mesa, hoy en día no tenemos de qué enorgullecernos. En muchos casos la Cena está vedada para la niñez, para las personas con discapacidades, para la comunidad homosexual, y más que todo, esta ordenanza o sacramento es una pálida sombra de lo que fue en sus orígenes: la redistribución del pan.

Si bien es cierto que en el capítulo tercero de la "Celebración de la Palabra y la Mesa" no hemos bajado al detalle por no ser nuestro objetivo, hemos incluido en el glosario o "guarniciones" términos que no se han mencionado con antelación. En ese último capítulo ponemos a su consideración las guarniciones litúrgicas recogidas principalmente de las iglesias más tradicionales. La idea consiste en que el comensal se familiarice con algunos de estos elementos cúlticos para enriquecer su cultura litúrgica o bien para reformarla. Con algunas de estas guarniciones habría que recocinarlas a fin de liberarlas de su lenguaje ultramundano, canibalista, escapista, el cual terminó divorciando la Última Cena de Jesús del banquete de la creación.

Sentarse a la mesa en otra cultura y en otro país e intentar descifrar el menú es un acto temerario. En tiempos de Jesús el pan era el plato fuerte y todo lo demás era relleno. En Puerto Rico el arroz y las habichuelas son el plato principal, después viene la "meztura" o carne y la cascada de acompañantes o guarniciones. En China es deber del cocinero cortar la carne; así se explica que no pongan cuchillo en la mesa. Ya que está uno listo para ordenar, hay que saber cómo llamar al mesero. En el Café La Parroquia de Veracruz se le llama tintineando el vaso con la cuchara. Algunas culturas inician el ritual de la mesa trayendo un plato sopero. La persona impaciente lo encontrará soso y le dará vergüenza comprobar que ¡el líquido no es para ser degustado sino para lavarse las manos! A pesar de los pesares esta es una atenta invitación para que proceda usted a abrir el siguiente Menú, el cual empieza con el aperitivo o tentempié.

Tentempié

*Sólo le pido a Dios me conceda
hacer lo poquito que puedo con lo muchito que quiero.*

Al instituir la Última Cena Jesús declaró su última voluntad: la de querer ser recordado como el anfitrión que comparte su pan con la persona hambrienta.

De acuerdo con la usanza de cerrar alianzas con una comida (Ex 24.11), el Nazareno del Aposento Alto selló el pacto de la lucha por el derecho humano más vital de todos: el acceso al sustento material. De ahí que su muerte de cruz guarde una estrecha relación con la política de su mesa hospitalaria: ¿con quién comió? ¿cómo comió? ¿qué comió? ¿cuándo comió? ¿dónde comió? ¿a qué hora comió?

Introducción

Son una miríada los libros que dan cuenta de la Última Cena pues, en eso de nombrar "al pan pan, y al vino vino", también son incontables las discrepancias en torno al significado de la Mesa de la Comunión. No existe un mueble como la mesa, que haya dividido más a quienes profesamos la fe cristiana, a pesar de la ironía de que Jesús no conoció la tan llevada y traída mesa, inmortalizada por Leonardo Da Vinci.

Así las cosas, ¿por qué añadir otro libro al tema tan masticado? Sencillamente porque son pocos los escritos que recuperan la memoria liberadora de Jesús opacada por el lenguaje sacramental abstracto, la liturgia hiperelaborada, los gestos corporales mecánicos, las sutilezas teológicas, el proselitismo sectario, la prédica del miedo, la moralina puritana, el ascetismo aguafiestas, la mística del dolor, la espiritualidad narcisista, la gracia ingrata, y demás.

Antes de que el "Menú" o la "Carta" hiciera su aparición, existían los "oficiales de boca" quienes anunciaban a voz en cuello las comidas disponibles. Eso aconteció en el siglo XVIII cuando surgieron los restaurantes, que a su vez se anunciaban con un: "Vengan a mí, estómagos fatigados que yo los restauraré" (Mt 11.28).

Menú dice relación a jugar un poco a la herejía, *hairesis*, es decir, hacer elecciones. Ahí están las opciones, la persona hereje hace uso de sus facultades para tomar partido por alguna alternativa. La persona ortodoxa capitula ante su capacidad de selección y termina ajustándose a un menú común para todo el mundo, a un menú parco, a un menú no tan menudo.

El menú cristiano asimismo fue reducido con el movimiento misionero fuera de Europa al demonizar mucha de nuestra comida y bebida, pero también sufrió la censura en el mismo norte de Europa. En el siglo VIII los papas Gregorio III y Zacarías condenaron la ingesta de carne de caballo. Por lo tanto, en las siguientes páginas presentamos a quien amablemente se coma este librito (Ez 3.3), un menú tal que, como dijera el apóstol Pablo: "quien coma de todo, coma en honor a Dios; y quien se abstenga de comer ciertas cosas, absténganse en honor a Dios, y también dé gracias a Dios" (Ro 14.6).

Menú significa menudo, es decir, la descripción detallada del repertorio culinario de un restaurante. Este ensayo sigue un menú abreviado pues lejos está de arribar al entendimiento definitivo de la Última Cena y al significado teológico y político de las mesas contemporáneas. Es solamente eso. Un tentempié, piscolabis, merienda, colación, bocadillo, refrigerio, botana o aperitivo. Es un abc introductorio de dicha ordenanza o sacramento y de la comida hoy en día, escrito desde la perspectiva hispana del arranque del tercer milenio. El formato utilizado es semejante a una penca de plátanos en donde cada uno de ellos por un lado posee unidad en sí mismo, pero por otra parte entronca armoniosamente con el ramillete. O sea que a esta introducción usted le puede hincar el diente por donde le apetezca, pues consta de historias breves colgadas de la misma rama con sus pencas. Respecto al tiempo, usted podrá leerlo de una sentada, por secciones, tal vez acudir al libro solamente para referencias ante algún apuro o, en el mejor de los casos, dejarse levitar hasta la hora de la cena.

Esta introducción se aleja de las clasificaciones falsas entre iglesias litúrgicas y no litúrgicas; iglesias históricas y no históricas; o *main line* y periféricas. Es verdad que algunas denominaciones protestantes cultivan liturgias más elaboradas y otras no, pero de ello no se sigue que haya que continuar manteniendo mesas separadas, pues en el Reino de Dios no hay ni mesas ni asientos reservados. Se dice por ahí que la diferencia entre un liturgista y un terrorista consiste en que con los terroristas se puede negociar. Es nuestra oración que, con el espíritu paulino de "examinarlo todo y retener lo bueno" (1 Ti 5.21), podamos degustar el menú eucarístico y catar, integrar o abandonar los elementos exhibidos en esta charola.

Respecto al método que seguiremos, hemos privilegiado el anecdótico. En las páginas que siguen incluiremos historias breves del gran relato de la Última Cena. Lo haremos favoreciendo las autoridades y referentes de la comunidad latina en los Estados Unidos (EE. UU.) y de sus países de origen. Ante la imposibilidad de bregar con los más de 2.500 versos bíblicos que aluden el tema del hambre, sobrevolaremos por los que más se relacionan con la mesa franca de Jesús. Oramos por que las especias usadas en este sancocho de siete carnes, como dicen en la República Dominicana, evoque asimismo al pabellón criollo venezolano, la bandeja paisa colombiana, el cuy andino, la feijoada brasileña, los churrascos del Cono Sur, las pupusas salvadoreñas, las viandas cubanas, y mil disculpas por el etcétera.

Introducción

Los cuatro apartados que componen esta introducción están aderezados en código culinario. La razón de ello estriba en la necesidad de concebir la Última Cena precisamente como eso: no es la única sino la última cena de una serie de comidas anteriores a la Pascua de Resurrección. "Última" apunta hacia la coronación de todas las mesas que prepararon el estómago para el banquete del Aposento Alto. No es gratuito el hecho de que los enemigos de Jesús lo identificaron como "glotón y borracho" (Lc 7.34), aunque no haya sido ni lo uno ni lo otro. "Última" asimismo nos remite a la cruda realidad de miles de millones de seres humanos que no recuerdan cuándo fue su última cena en tanto que su presupuesto solamente alcanza para una comida al día. En otros tantos casos "última" significa que no sabrán si habrá un mañana con comida. De ahí la urgencia de desarrollar una pastoral solidaria, tomando en cuenta las condiciones culturales, económicas, políticas del ministerio de Jesús reflejado en sus charlas de sobremesa.

La iglesia primitiva conmemoraba la resurrección cada domingo. Con el correr de los siglos dicha fiesta se arrinconó a un domingo al año. La Última Cena no solamente se ligó a la resurrección de Jesús sino también al sistema penitencial, de tal manera que la demanda de la eucaristía hizo que se realizara diariamente. En el siglo XVI la Reforma Protestante regresó la Última Cena al ritmo semanal, pero algunas denominaciones la espaciaron a doce, cuatro o tres veces por año, o sencillamente la eliminaron.

De ahí que el primer capítulo lo dediquemos al Año Cristiano Hispano en tanto que la Última Cena y su mensaje de resurrección debieran decir presente a través de todo el año. Junto con el calendario litúrgico ecuménico hemos incluido otras fechas que demandan nuestra atención y compromiso evangélico. A diferencia de la celeridad del año del mercado en donde el tiempo es dinero y quiere que todo mundo se enchufe al teléfono celular inteligente, el año cristiano nos invita a experimentar los ritmos, la alternancia de las estaciones, los procesos, la cadencia del tiempo (Ec 3.1-8), la vida abundante (Jn 10.10).

Si bien es cierto que los evangelios narran dos versiones de la Cena de Jesús, es decir, la de Galilea y la de Jerusalén, la realidad es que se pierde en la noche de los tiempos la época en la que se impuso la versión jerosolimitana. La Cena Campesina Galilea aparece seis ocasiones en los evangelios pues dos de ellos repiten la historia, pero no fue suficiente. El Banquete del Aposento Alto terminó engullendo a la comida de peces y panes. De eso tratará nuestro segundo apartado, donde también nos ambientaremos con la cultura mediterránea de la mesa de tiempos de Jesús. Empezaremos por hacer un catálogo de sus costumbres para saborearlo simultáneamente con la descripción desde la experiencia latina contemporánea.

Como plato fuerte tenemos en tercer lugar la celebración de la Palabra y la Mesa. Aquí haremos un catálogo de los diferentes elementos que se han ido añadiendo en torno a la celebración del culto cristiano. Este listado pondrá en perspectiva la Última Cena y sus implicaciones sociales y económicas para el más acá y el aquí y ahora. En esta sección como en las demás bien haríamos en tener presente que, en lo referente a la adoración, se rompen géneros: "No es necesario para la unidad de la iglesia cristiana que las ceremonias instituidas por el ser humano se observen con uniformidad en todos los lugares".[2]

En el cuarto y último capítulo cerraremos este ensayo como empezamos: relatando historias cortas, en este caso, en torno al vocabulario eucarístico. El largo embutido de términos y más términos litúrgicos pareciera opacar en lugar de arrojar luz sobre nuestro apostolado como seguidoras y seguidores de Jesús. Lo que hemos de hacer con dichas guarniciones es sencillamente tomar las que nos energicen para completar los sufrimientos de Jesús, como resultado de su pastoral liberadora (Col 1.24).

Vayamos pues al grano.

Menú

1
Sopa del día:

El año cristiano hispano

Adviento
    Día de la solidaridad con el Pueblo Palestino, 29 de noviembre
    Día de la erradicación del VIH-Sida, 1 de diciembre

Introducción

    Día de la persona discapacitada y día sin plaguicidas, 3 de diciembre
    Nacimiento de María, 8 de diciembre
    Día de los derechos humanos, 10 de diciembre
    Las Posadas, 16-24 de diciembre
    Día de la persona migrante, 18 de diciembre

Noche Buena y el cerdo
    La misa de gallo, 24 de diciembre
    Navidad, 25 de diciembre
    Día de San Benito de Palermo, 27 de diciembre
    Día de los Santos Inocentes, 28 de diciembre
    Año nuevo, La circuncisión y el nombre de Jesús

Epifanía y la rosca de reyes
    Las octavitas, 9-16 de enero
    Las octavonas, 17-24 de enero
    Día de Martin Luther King Jr., 15 de enero
    La Candelaria, la bendición de semillas y la tamaliza, 2 de febrero
    Cena en Casa de Cornelio, 4 de febrero
    Día de San Antonio Abad y la bendición de animales, 17 de febrero
    Carnaval
    Martes Gordo

Cuaresma y el ayuno
    Miércoles de ceniza, las piedras y el pan
    Día de la lengua, 21de febrero
    Día de la mujer, 8 de marzo
    Día de la acción contra las represas, 14 de marzo
    Día de San Patricio, 17 de marzo
    Día contra el racismo, 21 de marzo
    Día del agua, 22 de marzo
    Día de Oscar Arnulfo Romero, 24 de marzo
    La Anunciación, 25 de marzo
    Día de la juventud combatiente, 29 de marzo
    Día de César Chávez, 31 de marzo
    Domingo del refrigerio, 4º domingo de cuaresma

Semana de la pasión y los romeritos
 Domingo de Ramos, Marcos 11.1-11
 Lunes de autoridad, Marcos 11.12-14
 Martes de controversia, Marcos 12.13-17
 Miércoles de retiro, Marcos 11.11
 Triduo pascual
 La cena del Aposento Alto, Marcos 11.11
 Viernes de Dolores y el caldo santo
 Sábado de gloria y el agua
 Vigilia pascual

Pascua de resurrección, la primavera y la siembra
 La mesa de Emaús, Marcos 16.12-13
 Día de las luchas campesinas, 17 de abril
 Día de la Pachamama, 22 de abril
 Día del libro, 23 de abril
 Día de Juan José Gerardi, 26 de abril
 Día de la danza, 29 de abril
 Día del trabajo, 1 de mayo
 Día de la santa cruz, de la oración por la lluvia y del albañil, 3 de mayo
 Día de las madres, 10 de mayo
 Día de Isidro Labrador patrono del campesinado, 15 de mayo
 Día de Pascual Bailón, patrono de la cocina, 17 de mayo
 Día contra la homofobia, 17 de mayo
 Día de Elisabeth Käsemann, 23 de mayo
 La Ascención

Pentecostés, el verano y la elotada
 La Santa Trinidad
 Jueves de Corpus Christi, 3 de junio
 Día del ambiente, 5 de junio
 Día de Antonio de Padua, 13 de junio
 Día libre de transgénicos y la cosecha, 21 de junio
 Día de San Juan, 24 de junio
 Día de San Pedro, 29 de junio
 Día de la población, 11 de julio

Introducción

Día de Kateri Tekakwitha, 14 de julio en EE. UU., 17 de abril en América Latina.
Día de la mujer afrolatinoamericana, 25 de julio
Día de Luis Bertrán y la tomatina, último miércoles de agosto
Día de la despenalización del aborto, 27 de septiembre
Día de San Miguel y del maíz, 29 de septiembre
Día de la salud mental, 10 de octubre
Día de la resistencia indígena, 12 de septiembre
Día de la soberanía alimentaria, 16 de octubre
Día de la Reforma Protestante, 31 de octubre
Día de todos los santos y el pan de muertos, 1 y 2 de noviembre
Día de San Martín de Porres, 3 de noviembre
Día de San Martín de Tours, 11 de noviembre
Día de la niñez, 20 de noviembre
Día de Cristo Rey, 21 de noviembre
Día de la no violencia contra la mujer, 25 de noviembre
Día de acción de gracias, último jueves de noviembre
Día sin compras, último viernes del noviembre

2
Ensalada:

Preparativos para la fiesta

La cena campesina galilea: pan y pescado
    El eterno docetismo
    Una pastoral visceral
    Solidaridad no caridad
    El comunismo cristiano
    El platillo principal: el pan
    El pescado, la carne de embuste
    Servir las mesas…de los pobres
    El sacramento de la hospitalidad
    La feminización de la comida
    Pan y circo

Introducción

El banquete citadino jerosolimitano: pan y vino
    La escolta: el varón del cántaro, Lc 22.10
    El anfitrión: el Dios que come y da de comer
    El beso
    La risa
    La arquitectura
    La cocina
    El atuendo, Mt 22.11-14
    Los asientos Mt 20. 20-21
    La mesa
    Los comensales
    Las reglas de etiqueta
    Los manteles largos
    Las servilletas
    La servidumbre
    Las tinajas y las manos
    El lavabo y los pies
    Los sentidos
    Las flores
    Los colores
    Las trillizas: el canto, la música y la danza
    Las velas
    Los olores
    Los sabores
    Los comestibles
    Los bebestibles

3
Guisado:

Celebración de la Palabra y la Mesa

Al congregarse
Confesión de pecados
    Absolución
        Procesional e himno de entrada
        Salutación apostólica
    Monición
    Kyrie Eléison, Señor ten piedad

Introducción

    Gloria, Lc 2.14
    Colecta del día
La Palabra
    Primera lectura
    El Salmo
    Segunda lectura
    Aleluya
    El Evangelio y el evangelario
    Homilía
    Himno del día
    Credo

La Mesa
Oración de las y los fieles
    Ósculo de la paz, 1 Co 16. 20
    Ofrendas
    Gran plegaria eucarística
    Prefacio
    El Santo
    Relato de la institución, 1 Co 11. 23-26
    Epíclesis
    Anámnesis
    Los dones
    Intercesión
    Doxología

El Padre Nuestro
La fracción del pan
Copa de vino
La invitación
Agnus Dei, Cordero de Dios
La comunión
Nunc Dimittis, Ahora puedes dejar ir, Lc 2. 9-32
Oración poscomunión
Avisos
Bendición
Envío

Introducción

4
Guarniciones:

Términos eucarísticos
Ablución
Absolución
Aclamación
Ágape
Agnus Dei, Cordero de Dios
Alba
Aleluya
Altar
Anáfora
Anámnesis
Árbol de navidad
Ayuno
Báculo
Banquete nupcial
Basílica
Berakah
Cáliz
Campana
Casulla
Celebrante
Cíngulo
Cirio pascual
Colecta
Consustanciación
Copón
Corporal
Credencia
Crucifijo
Cruz pectoral
Doxología
Elevación
Enunciados realizativos
Epíclesis paraclética
Estola
Eucaristía
Ex Opere Operantis, en virtud de la disposición de la persona

Introducción

Ex Opere Operato, en virtud del trabajo realizado
Genuflexión
Hijuela
Hosanna
Hostia
Incienso
Inmolar
Intercesión
Intinción
Kyrie Eléison, Señor ten piedad
Lavabo
Leche
Levadura
Lex orandi, lex credendi, como oramos vivimos
Limosna
Liturgia
Maranatha
Mártir
Misa
Mitra
Pacto
Paños de la mesa
Patena
Pelícana
Píxide
Purificador
Pre-consagración
Presencia real-espiritual
Presencia simbólica
Realismo extremo
Reserva
Revestirse
Sacramento
Sangre
Símbolo
Sursum corda, levanten los corazones
Transustanciación
Viáticos
Vinajera

Postre

Alacena

Notas

[1] Guillermo Cuellar, *Misa popular salvadoreña*.
[2] Robert Kolb y Timothy J. Wengert (eds), *The Book of Concord: The Confessions of the Evangelical Lutheran Church*, Minneapolis: Fortress Press, 2000, Art. 1, Confesión de Augsburgo.

Capítulo 1
Sopa del día
El año cristiano hispano

Principio principiando;
principiar quiero,
por ver si principiando
principiar puedo.

(Anónimo peruano)

Una sopita de vegetales para ir lubricando la conversación nos cae bien. Los distintos ingredientes que encontrarán en este capítulo tienen que ver con los días de guardar tanto del año religioso como del civil que son pertinentes para nuestro tema. Lo que buscamos aquí es sencillamente realzar la relación que existe entre la Mesa compartida de Jesús y algunas celebraciones antiguas y recientes.

De ser una celebración semanal, la Última Cena devino en una multiplicidad de ritmos: diaria, semanal, mensual, cuatrimestral, anual. De ser una fiesta gozosa de la resurrección de Jesús, terminó arrinconando la resurrección a un domingo al año: la Pascua. En ese recorrido la iglesia cristiana fue incorporando una infinidad de tradiciones de fuentes diversas, hasta desembocar en el Año Cristiano o litúrgico.

El calendario cristiano se fue cocinando a fuego lento en dos fogones: la pascua y la navidad. De ahí se fueron agregando las estaciones preparatorias de adviento para el nacimiento de Jesús, y de cuaresma para la resurrección del Nazareno. De la fiesta del Pentecostés al Adviento se le conoce como el "tiempo ordinario", pero no se piense que se refiere a una temporada intrascendente. "Ordinario" sencillamente significa que los acontecimientos de ese periodo están "ordenados" cronológicamente. Asimismo al Año Cristiano se le añadió el santoral, el cual conmemoraba el día del martirio de las cristianas y cristianos que perecieron por causa del Reino de Dios. En nuestro caso hemos sazonado el calendario litúrgico con fechas relacionadas con la historia del pueblo latino de los Estados Unidos, además de conmemoraciones del Año Civil importantes para nuestra pastoral integral.

El calendario cristiano se estableció hasta el siglo VI, cuando Dionisio el Exiguo tomó como fecha de partida el nacimiento de Jesús. En tiempos del Galileo el calendario imperial tenía únicamente 10 meses, como lo indica el nombre de diciembre. Pero el 1 de enero del año 45 se oficializó el calendario juliano, el cual agregó el mes de julio en honor de Julio César. El siguiente emperador no se quedó atrás y no solamente le sumó otro mes más, agosto, sino que le agregó otro día para que sumara 31. Para que cuadrara la suma los meses alternaban entre 30 y 31 días, de tal manera que a agosto le correspondían 30. Augusto César no estaba dispuesto a tal rebajamiento así es que tranquilamente tomó un día de febrero para conservar su augusta imagen. Finalmente Gregorio XIII en 1582 bendijo el calendario gregoriano que actualmente rige a la cristiandad.

Los leccionarios que acompañan el Año Cristiano datan del siglo VIII. Con el fin de pasar revista a la vida y obra de Jesús durante todo el año, se establecieron las lecturas que daban cuenta de ello, teniendo como eje un evangelio. De esta forma se estructuraron los tres ciclos: A, correspondiente a Mateo; B, a Marcos y lecturas complementarias de Juan; y C, según Lucas.

Las celebraciones cristianas hunden sus raíces en las fiestas judías de carácter agrícola, de ahí el grito profético de Pablo: "la creación brama por su liberación" (Ro 8. 18-25). No es por nada que el nombre de Adam signifique "la tierra fértil", y que humano de humus, equivalga a lo mismo (Gn 2.7). La adoración originalmente apuntaba hacia la tierra como algo que merece que la sirvamos. De hecho, según Gn 2.15 la primerísima vocación de todo ser humano es la de servir y preservar la tierra fértil, y el maná o pan del cielo (Ex 16.4) es un recordatorio permanente para que vivamos de acuerdo con la enseñanza de Dios.[1]

En el siguiente catálogo de celebraciones entonces, hemos privilegiado la dimensión agrícola, económica y política del Año Cristiano, a fin de hacer justicia a la tradición profética milenaria que tiene sus pies bien plantados en la tierra.

Adviento

Del latín *ad* – hacia, *venio* – venir hacia alguien, o *adventus* – advenimiento, venida, o llegada de Cristo al mundo, hace referencia tanto al nacimiento de Jesús hace 2,000 años, como a la espera de su segunda venida. En sus orígenes la motivación de esta celebración era el temor a la noche, al frío y sobre todo, a no tener suficiente de pan para el largo periodo invernal.

Desde el siglo IV la estación del adviento es el punto de arranque del Año Litúrgico, durante la cual el pueblo de Dios se alista para ambos acontecimientos. En el siglo X se redujo el periodo de tiempo de siete a cuatro semanas, iniciando con el domingo más próximo al 30 de noviembre o el Día de San Andrés. En el norte de Europa se utilizó al adviento para neutralizar las fiestas de otras religiones que tenían lugar durante el invierno. Allí también surgen las coronas de pino con cuatro velas. Al final de la Edad Media la fiesta animada de la encarnación de Dios en Jesús como la coronación de la creación cede el paso a la conmemoración lúgubre y pesimista de la encarnación como pago de la deuda, producto de la maldad del ser humano.

En esta temporada de adviento nos hemos permitido incluir aquí algunos días de guardar, siempre con miras a historizar y a politizar el hecho portentoso de cómo Dios se hizo barro y de cómo Jesús luchó hasta el último aliento porque nadie se fuera a la cama con dolor de estómago debido al hambre. El dicho "de grandes cenas están las sepulturas llenas" cada vez más es un anacronismo por causa de la pobreza y miseria galopantes.

Día de la solidaridad con el Pueblo Palestino, 29 de noviembre

Desde el 2 de diciembre de 1977 la Organización de las Naciones Unidas denunció "el desplazamiento árabe, el apoderamiento de la tierra y el control de los recursos de agua, la destrucción de casas y el extrañamiento de las personas". Desde entonces al pueblo de Palestina le sigue lloviendo sobre mojado.

El imperio romano bautizó a Canaan como Palestina, tierra de los filisteos. Pero, desde el punto de vista lingüístico, tanto el cananeo como el arameo, el árabe, el hebreo y el etiope pertenecen a la misma familia de las lenguas semíticas. Los judíos representan no más del 10% de los pueblos semitas. El adjetivo semita proviene del nombre de Sem, el hijo de Noé. Además, es útil recordar que Abraham era babilonio, José egipcio y Jacob cananeo.

El pueblo judío estuvo bajo la bota militar de varios imperios. Aunque en el siglo VI a.C. sufrió la deportación masiva de sus habitantes a Babilonia, no fue sino hasta la destrucción del Templo de Jerusalén en el año 70 d.C. que se desmanteló su sistema de gobierno.

Sería hasta el siglo XIX cuando se organizaría un grupo de judíos reaccionarios con el pretexto de reconquistar la colina de Sión de Jerusalén. Ese movimiento sionista patriotero efectuó su primer congreso en Basilea, Suiza en 1879, y desde entonces se desencadenaron las migraciones europeas hacia Palestina. En el siguiente siglo se movilizaron tantos o más judíos procedentes de los países árabes.[2]

Con la consigna de que Dios les había reservado un Estado, los judíos sionistas se apropiaron de la tierra palestina en 1948, destruyeron 531 pueblos y ciudades palestinas, y expulsaron al destierro a 804.787 de sus habitantes. Desde entonces no han faltado los cristianos sionistas cuya predicación sostiene que una vez que todos los judíos pueblen Palestina, el mundo llegará a su fin. Tal tipo de cristianos no distingue las diferencias abismales que existen entre lo judío, lo semita y lo sionista.

Hemos de recordarles que también hay judíos anti-sionistas. Que algunos judíos son los primeros anti-semitas cuando olvidan que ellos representan únicamente el 10% de la comunidad semita, y que los palestinos también son semitas. Por último, que bajo ninguna circunstancia se puede sostener el discurso sionista.

El cristianismo sionista, por otro lado, magnifica el holocausto judío y disimula los genocidios africano e indígena que lo superaron con creces. Bien harían en aprender del caribeño Aimée Césaire, cuando en 1953 decía que la única diferencia del holocausto nazi es que tuvo lugar en Europa y fue perpetrado contra gente blanca.

Golda Meir, la primera ministra judía, originalmente consideraba que "los palestinos son bestias que caminan en dos patas", y en 1969 concluyó que sencillamente "no hay palestinos". De la misma manera hoy los medios de comunicación niegan el ser palestino cuando se refieren al "conflicto israelí-palestino", como si Palestina tuviera la misma capacidad bélica y la misma responsabilidad que su agresor. El enjambre de garitas y el muro altísimo construido por los israelíes con la consigna de mantener a los palestinos en una situación infrahumana hubieran imposibilitado la huida de José y María a Egipto.

En la conmemoración del día de la solidaridad con el pueblo palestino tengamos muy presente que Canaan, la tierra que fluye leche miel, tenía dueño durante la primera ocupación por parte de los "israelitas"; y que sigue teniendo dueñas y dueños en esta segunda ocupación por parte de los "israelíes".

Día de la erradicación del sida, 1 de diciembre

Desde 1988 se observa el día de la lucha contra el Síndrome de Inmunodeficiencia Adquirida o VIH/Sida.

Aunque su existencia data de hace muchas décadas, emergió con fuerza en la década de 1970 pero alcanzó notoriedad hasta que sonaron los primeros casos en 1980 en los EE. UU. Actualmente la población latina en los EE. UU. representa un 13%; sin embargo constituye un 18% de las personas infectadas con esta enfermedad. La transmisión, como sabemos, se da a través de los fluidos del cuerpo: sangre, semen, jugos vaginales y leche materna.

Debido a los prejuicios tan arraigados de la homofobia, el racismo y el patriarcalismo, esta enfermedad tiene muy mala reputación. Lo cierto es que quien debiera estar desprestigiada es la industria farmacéutica. La gente portadora del VIH/Sida pudiera vivir vidas normales si los vivos no vivieran de los muertos. De 1982 a la fecha los seguros médicos se han incrementado 250%.

No obstante de que la experiencia del VIH/Sida es muy diferente dependiendo de la clase social de la persona portadora de ese virus, con todo y ello esta enfermedad está muy estigmatizada: "Susan Sontang hace una distinción importante entre enfermedades que otorgan a quienes las padecen cierto encanto o prestigio, sobre todo la turberculosis, enfermedad de genios, artistas, poetas y románticos, en la vida real (Chopin, Shelley, Keats, Lawrence, Kafka) o literaria (Marguerite Gautier, Violetta la traviata, Hans Castorp), y aquellas como la lepra y el SIDA, que, por el contrario, se caracterizan por el menosprecio y el ostracismo social y moral".[3]

Día de las personas con discapacidades:[4] 3 de diciembre

Según Martín Lutero la cruz nos conduce a llamar las cosas por su nombre. En este tiempo en que vivimos bajo la tiranía de los eufemismos las personas con disfunciones físicas y mentales saben mejor que nadie a qué se refería el Reformador del siglo XVI. Describir a este segmento social como "personas con limitaciones diferentes", o "personas con desafíos" es intensificar su dolor. De eso daba cuenta Søren Kierkegaard hace 160 años cuando denunciaba al obispo primado de la iglesia luterana de Dinamarca y su discurso meloso supuestamente en pro de los ciegos y sordos, pero en realidad a favor de su selecta audiencia.[5]

San Agustín fue especialmente cruel con las personas sordomudas debido a su interpretación literal de la Biblia: "la fe viene por el oír, y el oír por la Palabra de Dios" (Ro 10.17). Pero no se comparaba con el desalmado David y su odio contra las personas ciegas: "Ni cojo ni ciego entre en el templo" (2 Sam 5.8). Nuevamente, lo que estaba de por medio era que no podían estudiar la ley, como si el Rey no supiera que el 97% de la población era analfabeta.

Las personas con discapacidades físicas o mentales además tienen que bregar con el estigma cultural y con las enfermedades inventadas por la clase dominante. Ya Platón se quebraba la cabeza tratando de entender por qué los esclavos "tenían la inevitable tendencia de odiar a sus amos". En el siglo XIX Cartwright parió una enfermedad y la bautizó como "drapetomía", es decir, la manía del esclavo fugitivo. Según él, era algo totalmente insano el que los esclavos escaparan de las barricadas donde estaban hacinados, así como también que se dieran a la fuga de los campos algodoneros.[6]

Día sin plaguicidas, 3 de diciembre

Para los grandes emporios del veneno la Última Cena ha de ser precisamente eso: la última cena, literalmente.

Los traficantes de plaguicidas, insecticidas y fertilizantes lo que buscan es lucrar con la industria de la salud, tener el monopolio de la comida y uniformizar el paladar. La quimicalización del campo surgió con ímpetu después de la Segunda Guerra Mundial. Los pesticidas dieron un salto, de matar seres humanos a eliminar otros organismos vivientes de los sembradíos. Los agrotóxicos son armas de guerra y el campo es el basurero de la industria bélica. El DDT, el héroe de la Segunda Guerra mundial entre otros plaguicidas, es directamente responsable de las infecciones anuales de más de tres millones de personas. Y el rosario de los males causantes sigue: cánceres, autismo, males neurológicos, destrucción de nutrientes, envenenamiento de personas, animales, la tierra, expulsión del campesinado, desertificación, pérdida de la biodiversidad... Según John Robin la carne contiene 14 veces más residuos de pesticidas que los vegetales, y más del 95% de los tóxicos químicos son originados en la ingesta de carne, productos lácteos y huevos.

Las grandes trasnacionales no buscan el bien común sino extender sus tentáculos. Únicamente 10 empresas tienen el monopolio de más del 80% del mercado mundial de estos contaminantes. El gobierno de Washington recibió una llamada de atención en 1947, recién terminada la Segunda Guerra Mundial. A escasos 80 metros de entregar fertilizantes de nitrato de amonio a la corporación Monsanto de Galveston, Tejas, un barco explotó, matando a más de 500 personas. Al parecer el siniestro pasó desapercibido.

Hace un siglo había alrededor de unas 120 especies alimenticias, hoy solamente existe un 10 % de ellas. Actualmente la mitad de las calorías se obtienen únicamente de cuatro plantas: maíz, papa, arroz y trigo. Las sustancias químicas además de convertir a los suelos en adictos, pidiendo cada vez una dosis más grande, también matan la diversidad benéfica.

El antídoto contra ese modelo del uso intensivo de químicos sigue siendo el conuco o la milpa. Conuco es una palabra taína que apunta hacia la armonía agrícola, en donde cohabitan la batata o camote, el boniato y la yuca, mandioca o guacamote.

La milpa es una familia en donde comparten el suelo unas 10 plantas, todas ellas muy conscientes del hecho de que a mayor diversidad menos plagas, y de que hay suficientes niveles en el subsuelo para que sus raíces no se enmarañen unas con otras. El maíz cuenta con una red protectora de lujo. Su vecino, el frijol, hace que el suelo retenga el nitrógeno tan necesario para el maíz. El chile es un plaguicida nato. La calabaza impide que crezca maleza, mantiene la humedad con sus inmensas hojas y sacia nuestra hambre con sus flores masculinas, todas ellas estériles. Los quelites integran una familia en sí mismos proporcionando alimento nutritivo y rápido. La flor de cempasúchil es un suplemento alimenticio para las aves domésticas, sirve como colorante natural de las yemas de los huevos y es un plaguicida y nematicida garantizado. Los sapos que también perecen con los plaguicidas artificiales son unos golosos de las larvas de los mosquitos. Si se requiriese de una terapia intensiva, bien se puede mezclar las semillas con resina de ocote. Por un lado acelera su germinación y por el otro, repele las hormigas, el mapache, el tejón, la ardilla y algunas aves.

Por si eso fuera poco, los mayas le daban otro uso a la milpa: la usaban como imán para atraer animales, de manera que no tenían que domesticarlos y mucho menos cuidar de ellos. El venado, el pecarí, el guajolote de monte, la iguana... terminaban en el estómago de las clases altas.

El monocultivo europeo significó una embestida contra el conuco y la milpa pero estas sobrevivieron. De igual manera, de cara a esta guerra química contra el campo, la milpa se yergue airosa repitiéndose a sí misma: resiste, hay que mantener viva la Última Cena.

Nacimiento de María, 8 de diciembre
El 8 de diciembre de 1854 el papa Pío IX promovió la doctrina de la Inmaculada Concepción de María a la categoría de dogma revelado. Según este papa, lo que tuvo lugar fue la animación donde María recibió un alma inocente y la justicia original. No es por nada que la Navidad en España inicia precisamente el 8 de diciembre, el día de la Inmaculada Concepción de María.

Ahora bien, la pregunta obligada es esta: ¿no es verdad que esa justicia original tiene que ver más bien con la solidaridad incondicional de Jesucristo con toda persona que sufre los embates de los reinos injustos? Tengamos presente que "...en la medida en que somos justificados por la fe y no por la ley, los excluidos y humillados toman conciencia de que son agentes, que pueden actuar por sí mismos. Ya no son objetos en el marco de la ley o de un sistema patriarcal que los reduce a la esclavitud. Una vez justificados por la fe de Jesucristo y por la fe en aquel 'que da vida a los muertos y llama a la existencia lo que no existe' (Ro 4. 17), los excluidos entran con el poder que corresponde a los hijos e hijas de Dios en la lógica de la vida, en la que el criterio fundamental es el derecho de todos a una vida digna y a la paz".[7]

En este tren de ideas veamos cómo, por la gracia de Dios, María aguantó el martirio no solamente de su hijo Jesús sino, con toda probabilidad, los de su sobrino Juan el Bautista y el de Esteban. María dejó oír su mensaje profético liberador. A diferencia de Virgilio, el heraldo de Roma, quien proclamó que el imperio "destruye al altivo y le da la bienvenida a la gente sumisa"; María echó su suerte con el "altivo", léase quien se rebela contra las estructuras injustas, y se distanció de la "gente sumisa", es decir, de quienes aceptan su miseria con resignación. Esta campesina invirtió el orden imperial en su canción de protesta: El *Magnificat anima mea Dominum* (Lc 2. 51-53):

> ...Dios actuó con todo su poder:
> deshizo los planes de los orgullosos,
> derribó a los reyes de sus tronos
> y puso en alto a los humildes.
> Llenó de bienes a los hambrientos
> y despidió a los ricos con las manos vacías.

En el mundo Mediterráneo era evidente que el "desorden establecido" atentaba contra los humildes, es decir, las mujeres. El hambre estaba asociada con los seres más olvidados: las viudas. Poner en alto a los humildes significaba el resurgimiento de la mujer como portadora de una criatura.[8] El Magnificat, o la canción popular de las comunidades cristianas, extiende sus raíces en el Antiguo Testamento (1S 2.1-10):

> Dios ha escogido a los que en
> este mundo son pobres, para que sean
> ricos en fe y para que reciban como
> herencia el reino que él ha prometido

a los que le aman; ustedes, en cambio,
los humillan. ¿Acaso no son los
ricos quienes los explotan a ustedes,
y quienes a rastras los llevan ante las
autoridades? (Stg 2.5-7).

En esta fecha y teniendo delante el cuerpo y la sangre sacramentales de Jesús, reflexionemos acerca del por qué Dios no escogió a una mujer linajuda, de sangre real por los cuatro costados para la encarnación del libertador Jesucristo. Por qué en lugar de ello optó por María la aldeana adolescente (Marcos 5. 3-4), la prófuga del rey Herodes, la contrabandista del cielo, la desclasada (Lc 2. 24).

Día de los derechos humanos, 10 de diciembre

Mientras que la Francia de finales del siglo XVIII enarboló los derechos humanos (es decir de las élites masculinas), en 1886 la Suprema Corte de los Estados Unidos les otorgó los mismísimos derechos humanos a las corporaciones privadas. De ahí que, tras el golpe militar de Augusto Pinochet, la Fundación Ford no tuviera problemas en, por un lado, promover los derechos humanos en Chile, y por el otro lado, patrocinar a la Universidad de Chicago y su sed privatizadora en ese país. Por eso no es de extrañar que, por esos mismos días, al asumir su cargo en la Suprema Corte Lewis Powell remachara: "Lo que es bueno para los negocios es bueno para los EE. UU.".

En la actualidad después de la industria energética, la agricultura es la empresa estadounidense más importante. La buena noticia consiste en el hecho de que la Última Cena pondera el derecho más básico de todos: el de la alimentación. Y lo hace a sabiendas de que el ser humano tiene primacía sobre las trasnacionales; de que la dignidad humana no tiene precio; y de que la propiedad comunal ha de imponerse a la propiedad privada.

Las Posadas, 16-24 de diciembre

Estos nueve días que anteceden al nacimiento de Jesús celebran la fertilidad simbolizada en la piñata u olla italiana. Sin embargo, el significado principal tiene que ver con el carácter subversivo de María.

Pongámonos en los huaraches o sandalias de ella por un minuto. Notemos la ingenuidad de José al pretender que el embarazo de

María pasara desapercibido en el pueblo de Nazaret de no más de 400 habitantes. Imaginemos qué tipo de comunicación se dio entre el ángel espiritual y la materialidad de la campesina de escasos 12 años. ¿Será que la visita a su prima Isabel no consistió en un intento de huir de la pena de muerte por su embarazo anónimo?

Las comunidades eclesiales de base mexicanas ven en las posadas la reivindicación de la sexualidad de María y su "derecho a decidir". La cultura Zinanteca ve en la Virgen de Nazaret a una mujer que se acostó con muchos hombres, y por lo tanto, nadie quería hacerse responsable de su hijo. El único que lo hizo fue su hermano mayor, José. En esto consiste, según esta teología, la naturaleza de Las Posadas, o procesiones que representan la cruda realidad de millones de madres solteras contemporáneas.[9]

El sacramento u ordenanza de la Última Cena tiene que ver con compartir el pan con el pueblo pobre. Dígalo si no el acontecimiento de que Jesús haya nacido en un pesebre *phatné*. O sea, el comedero compartido por los animales del establo.

Día de la migración, 18 de diciembre
Todo mundo que confiesa a Jesucristo es un inmigrante, con la honrosa excepción del pueblo palestino. Y, por si este hecho fuera de poca monta, tengamos presente que según las religiones judía, cristiana e islámica, todo el género humano es inmigrante, desde el momento en que fue expatriado del Paraíso.

Jesús fue un migrante desaforado durante su ministerio. Asimismo fue un inmigrante todas las veces que traspasó las fronteras judías. Sin embargo, debido a la persecución del rey Herodes, Jesús tuvo que emigrar a Egipto desde su tierna infancia, constituyéndose con ello en un refugiado político. De esta manera, su experiencia africana ha de contrarrestrar la ola xenofóbica, o de odio a las personas extranjeras, que se levanta tanto en los países ricos del norte, como en los países racistas del sur.

Si bien es cierto que la raza humana se originó en África y que la primera emigración se inspiró en los animales que huían en busca de comida, también es verdad que la inmigración contemporánea masiva es hija de la Revolución Industrial.

Actualmente se calcula que hay más de 200 millones de inmigrantes en el mundo y unos 750 millones de migrantes internos. Es decir que una de cada seis personas en el mundo se ha desplazado.

La frontera EE. UU. – México es el corredor migratorio mayor del mundo y a la vez uno de los más disparejos. Mientras que los EE. UU. acepta casi exclusivamente "la inmigración dorada", es decir los empresarios ricos, México no requiere visa de los estadounidenses. Mientras que los EE. UU. asocian la migración del sur del Río Bravo con los cárteles de la droga y con grupos criminales, México peca de servil para con los estadounidenses. En este contexto hay que ubicar la marcha pro inmigrantes realizada en Dallas en el 2006, como la mayor manifestación en la historia de Tejas. E igualmente hemos de valorar los juicios racistas emitidos en el 2010 en contra de los inmigrantes. Según Cury Todd, representante ante la Cámara de Tennessee: "pueden multiplicarse como ratas".

Ius e iuris es una voz del latín que significa tanto derecho, como salsa, caldo, jugo. Ahora bien, algunos países están por dar marcha atrás al derecho de suelo, *ius soli*, o sea, el otorgar la ciudadanía a quienes hayan nacido en ese país de progenitores indocumentados. La nueva tendencia es imponer el derecho de sangre, *ius sanguinis*. Pero no olvidemos que la sangre de Jesús no era precisamente egipcia. Cada vez que comulguemos en la Última Cena evoquemos pues la memoria de Jesús de Nazaret, el inmigrante indocumentado que gozó de la hospitalidad africana.

Noche Buena y el cerdo, 24 de diciembre
La cultura española gustaba de colgar chorizos y jamones a la entrada de los pueblos, so pretexto de que se airearan. Pero la intención verdadera era otra, pues los embutidos estarían mucho mejor en las bodegas. Lo que se tramaba era ahuyentar tanto a musulmanes como a judíos.

De ser la mesa el lugar de la concordia, parece ser más bien el mueble de la discordia. De asociarse la noche con el mal metafísico, ya viene siendo hora de conectar el mal con las acciones humanas contrarias a la ética de Jesús.

Que la comida no nos divida. Que al final de la Última Cena digamos como en Puerto Rico: "¡que se repita!". Que viva la diversidad:

> Sirvan los pasteles
> también el lechón
> el arroz con coco
> pisao con ron.
> Hay arroz con dulce
> también ron cañita

y una palangana
de morcilla frita.

Noche Buena y el cerdo

En la cultura hispana la navidad prácticamente comienza la noche del 24 de diciembre con la cena opípara donde "le dan chicharrón" (sacrifican) a varios animalitos entre ellos al cerdo.

A este ejemplar traido de España pronto le dieron carta de naturalización con diferentes nombres: cochino, marrano, puerco, cuche, lechón o chancho. El cerdo de inmediato se impuso en las celebraciones y en el imaginario popular. Juan de Espinosa Medrano, apodado "lunarejo" por su mar de lunares, en 1670 mostró lo que es honrar la cultura inca india y mestiza. De madre indígena, heredó el quechua y de su padre el castellano. Un día en la Catedral del Cuzco le cerraron la entrada a una anciana descalza, "¡Dejen entrar a esa india, que es mi madre!" tronó Lunarejo desde el púlpito. En su exégesis del Hijo Pródigo anotó: "el Diablo es un latifundista peruano, el vino es chicha y el bíblico becerro, un chancho gordo".[10]

La misa de Gallo, 24 de diciembre

Inauguración viene de augurio, y nos remite a los días del imperio romano y su fijación que tenían por consultar con los adivinos antes de echar a andar cualquier empresa. En tiempos de Jesús el Senado romano contrataba a los famosos arúspices, o sea, los adivinos etruscos que hacían sus predicciones al analizar vísceras de pollos. Los emperadores valoraban grandemente esta práctica. Algo parecido a la adicción de Ronald Reagan a los astrólogos. Se cuenta que cuando dos arúspices se miraban a los ojos, mientras los pollos yacían muertos, también ellos se morían, pero de risa.

El nombre de la "Misa del Gallo" probablemente se originó de la Basílica San Pedro del canto del Gallo (*Petrum in gallocantum*), donde el Papa celebraba la eucaristía.

Tal parece que no hemos aprendido la lección. Los judíos consideraban al gallo un demonio por el hecho de cantar durante la noche tenebrosa. Eso explica el que las tres negaciones de Pedro acontecen antes del canto del gallo, Mt 26. 34, 74.[11] Pero los grandes emporios polleros continúan satanizando a estos animalitos. Las gallinas y los gallos podían volar antes de ser domesticados. Con la industrialización dejaron de caminar. Y finalmente perdieron la capacidad de cortejo, pues en lugar de amarse lo que hacen es picotearse entre sí. En las grandes procesadoras los patean, los golpean, les cortan sus picos, les rompen los huesos al aventarlos y al final de su vía crucis, los hierven vivos. Con esa calidad de carne en nuestros platos, no estamos tan lejos de celebrar la última cena.

Navidad, 25 de diciembre
De *nativitas*, nacimiento. Fue hasta el año 325 cuando se adoptó el 25 de diciembre como día del nacimiento de Jesús. Esa fecha marcaba el inicio del solsticio de invierno, además de la festividad del Sol Invicto o del nacimiento del Sol, *solis natale*. El emperador Constantino, sin abandonar su adoración al Sol Invicto, oficializó esta celebración cristiana.

La feligresía de iglesias como la Armenia que no se alinearon con el Imperio y continuaron celebrando el nacimiento de Jesús el 6 de enero, fueron etiquetadas como: "gentes de cabeza dura y cerviz tiesa".

La tradición de los fuegos de bengala arrancó en Siria donde ya para el siglo IV pendían coronas en todas las casas.

El árbol de navidad se incorpora en el siglo VII. San Bonifacio (680-754), el misionero a Alemania, cortó a hachazos un árbol consagrado al Dios Thor, de donde viene el nombre de Thursday o jueves. En su lugar sembró un pino cuyo verdor permanente simbolizaba el amor eterno de Dios. Lo adornó con manzanas y con velas, evocando la caída del género humano y la luz redentora de Jesucristo. Ello evolucionó en las esferas y demás ornamentos. Con el tiempo se ponían los regalos de los reyes magos al pie del árbol casero. En Puerto Rico se coloca pasto o grama en una caja bajo el árbol o bajo la cama para que coman los camellos de los distinguidos peregrinos.

Mesoamérica celebraba el nacimiento de Huitzilopochtli precisamente en el solsticio de invierno. De modo que la navidad cristiana tuvo una excelente recepción.

Para la cultura latina la navidad tal vez sea la celebración más nostálgica (*nostos* – regreso, *algios* –dolor). Es como si quisiéramos remontarnos a ese lugar de solaz donde se detenía el tiempo: "el ocio es la madre de una vida padre (o chévere)". Los causantes de ese "regreso doloroso" son sin duda quienes viven "con el sudor del de enfrente", o quienes atentan contra el ocio con el neg-ocio desbocado. Son los grandes comerciantes que en esta temporada navideña orquestan los teletones y las campañas caritativas poniendo al frente rostros fotogénicos. Pero en realidad quienes representan la "industria de la compasión son traficantes del dolor humano" (Mario Benedetti). Son quienes pretenden que creamos que la esencia está en la marca;[12] que el ser es el tener; y que el tener es el parecer.

Día de San Benito de Palermo, 27 de diciembre

En el siglo XVIII la iglesia en los EE. UU. se debatía acerca de administrar la Última Cena a la población arrancada de África así como también argüía en torno a la legitimidad de dejarla entrar a sus santuarios. Quienes votaron a favor como Goodwin Morgan, pensaban de ese modo: "Si bien una piel negra es la marca de la maldición de Cam, ello no determina que los negros no sean humanos". Y continuaban su alegato: "Es sabido que los plantadores difícilmente emplearían animales para cuidar a otros animales".[13]

De esos tiempos cuando un joven blanco llamaba de "muchacho" (boy) a un anciano negro, no hay mucho trecho a la época de un John McCain que llama a un Barack Obama de inexperto para descalificarlo en la campaña por la presidencia de los EE. UU.

No en balde el negro siliciano Benito de Palermo (1526-1589) se constituyó en el protector del pueblo africano en Brasil. Benito, el "Santo Moro", era sumamente inteligente pero por analfabeto lo confinaron a la cocina. De ahí saltó a la dirección de su convento, y en la posición de mando optó por regresar a la cocina. El arte cristiano lo pinta distribuyendo panes, pues Benito de Palermo cocinó como pocos el saber con el sabor.

Día de los Santos Inocentes, 28 de diciembre

Esta es otra fecha del calendario cristiano que ha sido drenada hasta el tuétano. De su significado primigenio de haber sido los primeros mártires cristianos, los herederos de Herodes han convertido a estas niñas y niños masacrados en sinónimo de ingenuidad: "inocente palomita que te has dejado engañar, sabiendo que en este día en nadie has de confiar".

Esta fecha ha sido mal usada por cristianos racistas y machistas para justificar el control de la natalidad y para condenar el aborto. En los EE. UU. han trasladado el 28 de diciembre para el 1 de abril el "día de los locos", donde se acostumbra hacer bromas de mal gusto.

La matazón de la niñez es más bien la ocasión para que caigamos en la cuenta del gran mal social del militarismo, y de la urgencia de tomar partido por Jesús, el Príncipe de la anti-guerra. El negocio de las armas ha desembocado en la militarización de nuestras sociedades, convirtiéndolas en un gran panóptico.

Michel Foucault reflexionó acerca del panoptismo, el cual consistía en instalar en las cárceles una cámara para vigilar y castigar (*serveiller et punir*). Aunque los presos no lo veían, sabían que el ojo del guardia los seguía desde la torre. Las personas confinadas terminaron interiorizando el miedo hasta la médula, que el panóptico se convirtió en algo superfluo.

El día de los santos inocentes sin embargo, es el antídoto contra los Herodes traficantes del temor. Es la celebración de cómo los Sabios burlaron al panóptico para que la muerte de aquellas personitas no quedaran impunes. Aunque los Herodes destinen sumas inimaginables para la guerra y las armas, Jesús de Nazaret, a través de su iglesia, sigue compartiendo su mesa con su pueblo hambriento. El Niño Jesús sigue recordándonos que lo opuesto de la fe no es la incredulidad; es el miedo.

Epifanía y la rosca de reyes, 6 de enero

Voz griega *epipháneia*, traducida como aparición o manifestación del Verbo Divino hecho ser humano. En el mundo no cristiano epifanía significaba tanto la visita inesperada del soberano para inspeccionar a sus subalternos, como cuando el enemigo aparecía de improvisto.[14] También en ese día tenían lugar las fiestas de Osiris, de Dionisio y, el nacimiento del eón, nacido de la virgen Core.

En el siglo II, Basílides de Alejandría ya "fiesteaba" el bautismo de Jesús. Pero esa celebración terminaría compartiendo su día en el siguiente siglo con los jolgorios de las Bodas de Caná, y con los tres sabios de Oriente. Hasta el siglo IV se conmemoró el nacimiento de Jesús el 6 de enero, pero en el año 325 muchas iglesias se alinearon con el emperador quien trasladó la festividad para el 25 de diciembre.

En la aritmología judía el número 6 simboliza la finitud humana, la cual por más que multiplique el 6 por el 6 nunca llegará al 7, el número de la perfección. El anti-Cristo con su 666 será entonces todo aquel ser individual o colectivo que pretenda obediencia absoluta, la cual únicamente le corresponde a Dios.

Pero el número 6 es asimismo el número de la ingesta, de la pipa, la panza, la barriga, el atracón o la hartera. En Europa introducían una moneda en el pastel o bizcocho de reyes y la persona afortunada en encontrarla en su rebanada, la promovían a la realeza. En ese mismo continente se originaron las baguels, las donas y las roscas, las cuales tienen en común el doblarse sobre sí mismas o el ensimismamiento. La rosca de reyes que algunos grupos hispanos celebramos contienen varios muñequitos de plástico representando al niño Jesús. A quienes les toquen tendrán que ofrecer tamales (llamados pasteles en el Caribe) el Día de la Candelaria. A las personas que los retienen en su boca por no querer comprometerse se les dice: "no te hagas rosca", no te ensimismes, no te cierres hacia los demás. Pues ¿qué diablo de dios es ese que no comparte su cena?

Las octavitas, 9-16 de enero
Del latín *octo*, ocho. En el siglo VII la iglesia cristiana rescató la tradición hebrea de guardar los ocho días (dies octava) posteriores a la Pascua, y añadió otras octavitas a la epifanía.

Puerto Rico hizo obras de supererogación, o sea, redobló esfuerzos y agregó otra serie, las octavonas. En Cuba y Puerto Rico, conocidos como "las dos alas de un mismo pájaro", la vida de los esclavos era un infierno durante todo el año, con la excepción de un día de asueto, donde celebraban su dignidad: el 6 de enero.

Con esto en mente ¿tiene razón esta prolongación de 16 días al Día de la Epifanía? De cara al hecho de que Puerto Rico siga siendo una colonia, ¿tiene sentido celebrar esta fecha que pondera la desobediencia política de los sabios de Oriente? Considerando que el grupo reaccionario y racista conocido como Tea Party (Partido del Té) al arrojar el té al mar se siga negando a pagar "impuestos sin representación", ¿no es el momento en que Puerto Rico exija su derecho a votar por el presidente y senado de EE. UU.? ¿No está acaso la Última Cena anclada en la justicia geopolítica, social e ideológica?

Las octavonas, 17-24 de enero

Cesáreo de Arlés en el siglo V, les da el título de reyes a estos personajes que representan la gracia universal. Pasarán otros cinco siglos para reducir su número a tres, con nombre propio: Melchor, Gaspar y Baltazar. Pero no será sino hasta que crucen el Atlántico que en Puerto Rico ubiquen en el centro a Melchor, precisamente el de piel negra caribeña.

En la Plaza de las Américas de Puerto Rico, el 12 de octubre de 1984, el Papa confirmó a Santa María madre de la Divina Providencia, la patrona oficial de la Colonia, como la virgen nacional. Pero el pueblo sigue a la que llegó desde el lomerío de Hormigueros, a la Monserrate de origen catalán pero re-parida en esta Isla como virgen negra. Es la virgen de la primera mariofanía del final del siglo XVI ligada con la jibarería y la cimarronería que no dejaron morir del todo al idioma taíno. Virgen que, en otra de sus advocaciones, renuncia a ser la virgen de los reyes católicos y patrona de Sevilla, para convertirse en la madrasta y tetera de los tres reyes magos, con trato especial para el negro Melchor.[15] De tal manera que a diferencia de Baltazar el moro-negro-español, el Melchor boricua sí puede ser negro, estar en el centro, ser cristiano y rey todo en un mismo paquete.[16] Esta María, la de la virgen de Hormigueros, toma su distancia de la María invasora del estandarte y una de las carabelas de Colón, y del medallón que pendía del cuello de Hernán Cortés y de todas las élites criollas que en su nombre sangraban aún más al pueblo.

Dieciséis días son insuficientes para "reyar". Las parrandas, "asaltos" y trullas siguen manteniendo a flote al Borínquen profundo.

Día de Martin Luther King Jr., 15 de enero

Cuando en 1980 Arizona no acató la ley de honrar este día, inmediatamente se desató el boicot nacional que se prolongó hasta 1993. Al inicio de la segunda década de este siglo el racismo continúa. Este estado ha prohibido los estudios étnicos y rechaza al profesorado con fuerte acento hispano.

Este pastor bautista, doctor en filosofía y mártir, después de pronunciar su discurso "Tengo un sueño" en Washington en 1963, los medios masivos de comunicación lo mandaron al exilio. Ya no hablan de la pesadilla que denunció en su frase lapidaria: "La verdadera compasión es más que arrojarle una moneda a un pordiosero; significa poder ver que el edificio que produce mendigos necesita reestructurarse".

El Martin Luther King Jr. de sus últimos años se solidarizó con la causa latina. En agosto de 1965 predicó en el Seminario Evangélico de Puerto Rico teniendo como traductor a Justo L. González. Y por si no lo sabíamos, "No fue en Chicago. No fue en la Riverside Church, NY. No fue frente a las Naciones Unidas. Fue en la capilla del Seminario Evangélico de Puerto Rico donde Martin Luther King denunció públicamente y rompió el silencio evangélico sobre la guerra de Vietnam...Fue una ruptura abierta contra la política del presidente L.B. Johnson".[17]

El 4 de abril de 1967 en la iglesia Riverside de Nueva York predicó sin tapujos: "EE. UU. hoy es el más grande productor de violencia en el mundo".

En relación con el tema de la Última Cena remachó:

"Está muy bien hablar acerca de 'las largas túnicas blancas del más allá' con todo su simbolismo. Pero ultimadamente el pueblo quiere trajes, vestidos y zapatos que ponerse aquí abajo. Está muy bien hablar acerca de 'las calles donde fluye leche y miel'. Pero Dios nos manda preocuparnos por las barriadas, caseríos, fabelas, villas miseria, cantegrills, aquí abajo, y por su niñez que no puede comer tres veces al día".

La candelaria y la tamaliza, 2 de febrero

Hablando con precisión, la temporada navideña concluye el 2 de febrero. De acuerdo con Lucas 2. 22, 40 días después de la fiesta de la luz o de la navidad, tiene lugar la presentación del niño Jesús en el templo. Durante la procesión se encienden las candelas, pues según las creencias de aquellos lugares, las velas ahuyentaban las enfermedades y sobre todo, las epidemias de hambre. En el siglo IX hacían las veces de pararrayos y de servicio de escolta para las personas moribundas.

Con el correr del tiempo la iglesia cristiana dio un vuelco en relación con su valoración del celibato. Jesús fue acosado por su soltería. Un dicho judío decía: "El célibe no es un hombre en el pleno sentido de la palabra". Todos los rabíes eran casados. El hombre célibe era deshonrado, despreciado, tenido por indigno y por un muerto en vida. Con la excepción de los esenios, el judío tenía que casarse a los 18 años al menos que "alguna cosa no funcione". No ha de extrañarnos entonces que Jesús haya justificado su soltería con aquello de que "hay quien nace eunuco y quien se hace eunuco por el Reino de Dios" (Mt 19.12).[18]

Debido a su vida célibe, San José es el patrono de los seminarios de la iglesia de Roma. Como casi lo mismo se predica de María, Ignacio de Loyola inclusive consideró asesinar a un moro con quien caminaba al oír que rechazaba que María permaneció virgen tras parir a Jesús.

La institución de la Última Cena contiene mensajes muy subversivos, siendo el de la sangre quizá el más fuerte de ellos. Nuestras culturas caribeñas y latinoamericanas han heredado de España un retrato muy negativo de María.[19] Un claro ejemplo es la Candelaria o "Fiesta de la Purificación". Esta celebración es un recordatorio del rito judío de la limpieza de la "María parturienta". Las mujeres ricas podían darse el lujo de permanecer 40 días en sus casas después del parto, a fin de no contagiarle a nadie su impureza. Las mujeres pobres, en cambio, no podían guardar la cuarentena. Al salir a la calle para hacer sus diligencias, tenían que llevar una teja sobre sus cabezas para mantener lejos a todo el mundo. Dicha conmemoración es un recordatorio de la "impureza femenina", de su sangre contaminada, de su placenta innombrable, que al decir de estudiosas del tema, proviene del latín *sordes*, mugre.[20] Eso explica el que la gente casada fuera sepultada en ataúdes negros y la célibe en blancos. No es gratuito el hecho de que el bebé Jesús haya sido arrebatado de los brazos de su madre en tantísimas pinturas. La sangre menstrual ha sido sencillamente un tema tabú, aún cuando Jesús la haya redimido en la eucaristía. El sacramento de la comunión significa exactamente eso: que lo que nos une a Jesús son lazos de sangre. Las mujeres judías tenían ataques de pánico cuando su sangre menstrual fluía en demasía pues peligraba la procreación. Los españoles mantuvieron a los africanos, mulatos, indígenas y mestizos alejados del sacramento del orden, pues en su opinión, el obstáculo para una vida casta lo constituía su "sangre mugrosa". Eso de que la iglesia católica tiene siete sacramentos está por verse pues algunos de ellos están vetados para las mujeres y la comunidad homosexual. A este respecto muchas iglesias protestantes ya no protestan.

Dicho concepto de la sangre contrastaba con el de los indígenas americanos para quienes "Nana, la Madre creadora, creó con diversos colores las plantas, peces, serpientes, y todos los animales, y todo ello lo hizo a partir de su sangre menstrual".[21]

La fiesta de la Candelaria, por otro lado, tuvo una gran recepción en Mesoamérica pues coincidía con el inicio del año azteca. En esa fecha se adoraba a Chalchiuhtlicue, la Diosa del agua, y a su hermano Tlaloc, el Dios de la lluvia. De ahí arranca la costumbre de darle tamales (pasteles en puertorriqueño), a Xipe Totec o el reverdecer de la tierra. No ha de extrañarnos entonces que, según Guadalupe Pérez San Vicente, existan más de 350 variedades de tamales.

La Cena en Casa de Cornelio (Hch 10), 4 de febrero

Pedro estaba tan renuente a compartir la mesa con el no judío Cornelio porque estaba consciente de las consecuencias inmediatas: la pérdida de su liderazgo en el movimiento del Nazareno. Santiago, el hermano de Jesús, asumió de golpe el papel protagónico en Jerusalén.

Desde el Primer Concilio de Jerusalén de Hechos 15, Santiago quiso imponer su mal gusto. Durante su presidencia del Concilio se aseguró de uniformizar su espíritu asceta, el cual todavía se citaba en el Concilio de Constantinopla del año 652: "La Divina Escritura ordena que nos abstengamos de la sangre, de los animales estrangulados, y de la fornicación. De esta manera, quien debido a su estómago delicado cocina con cualquier técnica la sangre de cualquier animal como comida, si es clero ha de ser depuesto, y si es laico ha de ser cortado".[22]

Santiago, el hermano de Jesús, era de la escuela de Levítico 11, donde Dios personalmente catalogó lo que era comestible y con ello mató toda negociación al respecto. Pedro optó por la consigna: "mata y come de estos animales" pues "todo es puro" (Hch 10. 13), a sabiendas de que esa sería su última cena de acuerdo con quienes ostentaban el poder en Jerusalén.

Carnaval

Del latín *carnem levare* (*carnelevarium*) llevarse la carne, o carnestolendas "quitar la carne". Es ese adiós a la carne. Después de un invierno largo y sinuoso y ante la temporada de cuaresma de abstención de comer carne, ¿qué más le quedaba a la iglesia europea que unos cuantos días para fiestear?

Ya desde el siglo XII Giraldus Cambrensis insinuaba que no había que despedir del todo a la carne durante la cuaresma. Según este clérigo de Gales, el ganso no conduce a la lujuria, pues proviene de un árbol plantado junto a ríos o lagos. Como ejemplo de ello menciona a la iglesia de Irlanda que no tiene escrúpulos en comer gansos en períodos de ayuno.

Los desfiles desde su origen fueron diseñados para intimidar a la población al sacar a relucir el poderío bélico. Los carnavales en cambio, hacen las veces de muros de contención ante las políticas del miedo y la opresión. El pueblo toma posesión de los espacios públicos; con sus disfraces parodian a los poderosos; con sus ritmos se sacude la bota militar; con su comida experimenta el cuerpo de rey. Las comunidades pobres entienden el espíritu del carnaval porque ahí su música, su amor, su arte, su comida es mucho más intensa.

Martes Gordo

El Mardi Gras, *Martedi Grasso*, o de la gula (opsofagia), tiene que ver con ese engolosinarse antes de que empiece el período penitencial. Es el tiempo de "barrer con todo" lo que hay en la alacena pues al final de cuentas, "lo que no mata, engorda".

El Martes Gordo se refiere al período de carnaval que empieza después de Epifanía y se prolonga hasta el día antes del miércoles de ceniza. Este día es una reliquia de cuando se respetaban los ritmos de la tierra. A partir de la introducción del monocultivo en las Américas al final del siglo XV y de la fundación de empresas como la Chicago Mercantile Exchange (1898), se trastocaron los ciclos agrícolas. Uno de los resultados fue la gastroanomia o desregulación de la manera de comer. Si antiguamente la cuaresma respondía a la realidad de la escasez de alimentos, con las nuevas tecnologías y controles mundiales el ayuno cedió el paso a la gula para quienes puedan pagar la cuenta.

El Martes Gordo pasó a ser un estilo de vida. Hoy en día mientras que una de cada seis personas en el mundo pasa hambre, una de cada cuatro tiene sobrepeso o es obesa. Es verdad que desde 1962 aprendimos con James Neel que el "gen ahorrativo" goza de buena salud. De acuerdo con este genitista desde los tiempos de la caza y la recolección los genes evolucionaron para ahorrar grasa y así hacerle frente a las temporadas de escasez. De manera que actualmente existen personas portadoras de ese gen ahorrativo, las cuales por muy poca comida que ingieran aún así engordan. También es cierto que la gordura es en gran medida inducida por el sistema alimenticio diseñado por las grandes corporaciones. El alimento tan pobre en fibra la cual produce el sentimiento de saciedad; tan cargado de calorías huecas; tan colmado de saborizantes artificiales; tan dependiente de sustancias químicas de sus envoltorios y recipientes, necesariamente conducen a la obesidad. Seríamos más comprensivos si a todo ello le agregamos el hecho de que las personas gordas no experimentan el mismo placer al comer pues cuentan con menos receptores de dopamina o neurotransmisores.

El Martes Gordo asimismo nos recuerda cómo esta sociedad de consumo ha privilegiado a la comida como válvula de escape ante el ahoro, el frenesí o la celeridad del ritmo de vida. La "comfort food" o comida que conforta libera temporalmente la tensión, la soledad, el aburrimiento, la depresión, pero conduce al sobrepeso. Aunque uno tenga todo el tiempo del mundo comemos a la carrera. Basta con que veamos con el rabo del ojo la publicidad de la comida basura para buscar la gratificación inmediata y veloz. Los hot dogs y las hamburguesas parecen ganar la batalla.[23]

Si uno no come como Dios manda, reposada y concienzudamente, degustando cada alimento y sin estar dispersándonos con otra actividad, correremos la suerte de Tántalo y Ericsitón. Zeus castigó al primero a sufrir una sed y hambre eternas rodeado de comida gourmet. Al segundo le permitió comer absolutamente todo hasta vivir la autofagia suicida. Cuaresma y el ayuno

Del latín *quadragesima*, indica los 40 días comprendidos desde el miércoles de ceniza hasta el jueves santo. En inglés se dice *lent* y proviene de *"lengthening of days"*, o sea, el estiramiento de 40 días preparatorios para la Pascua. Fue en el siglo IV que se fijó el número de 40 días tan simbólico: 40 días de ayuno de Jesús, 400 años de esclavitud en Egipto, 40 años de vida errante por el desierto, 40 días del diluvio. Sin embargo, por ser el día domingo día de fiesta pascual en el cual no hay lugar para el ayuno, fue hasta el siglo VII cuando se cuadraron los números para poder ayunar 40 días exactos. En vez de iniciar la cuaresma el primer domingo de cuaresma, se retrocedió hasta el miércoles de ceniza, se omitieron los domingos y así quedaron "las cuentas claras y el chocolate espeso".

Durante esta temporada se reflexiona acerca de las enseñanzas de Jesús, se promueve el examen de sí mismo, se enfatiza la penitencia, se practica el ayuno hasta su rompimiento con el desayuno de Pascua. Originalmente no era tan heroico guardar estos días pues correspondían a los meses más estériles del invierno. En 1543 el reformador danés Peder Palladius recomendaba comer pescado debido a que era considerada la más femenina de las carnes, en contraste con la carne roja tenida como la más varonil.

El ayuno en ningún momento niveló a la población devota. Por ejemplo, la brecha alimenticia en México estaba bien marcada. La crema y nata de la sociedad comía arroz con camarón, lentejas con papas, pipián de pepita de calabaza, pescado lampreado, y el postre típico de los viernes: torrejas. Las clases bajas solamente aspiraban a comer nopalitos (o "indios") en chile colorado, arroz con verdolagas y frijoles con salsa verde.[24]

Respecto al chocolate, tuvo que intervenir el Papa Gregorio XIII al declarar que no rompía el ayuno. Dicha bebida no solamente hizo más llevadera la cuaresma, sino que bajó la presión arterial, sirvió para desparasitar el organismo y fue un antioxidante natural. Lo que sí no toleraron los europeos fue el nombre de cacao y lo reemplazaron por cocoa, por aquello de no evocar las heces.

Miércoles de ceniza, las piedras y el pan

polvo seré, pero polvo enamorado. Quevedo
El hombre tierra fue. Pablo Neruda

Del latín *cinis*, ceniza, polvo. Desde el siglo V se impartía ceniza sobre la cabeza de los penitentes públicos pero en el siglo XI el Papa Urbano II extendió este acto a toda la feligresía.

En este día se estila reflexionar acerca de las tentaciones de Jesús en el desierto las cuales generalmente se interpretan con una buena dosis de "moralina" (Mario Benedetti). Pero nada está más lejos de Jesús que la pretensión de ser un Mesías triunfalista, sediento de protagonismo, hambriento del poder tiránico.

En algunas comunidades indígenas el Miércoles de Ceniza se bendicen las mazorcas y el frijol como semillas, entroncándose con el tema de la comida incluida en la tentación de convertir las piedras en pan (Mt 4.3). Fedor Dostoievski lo captó de golpe en su novela *Los hermanos Karamazov* cuando el gran inquisidor encarcela a Cristo y le confiesa: "te horrorizaba la idea de comprar con panes la obediencia de la humanidad y contestaste que no solo de pan vivirá el ser humano".

Después de 2.000 años la situación se ha invertido. Las grandes empresas trasnacionales han caído en la tentación de convertir el pan en piedras. El maíz, la yuca, la palma africana y la caña de azúcar alimentan a los coches. Del maíz se producen plásticos y fibras sintéticas para hermosear jardines mientras la gente se muere de hambre. La comida ha sido sepultada en un mar de colorantes, conservativos, antioxidantes, acidulantes, espesantes, geificantes, emulsionantes, estabilizadores, edulcolorantes, potenciadores de sabor, fungicidas, saborizantes, aditivos, fertilizantes, pesticidas… Las semillas transgénicas son prácticamente medicinas, plaguicidas, condones para el control de la natalidad. Por no escuchar a Plutarco (s. I) "si alimentan a una vaca con carne multiplicará su crecimiento pero se volverá loca", ya no se sabe a ciencia cierta qué es lo que comemos. El pan es un proyectil de destrucción masiva.

Día de la lengua, 21 de febrero

El idioma y la cocina son los dos elementos de nuestra identidad que más resisten la asimilación a la cultura dominante.

En tiempos de Jesús quien no hablaba latín o griego se consideraba que no hablaba sino ladraba: bar, bar. Así nació la palabra bárbaro. Se calcula que antes de la colonización europea de finales del siglo XV el mundo hablaba 14.500 lenguas, de las cuales sobreviven 2.900 pues el criterio de verdad ha sido privilegio de las lenguas europeas. Por eso se afirma con razón que "la lengua es un dialecto con ejército y bandera".

Regresando al tema que nos ocupa, recordemos que el uso del "usted" o de "vuestra merced" nació como una marca de clase social. Entre las clases altas y aun entre cónyuges se honraba el usted, y utilizaban el "tú" exclusivamente para la servidumbre.[25] Nuestro pueblo latino en los Estados Unidos todavía arrastra este legado con su: "a la orden siempre", "ordene usted", "diga usted", "a sus órdenes", "para servirle a usted".

La lengua y la comida se cocinan juntas. En nuestros días habemos quienes perdemos el apetito al ordenar un triste café: "deme un moca, caliente, con café que no sea de embuste, sin azúcar, sin crema batida, leche entera, de tamaño treinta".[26] La sofisticación de la lengua y la comida puede rastrearse hasta el siglo XI cuando las oleadas escandinavas de "hombres del norte" se trasladaron del norte de Francia para sojuzgar a Inglaterra. La opresión prolongada de los normandos se puede constatar en el vocabulario culinario que crearon para dejar bien claro que los ingleses eran los vasallos productores de carne, y los normandos eran quienes degustaban los filetes: "Así, una *cow*, vaca, se vuelve *beef* cuando se la cocina. La *sheep*, oveja, se vuelve *mutton*; y el *hog*, cerdo, *pork*. Lo que es notable es que en todos estos casos la palabra para el animal vivo tiene origen anglosajón, mientras que la palabra que se refiere a su carne es parecida al francés".[27]

En el siglo XIX el campo mexicano ya sentía la embestida de otra lengua europea: "La sociedad dice que el chile, las tortillas, los chiles rellenos, las quesadillas son una comida ordinaria, y nos obliga a comer un pedazo de toro duro, porque tiene nombre inglés [*roast beef*]".[28]

Finalmente traigamos a cuento que la "alta cocina" esconde con las reglas de la etiqueta y con palabras rimbombantes la crueldad con que se originan y procesan los sagrados alimentos.

El pueblo latino sabe que no solamente el español es el idioma oficial de El Cenizo, Tejas, sino que también lo es del campo. Dígalo si no California donde con más del 70% de mano de obra indocumentada latina se produce más de la mitad de los vegetales y frutas que consumen los EE. UU., además de tener la exclusividad en la producción de dátiles, almendras, alcachofas, pistachos.

De los 300 millones que hablan español en el mundo, 35 millones de ellos viven en los Estados Unidos. Con todo y ello, la mayoría de las universidades no reconocen al español como lengua académica. El rechazo por parte de las universidades a la juventud latina indocumentada huele a esa artimaña de mantener al pueblo hispano sirviendo las mesas, sin aspirar a un día poder sentarse y saber lo que es ser servido.

Mientras luchamos por tiempos mejores la lengua y la comida van de boca en boca en el chirriar de la manteca, lo crocante de la tostada, el gorgoteo de la botella, el tintineo de los hielos, el chisporrotear de las fritangas, el chasquido de las frutas, el tentoneo de la tortilla, el regodeo de la digestión, el regurgitar del bolo alimenticio, y sigue la cuenta.

Día de la mujer,[29] 8 de marzo

No obstante que en la Cena Galilea (Mt 14.21) fueron las mujeres las que seguramente procesaron la comida, al final de la jornada las borraron del censo.

Desde 1977 la Organización de las Naciones Unidas separó este día para refrescarnos la memoria respecto a los derechos de la mujer. En tiempos de Jesús la mujer nunca alcanzaba la mayoría de edad, siempre vivió bajo el tutelaje del padre, esposo e hijo mayor. En nuestros días todavía se arrogan dicha injusticia el Estado, la iglesia, los hospitales, el padre y el hijo varón. En la mayoría de los casos, el marido de ascendencia mexicana lastimosamente repite el patrón: "Poco después de concluir la luna de miel, el esposo pasa de esclavo a rey y la mujer entra en la prueba más dura de su vida. El idealismo del varón se canaliza rápidamente hacia la madre".[30]

El Estado moderno se ha encargado de patologizar a la mujer que opta por vivir sola "sin su hombre". La literatura, el cine, la prensa la tilda de "cotorra", "jamona", "solterona", "quedada para forrar Biblias". El patriarcalismo drena el discurso feminista y lo sustituye por el genérico "estudios de género". La brecha salarial indica que las mujeres perciben un 25% menos ejecutando el mismo trabajo que los hombres.

A pesar de todos los pesares la mujer latina mantiene su cabeza enhiesta como sosteniéndose de las 12 mujeres que han sido presidentas de los países caribeños y latinoamericanos.

Día de la acción contra las represas, 14 de marzo

La Última Cena guarda una estrecha relación con el agua y la guerra en contra de ella, representada por las represas.

El siglo pasado y especialmente después de la Segunda Guerra mundial, el Banco Mundial financió gran número de las 800.000 moles de cemento. Un siglo bastó para "apresar" el líquido vital del 60% de los ríos del planeta. El "progreso" dejó tras de sí de 60 a 80 millones de personas desterradas, pérdida de la biodiversidad, pueblos fantasmas, robo del agua y la energía, 25% de la población mundial con problemas de agua. Las presas, cuya esperanza de vida es de 50 años, además emiten gases de efecto invernadero.

Los hidratenientes o hidromafiosos destinan el 70% del agua para la agricultura intensiva, y el 15% para las industrias. El agua embotellada es un negocio que arroja unos 800 mil millones de dólares anuales de ganancias. El costo social de la apropiación del agua son los más de mil millones de seres humanos que no tienen acceso a ella; las más de 25 mil personas que mueren diariamente por enfermedades derivadas de la falta de agua; las guerras entre una treintena de países por dicho líquido.

La mesa franca de Jesús sigue siendo un juicio contra un mundo cuyos países noratlánticos consumen 300 litros de agua diarios por persona, es decir, 20 veces más que muchos países del sur.

Día de San Patricio, 17 de marzo

En la intervención de los Estados Unidos en México (1846-1848), emergió una unidad militar integrada según algunos cálculos hasta por 800 soldados. Dicho batallón tomó el nombre del patrono de Irlanda pues su mayoría eran inmigrantes de ese país, pero también había de Alemania, Italia, Escocia, Canadá, Inglaterra y Polonia. Su nombre hubiera caído en el olvido de no ser porque el pueblo latino de trasfondo mexicano mantiene viva su memoria. El Batallón de San Patricio traicionó al naciente imperio y echó su suerte con México al cual le arrebataron más de la mitad de su ser geográfico.

El 13 de septiembre de 1847 mientras se izaba a toda hasta la bandera de los EE. UU. en el Palacio Nacional de México, muchos de "los Patricios" fueron ejecutados en el mismo Zócalo de la Ciudad de México. A otros tantos les aplicaron el calimbo con una "D" de desertor en la frente.

El Batallón de San Patricio, integrado principalmente por refugiados hambrientos, había resuelto el problema de la comida combatiendo bajo la bandera estadounidense. Sin embargo, en sus rostros se reflejaba un hambre mucho más profunda: la del Reino de Dios y su justicia.

Día contra el racismo, 21 de marzo

El país caribeño de Martinica ofrendó al mundo al gran teórico de la negritud, Aimé Césaire (1913-2008), y a su discípulo Frantz Omar Fanon (1925-61). Asomémonos aunque sea un poquito al "blanco del racismo", no para poner "la flecha en el blanco" sino para extirparlo.

Aimé el poeta, escritor y político nos enseñó a no hacer una lectura esencialista de la raza, sino a interpretar la idea del racismo en su contexto histórico, social económico, con el fin de ponerla al descubierto y erradicarla: "Puedo ver con claridad lo que ha destruido la colonización: las civilizaciones indígenas fabulosas –y ni [Henri] Deterding, ni la Royal Dutch, ni la Standard Oil nunca me consolarán por los aztecas y los incas".[31]

Fanon, el psicoanalista y filósofo social en su primer libro *Piel Negra, máscaras blancas*, analiza cómo la agenda del racismo "descarado", es la negación del rostro de la otra y del otro. Es el repudio de la diversidad. En su última obra nos ayudó a politizar la realidad y alejarnos de las interpretaciones folklóricas y nostálgicas de nuestros pueblos originarios: "Concedo que, en el plano de la existencia, el hecho de que haya existido una civilización azteca no cambia en gran cosa el régimen alimenticio del campesino mexicano de hoy".[32]

Ahora bien, tal parece que el Dr. John Cutler no leyó a estos caribeños. Según el Washington Post del 10 de octubre del 2010, este cirujano probó con 1,500 guatemaltecos la efectividad de la penicilina en la década de los años 1946-48. Les inyectó enfermedades venéreas en la espina y en el pene y los acostó con prostitutas. En el mejor de los casos les aplicó penicilina, pero muchos terminaron ciegos y la mayoría muertos. Sus conejillos de indias fueron enfermos mentales, prisioneros y soldados que tenían en común su tez morena y, por lo tanto, no contaban.

Las personas que el sistema racista elimina, la mesa igualitaria de Jesús ilumina.

Día del agua, 22 de marzo

El agua que brota del costado de Jesús simboliza al Espíritu Santo (Jn 19.34) y al vino eucarístico mezclado con el vital líquido.

Con todo y que la fiesta de la Epifanía y del bautismo de Jesús recoge una tradición oriental antiquísima que consiste en bendecir los ríos y fuentes, dicho ritual sobrevivió en Occidente únicamente hasta el siglo XV. Tan temprano como en el año 452 d.C. el Segundo Concilio de Arles sentenciaba: "Si en el territorio de un obispo, los infieles encienden antorchas o veneran árboles, fuentes o piedras, y él se niega a abolir esos usos y costumbres, él ha de saber que es culpable de sacrilegio".[33] En el año 960 d.C. el rey sajón Edgar continuaba el ataque al agua: "Todo sacerdote, de manera industriosa, ha de promover el cristianismo, y ocuparse de extinguir el paganismo y prohibir la adoración de las fuentes".[34]

Tras la desacralización del agua todo estaba permitido. Después vino su reducción a un mero detergente y finalmente su privatización. Así tenemos que en el siglo XVII la aristocracia francesa inició la moda del cultivo de céspedes, posteriormente los imitarían los británicos añadiéndoles rosales. Los ricos ostentaban su poder al rodear sus mansiones y castillos con grama. Hoy sabemos que ese es un atavismo cultural que se pierde en la noche de los tiempos, pero la nobleza lo hacía con un afán exhibicionista para mostrar su clase: "miren, nosotros podemos darnos el lujo de sembrar pasto en lugar de alimentos". Tales jardines proliferaron después de la revolución industrial, pero en los EE. UU. no fue sino hasta después de la Segunda Guerra mundial que se establecieron como la única opción para el frente de sus casas.

Los prados pronto significaron una mina para los comerciantes. Se calcula que en el año 2002 el mantenimiento y diseño de jardines obtuvo ganancias de 57 mil millones de dólares, empleó a 800.000 personas, y consumió 270 mil millones de galones de agua por semana.[35] Los EE. UU. vierten 78 millones de libras de pesticidas cada año en los 21 millones de acres dedicados al cultivo de césped. El hogar promedio norteamericano desperdicia 10.000 galones de agua por año por jardín sin contar el agua de la lluvia, y dedican 1.6 horas a la semana al cuidado de la grama, la cual es de suyo toxica para la biodiversidad.

El agua como detergente es asunto de nunca acabar. La manera macabra en que las industrias la han degradado da mucho de qué hablar. Baste mencionar aquí un ejemplo más cercano, el de las letrinas y su cascada de eufemismos: taza de baño, fuente, tocador, "pipisroom", oficina, excusado, WC (*white class*? ¿clase blanca? ¿*water closet*?), baño... Se calcula que pasamos tres años de nuestra vida sentados en este mueble, y que con el activar de la manija mandamos por el caño el 60% del agua del consumo humano.

La pulcritud de los fariseos los llevó a observar 631 preceptos de la ley; cuidarse de no realizar los 1521 quehaceres prohibidos, 39 de de los cuales relativos al sábado; y recitar la infinidad de bendiciones donde se encontraran. Incluyendo la letrina: "Bendito el Señor que ha formado al hombre con sabiduría y ha credo en él muchos agujeros. Está claro que si uno se abre y otro se obtura no le sería posible vivir" (Ber. B. 60b).[36]

El agua como mercancía está ligada al nacimiento de los Estados Unidos. Se sabe que en 1783 George Washington, Thomas Jefferson y James Madison visitaron los manantiales naturales de Saratoga Springs, N.Y. Lo que los motivó fueron las propiedades medicinales del líquido, pero un año después el agua yacía prisionera en botellas, lista para su venta. No ha de extrañarnos entonces que en estados como Colorado sea ilegal que la gente recolecte inclusive el agua de la lluvia, salvo en casos de "extrema necesidad".

La Segunda Guerra mundial dio el impulso definitivo a los refrescos embotellados y su rosario de propiedades: excreción de calcio, piedras en los riñones, pérdida del apetito, gastritis, diabetes, daño al hígado, erosión de la economía y sobre todo, monopolio del agua.

Día de Monseñor Oscar Arnulfo Romero, 24 de marzo

> *El corazón de El Salvador marcaba*
> *24 de marzo y de agonía.*
> *Tú ofrecías el Pan,*
> *el Cuerpo vivo*
> *el triturado cuerpo de tu Pueblo;*
> *Su derramada Sangre victoriosa*
> *la sangre campesina de tu Pueblo en masacre*
> *¡que ha de teñir en vinos de alegría la aurora conjurada!*
>   Pedro Casaldáliga

Mientras administraba la Última Cena una bala atravesó el corazón del Obispo de los pobres. Las sangres mezcladas del Judío y del Salvadoreño nos recordaron la continuidad que hay entre la eucaristía y el martirio.

El 23 de marzo de 1980, un día antes de que corriera la sangre de este mártir, él había tronado contra el ejército: "No matarás. Les suplico, les ordeno en nombre de Dios, que cese la represión, que ¡no obedezcan si les ordenan matar!"

El pecado imperdonable por el cual le cortaron la vida al arzobispo de El Salvador fue el de atentar contra la propiedad privada y el individualismo. Él dejó bien en claro que al discurso anticomunista le importaba un bledo el cristianismo; lo que defendía era el capitalismo: "Una verdadera conversión cristiana tiene hoy que descubrir los mecanismos sociales que hacen del obrero y del campesino personas marginadas. ¿Por qué solamente hay ingresos para el pobre y el campesino en la temporada del café y del algodón?"

Monseñor Romero aprendió a valorar al Jesús de los pobres gracias a la pastoral comprometida de Rutilo Grande. Este jesuita "llamó al pan, pan y al vino, vino" del sistema político y económico anticristiano. Su asesinato no se hizo esperar. Mientras Romero despedía su cuerpo en un servicio al aire libre, 100.000 fieles participaron del sacramento de la Última Cena. Rutilo Grande se despidió como pronto se despediría Romero: con una mesa grande, con manteles largos: "Cada cual con su taburete, y que a nadie le falte la tortilla y el conqué".

Día de la Anunciación, 25 de marzo

Del latín *adnuntiatio*, se refiere al episodio narrado en Lucas 1:26-38, donde el ángel Gabriel le anuncia a María que el fruto de su vientre es obra del Espíritu Santo.

Este día prácticamente coincide con el equinoccio de primavera donde los días y las noches tienen la misma duración. Desde el Concilio de Toledo del 656, hasta 1752 cuando Inglaterra incorporó el calendario gregoriano, Europa consideró esta fecha como "el Día de Año Nuevo". Más importante que el nacimiento de Jesús el 25 de diciembre, era el día del embarazo de María nueve meses antes, o sea, el 25 de marzo. Sobra agregar que ese día se recolectaban los impuestos del campesinado. Eso nos da pie para echarle una mirada al campo, particularmente a la Ley Agrícola o *Farm Bill*.

Esta ley comprueba la verdad del refrán "el bien de hogaño es hoy extraño". Surgida como algo provisional en 1933 al filo de la gran depresión, sirvió como un mecanismo de redistribución de la riqueza privilegiando al 25% del campesinado estadounidense. Durante 30 años logró aminorar la brecha salarial entre la ciudad y el campo. Sin embargo, con la industrialización y quimicalización del campo promovidos por la revolución verde en la década de 1950, el número de quienes laboran la tierra cayó al 2%. Un 70% de los subsidios se destinaron a los grandes terratenientes. Un 75% del apoyo favoreció a ciertos granos como el maíz y el trigo en detrimento de los vegetales y frutas. Se destinaron los cereales ya no para el consumo humano, sino para alimentar al ganado y a los carros. Desde la década de 1970 la ley agrícola sirvió para ampliar sus mercados internos y externos contando con la venia de los organismos internacionales. Los subsidios se ampliaron al 92%, los países sureños obedientemente se abrieron a las importaciones de maíz, trigo, arroz, el pequeño agricultor desapareció y emergió un nuevo segmento social, el campesinado urbano.

En estas condiciones pues, la aprobación al final del año 2010 de 300 millones de dólares en subsidios al campo para los próximos cinco años, no huele bien. Los grandes agro-negocios seguirán ganando terreno y en otros países continuaran expulsando a los campesinos de sus parcelas al no poder competir con productos subsidiados.

Mientras no paremos la Ley del Agrocidio millones experimentaran literalmente la última cena.

Día de la juventud combatiente, 29 de marzo

No es casualidad que este día de guardar se haya originado precisamente en Chile, el primer Estado neoliberal. El 11 de septiembre de 1973, el golpe militar chileno marcó de hecho el surgimiento del capitalismo voraz rebautizado como neoliberalismo. Sus agendas son de sobra conocidas: hurto de los recursos naturales; apertura de las fronteras para que viaje libremente el capital y las mercancías; extinción del Estado de bienestar social; desaparición de sindicatos; militarización de la sociedad; expropiación del fondo de pensiones, criminalización de la protesta social, linchamiento a través de los medios de comunicación. En pocas palabras, todo lo que practicó Augusto Pinochet, el militar golpista.

Como si la complicidad de Henri Kissinger, los *Chicago Boys* de Milton Friedman, y la Fundación Ford no hubiera sido suficiente, Margaret Thatcher propuso su TINA (*there is no alternative*, "no hay más na'"', no hay otra salida). Fuera del neoliberalismo no hay salvación.

Introducción a la Última Cena

Pareciera que la última palabra la tiene el aborto de la reforma agraria masiva del presidente derrocado Salvador Allende y las manos del guitarrista Víctor Jara cortadas a hachazos por cantarle a la justicia social. A pesar de ello, el día de la juventud combatiente mantiene a flote la utopía más grande de todas: la mesa comunitaria de Jesús.

Día de César Chávez, 31 de marzo

Este campesino latino dirigió la huelga de mayor duración en los Estados Unidos. Los posters que muestran las uvas sangrantes le dieron la vuelta al mundo. A más de una persona que degustaba un vino californiano le fastidió la digestión.

En el contexto de la Segunda Guerra mundial EE. UU. suplió la demanda de mano de obra campesina con brazos mexicanos, a través del Programa Bracero (1942-1964). La política que estableció el gobierno del Norte fue: "puedes trabajar, pero no puedes quedarte". De tal manera que entre ambos países había puertas giratorias permanentemente aceitadas con la sangre de 400 millones de braceros. Este fue el caldo de cultivo de donde emergió el gran líder de los derechos humanos de las trabajadoras y trabajadores del campo.

El 10 de marzo de 1968 César terminó su ayuno de 25 días con el propósito de re-dedicar el movimiento a la no violencia. Lo hizo con una celebración interreligiosa de la Última Cena para la cual se cocinaron 300 piezas redondas y grandes de pan llamado semita. Este pan se prepara con anís y se apega a la receta del pan matzo que comen los españoles cripto-judíos del siglo XVII. En aquella ocasión hubo quienes contaron hasta 8.000 personas quienes comulgaron... con buena conciencia.

Domingo del refrigerio, 4° Domingo de Cuaresma (mayo)

También conocido como Domingo de las Madres, es como un paréntesis del período de ayuno para refrescarse. Fue hasta el siglo XX que se corrió para el mes de mayo, pero por siglos se celebró el cuarto domingo de cuaresma. Tampoco tenía que ver con nuestras progenitoras sino con "la madre iglesia".

A propósito de madres, sería bueno tener presente que, cuando a Jesús lo señalan como "hijo de María" (Mc 6.3) en ese contexto quería decir: "hijo sin padre", o "hijo de madre soltera".

Nuestro "pepe" para referirnos a los joseses se origina precisamente en las dos pes de padre putativo. De igual forma recordemos que cuando no se menciona el nombre como en "Mujer, he ahí tu hijo" (Jn 19.26-27), se apuntaba, en esa cultura, hacia todas las personas. La enseñanza tiene que ver con la construcción de comunidad en general.

En todo caso en este domingo hagamos una pausa, démonos un "breikesito", tomémonos el día libre, refresquémonos con un refrigerio.

Semana de la pasión y los romeritos

Estamos llegando a la coronación del Año Cristiano, el cual inicia con el Adviento. Esta semana será intensa hasta llegar a la fiesta gozosa de la Pascua de Resurrección. Con excepción de Uruguay donde nombran a la Semana Mayor, la Semana del Turismo, la comunidad latina con sus raíces caribeñas y latinoamericanas observa cada uno de los días: lunes de autoridad, martes de controversia, miércoles de intimidad, jueves santo, viernes de dolores, sábado de gloria y domingo de resurrección.

Del latín *passio*, pasión, se refiere a los padecimientos de Jesús. Igualmente se relaciona con la pasión con que el Nazareno se desvivió por las y los pobres. El pueblo latino conoce en carne propia los padecimientos de un sistema inhumano, pero también se apasiona por echar pa'lante a pesar de todo, y se endulza la vida, en este caso, con comida propia de la semana santa. Si "las penas con pan son buenas", con "Revoltijo" son mejores, pues contiene romeritos (de la familia de los quelites), nopales y camarones secos.

En esta sección de la Semana de la Pasión, permítasenos salirnos un poquito de la órbita de nuestra narrativa para comentar los textos del evangelio relacionados con estos días de guardar.

Domingo de Ramos, Marcos 11.1-11[37]

Estamos a una semana de la cima del Año Cristiano. El Domingo de Palmas es el sexto y último domingo de la cuaresma.

La población de Jerusalén era de unos 30.000 habitantes pero en esta fiesta principal de la Pascua judía la ciudad fácilmente triplicaba dicho número con el flujo de peregrinos. Jesús hizo preparativos para entrar a la ciudad señorial y lo primero que reservó fue un "pichón" de burro pues el Nazareno no renuncia a su estirpe real (1 R 1.33-48) y a su carácter de Mesías (Zac 9.9). Sin embargo, al elegir un "pollino" está repudiando el tipo de reinado despótico y tiránico de Roma y del sanedrín judío. Los mantos y palmas apuntan hacia la procesión real (2 R 9.13), algo parecido a las alfombras rojas de nuestros días. El "muchos" significa que ese gentío provenía de muchos rincones, de seguro no eran de Jerusalén pues en la ciudad amurallada habitaban solamente quienes tenían los medios económicos para hacerlo. El grito de guerra de aquella muchedumbre era el de *hosanna*, un vocablo arameo con tintes netamente políticos (Sal 118.25-26). El pueblo judío predicaba que previo a la instauración del Reino de Dios, el Mesías dominaría 1.000 años sobre todas las naciones del orbe, y en ese período cada judío tenía derecho a poseer 2.800 esclavos paganos.[38]

"Mi Reino no es como los reinos de este mundo" es el mensaje que Jesús envía en su entrada al centro económico, político y militar. La gente que se arremolinó no salía de su asombro al ver que no entró de una manera triunfal montando un corcel de guerra. Sus discípulos pronto van a desbandarse pues ese tipo de Mesías que dice no a la guerra y a la opresión de otros pueblos no es de su predilección.

Siglos después los predicadores de la teología de la prosperidad dirán que cabalgar en un burrito que nadie había montado antes equivale a manejar un coche último modelo. La experiencia de la comunidad latina de ser un pueblo errante marca la diferencia con la cultura dominante bien instalada: "Mi gente y yo nos concebimos como peregrinos, tanto al nivel de la convicción teológica como de la clara necesidad".[39]

Lunes de autoridad, la higuera estéril, Marcos 11.12-14

Para la cultura latina esta semana es central para su fe.

La autoridad de Jesús no consiste en haber secado la higuera sino en confrontar el autoritarismo del templo de Jerusalén. Mientras que David encontró hospitalidad en el templo (1 S 21.6), Jesús se topa con un santuario hostil. La higuera representa al pueblo de Israel, a Jerusalén y a su templo (Os 9.10; Miq 7.1), así como el pau brasil, el árbol de brazas, es el árbol nacional de Brasil. La higuera fructífera simbolizaba la bendición de Dios (Nm 20.5); a diferencia de la estéril que de por sí era maldita (Jer 8.13). De acuerdo con la valoración de Jesús, el templo de Jerusalén luce un exuberante follaje pero es estéril respecto a la justicia social. Por eso él habla con la higuera en persona pues en su cultura la gente platicaba con los árboles y las plantas. De manera análoga nuestro pueblo hispano en expresiones como "toco madera" deja ver la comunión que mantiene con la naturaleza. Se dice que hay personas que tienen buena mano para sembrar, otras platican con las flores, otras más complacen a sus plantas con sus gustos musicales. En cualquier caso, este lunes lo que está en juego es el que nuestras comunidades de fe han de dar fruto de justicia, de lo contrario correrán la misma suerte que el templo de Jerusalén.

Martes de controversia, la pregunta sobre los impuestos, Marcos 12.13-17

Los herodianos eran colaboracionistas con Roma; los fariseos oponían resistencia al imperio, pero ambos oprimían al pueblo pobre cuyo defensor era Jesús. No ha de extrañarnos entonces que ambos se unan para tenderle una trampa al Nazareno: "¿Es lícito dar tributo a César o no?"

Un sí de Jesús implicaría que él no es el Mesías libertador; un no significaría que sería un traidor al imperio. El Galileo ni se digna tocar la moneda que tenía la imagen del César por una cara, y por la otra la leyenda: "Tiberio César, Augusto, hijo del divino Augusto". Él pudo salvar su pellejo citando la prohibición judía de las imágenes (Dt 5.8), pero aprovechó la ocasión para dejar en claro lo siguiente: hay que discriminar entre Dios y el ídolo. Dios promueve la vida; el ídolo es ávido de territorios por conquistar y gente qué devorar.

Al contestar de esa manera Jesús estaba siguiendo los pasos de su paisano Judas el Galileo quien protestó contra el censo (año 6-7 d.C.) del imperio romano a fin de incrementar los impuestos, y perdió la vida en la masacre de Séforis, a escasos cinco kilómetros de Nazaret.

Jesús repudia al denario, no le quema incienso a la inscripción *In Gold We Trust* (En el oro confiamos), pues sabe que el oro es para ser pisoteado (Ap 21.21). David Thoreau a mediados del siglo XIX también se negó a pagar impuestos a los EE. UU. por financiar con ellos la guerra contra México, cuyo botín fue la mitad del país sureño. La cárcel, la incomprensión y el aislamiento fueron su paga por haber hecho la distinción entre Dios y el ídolo voraz.

Miércoles de retiro, La cena de Betania, Marcos 11.11

A un paso del desenlace de la Semana de la Pasión, Jesús se retira a un lugar seguro a tomar bocanadas de aire. Su lugar favorito estaba localizado en las faldas del monte de los Olivos. Era la "casa del pobre" de María, Marta y Lázaro. El Nazareno tenía buen olfato, sabía que Jerusalén no era de fiar. Tres kilómetros fuera de la ciudad amurallada hacían la diferencia.

Triduo Pascual

La médula del calendario cristiano son estos tres días que van de la tarde del jueves santo hasta la tarde del domingo de resurrección. El triduo significa que es una sola celebración, que no podemos entender la muerte sin la resurrección y viceversa. A eso se debe el que varias denominaciones elijan esta fecha para el bautismo, la recepción de creyentes y la participación de la Última Cena.

Martín Lutero confesaba: "Cada vez que me lavo la cara renuevo mi bautismo". Pero eso se debía al miedo que le tenían al agua en el viejo continente: hasta el siglo XX las francesas e inglesas bañaban a sus bebés con saliva; los escoceses se identificaban entre sí por el picor de su sudor; muchos españoles se bañaban al nacer y al morir, "lo necesitaran o no".[40]

Igualmente en estos días de la Semana Mayor los europeos acostumbraban comer pan caliente en forma de cruz dizque para tener buena suerte, así como también sembrar especialmente papas. Fue el pirata Francis Drake quien obtuvo el crédito de haber introducido la papa andina a Europa en 1586 pero tuvo que pasar mucho tiempo para que le hicieran justicia e este bendito tubérculo. Al principio la asociaron con la lepra debido a su cuerpo cacarizo y deforme. El ilustrado Denis Diderot sostenía que la papa causaba excesiva flatulencia.[41] En Rusia rechazaron esta raíz sucia y la declararon una monstruosidad botánica por no ser mencionada en la Biblia.[42] Tiempo después ¡la papa les levantó el espíritu cuando aprendieron a hacer con ella vodka!

La cena del Aposento Alto, Marcos 14.12-25

En inglés lo llaman *Maundy Thursday*, o Jueves del Mandato, haciendo alusión al mandato nuevo o *mandatum novum* (Jn 13.34) de lavarse los pies los unos a las otras. El jueves de la institución de la eucaristía es central para la piedad anglosajona. El pueblo hispano, por nuestra parte, nos identificamos más con el viernes de dolores.

"Pascua" en hebreo equivale a paso o huida, rememorando el escape de Egipto. Durante la cena pascual Jesús entronca la institución de la eucaristía, la acción de gracias, la sagrada cena o la última cena. Jesús era un estratega, planifica todos los detalles, no porque él haya sido un perfeccionista, sino porque opera desde hace mucho en la clandestinidad, tiene que irse con cuidado. Todo ese lenguaje en código muestra que Jesús no era ningún temerario que no le tenía miedo a la muerte, sino que se aferraba a la vida.

Los judíos dormían en el aposento alto. Las copas eran exclusivas para la realeza y la crema y nata de la sociedad. A diferencia de una comida normal donde se sentaban en sarapes, esta vez se reclinaron pues se trataba de un banquete. Se apoyaron sobre su brazo izquierdo según se estilaba en la cultura grecorromana. La mesa era angosta y baja, en forma de herradura. Los comensales se tendían hacia la parte exterior de ella, estirando sus pies hacia fuera. Esa postura hacía indispensable a la servidumbre para atenderles. En esa cultura comunitaria todo mundo sopeaba de un mismo plato degustando además vino, aperitivos, botanas o piscolabis y la cena pesada.

A Jesús, como presidente de la mesa, le correspondía tomar y bendecir el pan. Sin embargo el fue más allá. Partió y repartió el comestible principal, realizando con ello acciones mujeriles y de esclavos. Nuestras madres latinas todavía citan: "la que parte y reparte se queda con la menor parte o se queda sin parte". El Galileo está inaugurando un reino donde no hay personas favoritas, donde no hay jerarquía. Es un reino que no se centra más en el templo y sus sacrificios sino en la donación de Jesús para erradicar todo tipo de sacrificio, y para alimentar a la gente pobre. En el Aposento Alto tiene lugar la mesa compartida, a diferencia de la compartamentalizada de los ricos.

Quienes chocan las copas con Jesús son continuadores de la nueva alianza basada en la vida abundante (Jn 10.10) para todo ser humano. El semitismo "sangre derramada por muchos" es el equivalente a nuestros "un fracatán", "un titipuchal" o sencillamente, todo mundo. No puede ser de otra manera pues es una mesa franca donde hay lugar hasta para Judas.

El agua era el bebestible esencial (Is 21.14). El vino en cambio se servía para honrar a alguien (Jue 19.4). El buen vino con bouquet era para lo más granado de la sociedad. Jesús degusta un vino reserva pero advierte que se convertirá en un abstemio (Nm 6.1-21), que iniciará una huelga de vino. La próxima vez que beba vino será vino nuevo. No en el sentido de no haber reposado lo suficiente, sino que será un vino no producido con la sangre del campesinado muerto de hambre ya sea en Mendoza, Argentina o en California. La huelga más larga de los EE. UU., con sus más de cinco años, fue precisamente la de los trabajadores agrícolas acompañada por César Chávez.

En el Aposento Alto tiene lugar un jolgorio, o sea, un "tomar aliento", soplo, viento, espíritu. Se asemeja igualmente con alkuhul, o espíritu en árabe. Lo espirituoso, la gratuidad de la vida, no es del monopolio del ser humano. Algunos animales degustan de comer frutas fermentadas según lo evidencian ¡las aves ebrias que se estrellan contra los cristales!

Eso es lo que Jesús quiere que recordemos. Recordar significa recardia, la vuelta al corazón, es decir que hemos de entender la Última Cena con el corazón, con las vísceras y también con el cerebro. La Última Cena no consiste en la consagración del pan y el vino sino todo lo contrario. Lo sagrado de los comestibles y bebestibles hace posible el jolgorio de despedida. La religiosidad del templo desprovista de la compasión es fútil. Religión, en contraste, quiere decir religar (*religare*) establecer la comunidad de mesa con la gente marginada, el pueblo hambriento. Recordar tiene otro significado: despertar, "recuérdame a las cinco". Hemos de estar despiertos pues muchas Últimas Cenas prefieren las relaciones mercantilistas del templo.

Pablo personalmente experimentó en su comunidad de Corinto la avaricia de los ricos al levantar muros de contención a la hora de la Última Cena. Pablo prefirió no meterse en honduras y les aconsejó que se hartaran (del griego *arton*, pan) en sus casas a fin de no compartir su comida con los pobres (1 Co 11.34), pero ¡eso es precisamente comer del cuerpo de Cristo indignamente! (1 Co 11.27).

Viernes de Dolores y el caldo santo

En este viernes negro la iglesia se despoja de todos sus ornatos para desarrollar el servicio de las tinieblas (*tenebrae*). Según la antigua tradición, debido al duelo se prohíbe consagrar la Última Cena, de manera que este día se considera alitúrgico. Eso no significa que no se comulgue pues se usan las especias consagradas el día anterior. El servicio de adoración empieza a las tres de la tarde, con la mesa desnuda totalmente.

El viernes de la tortura nos da pie para reflexionar en torno a la violencia. Las personas que estudian la Biblia con más detenimiento dicen que los más de mil textos que hablan de la ira de Jehová arrojan la cantidad de más de un millón de personas asesinadas. Con este trasfondo, el 17 de abril de 1981, el obispo Sergio Méndez Arceo expidió un decreto para excomulgar a quienes participen en la tortura, recordando la misma tortura de Jesús.[43]

En la Ciudad de México en este día proliferan los altares de dolores rodeados de humores: las aguas frescas de tamarindo simbolizan el sudor de Jesús; las de horchata y chía son las lágrimas de la virgen María; y el agua de Jamaica (*hibiscus*) la sangre de Cristo.

En Brasil la resurrección tiene lugar los viernes de todo el año, o sea cuando los pobres pueden fiestear, carcajearse, sentirse importantes, tomarse un vinillo, sentirse vivos.[44]

En Puerto Rico por lo pronto se degusta el caldo santo elaborado con un fracatán de viandas, pescado y la rigurosa leche de coco.

Sábado de gloria y el agua

Este es también un día alitúrgico pues no se consagra la Última Cena sino que se echa mano del depósito del jueves santo. Sábado toma su nombre del hebreo *shábbath*, transvasado al latín como *sabbatu*. En inglés se deriva de Saturno, el dios romano de la agricultura.

En esta fecha se lleva a cabo la "quema de Judas". Dicha tradición nació en España durante la dominación árabe. México asoció a Judas con políticos corruptos, a los cuales se les daba candela en efigie hecha de papel, carrizo y cuetones. Asimismo se alude al "judío errante" que le negó un vaso de agua a Jesús durante su pasión.[45] Pero ojo. No se mal interprete. Esta tradición del judío errante no tiene ningún resabio de antisemitismo pues ya viene siendo hora de que caigamos en la cuenta del odio infundado contra los judíos del siglo I. Jesús no fue cristiano, el cristianismo vino después de él. En lo alto de las cruces se acostumbraba escribir la razón de la ejecución, y la de Jesús fue la de ser el "Rey de los judíos". El Galileo no murió por ser cristiano; la cruz era el instrumento de Roma dedicado a los extranjeros enemigos políticos de su imperio.

Antiguamente el baño durante la semana santa era considerado un pecado, no era sino hasta el sábado de gloria que la gente podía asearse. Así surgió la tradición de empapar a los y las transeúntes distraídas con cubetadas de agua. Ahora está prohibido ese derroche pues el agua se agota.

Vigilia Pascual

Al pardear al Sábado de Gloria entramos a la vigilia pascual la cual consiste de tres elementos: las liturgias del fuego, de la Palabra y del Bautismo.

La iglesia cristiana de los primeros siglos reservaba el bautismo para esta velada, previa la catequesis que habían recibido las candidatas y candidatos durante los 40 días cuaresmales. En esa misma ocasión se les levantaba la penitencia a quienes habían sido disciplinados.

El rito del fuego nuevo tiene lugar fuera de la iglesia. El pastor enciende el cirio pascual que representa la luz de Cristo que alumbra a todo ser humano. El nuevo cirio lleva inscritos el año correspondiente, así como la primera y la última letra del alfabeto griego, el Alfa y la Omega, para declarar que nuestro tiempo está en las manos de Dios. La feligresía con vela en mano, va pasando el fuego bendecido. Cuando termina de cantarse el Pregón Pascual ya todo el santuario está resplandeciente simbolizando el fuego nuevo de Jesús. La costumbre de llevar el fuego nuevo a los hogares tiene resabios de cuando el hogar (*focus*) y el fuego eran intercambiables: "Antes de sustituir a la madre o al maestro, la televisión ha sustituido al fuego. Si la casa sigue siendo 'hogar', sigue siendo focolaris (el lugar de la lumbre), es porque la televisión conserva en su corazón una fuente de luz, de calor y de ruido —el murmullo

Sopa del día

variable del crepitar de las llamas— conforta a los menesterosos, acompaña a los solitarios y tranquiliza a los insomnes".[46]

La liturgia de la Palabra comprende siete lecturas "acuosas" pues todas hacen referencia al agua. Ellas conducen a la congregación desde la Creación hasta la Resurrección. En los primeros siglos el evangelio de Marcos se leía en su totalidad de una sentada.

El sacramento del bautismo se administra no solo a las personas de la iglesia local, sino también a las de otras iglesias del área que generalmente se van turnando la vigilia pascual año tras año. De igual manera se renueva el bautismo de todo mundo, ejecutando el único rito de exorcismo que conserva la liturgia cristiana, al renunciar a Satanás, sus engaños y sus malas obras. La bendición de la pila bautismal no puede obviarse. Lo que sí ha caído en desuso es el llevarse agua bendita a los hogares. Así nos lo aconsejan el dengue y la miríada de bacterias.

Pascua de resurrección, la primavera y la siembra

Prácticamente el Domingo de Pascua comienza con la vigilia pascual el sábado por la noche. Esta es una fecha movible aunque siempre cae dentro del 22 de marzo y el 25 de abril, o sea, el primer domingo después de luna llena que sigue al equinoccio de primavera. La Pascua fue la primera temporada litúrgica que observó la iglesia. Esta se prolongará por 50 días y concluirá el domingo de Pentecostés.

Fue hasta el año 321 cuando Constantino decretó el domingo como el "Día del Señor". El emperador romano entronció la celebración cristiana con "El Día del Sol Invicto" al que veneró toda su vida.

La Última Cena por siglos se celebró como la fiesta gozosa de la resurrección de Jesús. No fue sino hasta entrada la Edad Media que adquirió tonos fúnebres, que se estableció la comunión diaria, y que la mesa eucarística fue una pieza clave en el sistema penitencial.

Domingo viene del latín *dominus*, señor, de donde se originan nuestros reverenciales "don" y "doña" reservados para la gente linajuda. Finalmente en el año 1783 el monarca español se dignó otorgar esta distinción a todo el pueblo: "Los oficios manuales no son deshonrosos". Los que siempre portaron el "don" y también el "din" de dinero, fueron los curas, los militares y los nobles. En esta temporada de pascual también se llevan a cabo ordenaciones, bautismos, casamientos, bendición de casas y recepción de miembros.

En tanto que las flores son símbolo de la resurrección, recordemos que fue precisamente el Domingo de la Pascua Florida de 1512 que la bota española pisó, tomó posesión y bautizó al actual Estado de la Florida.

El huevo es otro signo de la resurrección. Muchos alimentos rebozan (de rebozo) de huevo batido, acurrucando todo el cuerpo. El huevo perdió su encanto cuando en 1886 Julius Maggi patentó su sopa de pollo. De ser los huevos símbolo de la fertilidad hoy están muy desprestigiados por los altos niveles de antibióticos y colesterol que contienen. Actualmente ya no representan la vida, pues se les conoce como *strokes in a shell*, o "cápsulas de ataque al corazón".

En nuestros días muchos pollos congelados son bañados en cloro. A las gallinas se les da de comer chile rojo, alto en capsantina, con el fin de que las yemas de los huevos y el color de la piel de los pollos tengan un color vivo. Hasta ese punto todo está bien. Pero el hecho de que China sea el mayor productor mundial de chiles secos, eso, ¡es para enchilarse! o enfogonarse.

Cerremos la Semana Santa como la empezamos, comentando la porción bíblica que aborda la resurrección y la tenencia de la tierra (Mc 12.18-27).

El partido judío de los saduceos, en su mayoría sacerdotes, era el más instalado en el poder del Sanedrín y la riqueza. Ellos no creían en los demonios, en los ángeles y en la resurrección pues ni falta les hacía. Pero se suman a la operación por atrapar a Jesús dado que este atenta contra sus intereses.

Como miembros de la clase ociosa, vienen a Jesús con el caso hipotético de la mujer y sus siete esposos para ver qué hace el Galileo en relación con la ley del levirato (Dt 25.5-10). Esta regulación establecía que, en el caso de que el esposo muriera sin dejar descendencia, su hermano era responsable de casarse con la viuda para garantizar la prolongación de la familia. Esta ley protegía la herencia de la familia, especialmente la tierra. Los saduceos lo sabían muy bien pues ellos mismos eran grandes latifundistas. Hicieron un negocio redondo, pues tenían el control del templo y de la tierra. De entrada presuponen que la mujer es un objeto, una propiedad. Jesús les da un repaso de historia a estos sabihondos, y les recuerda el pacto de Dios con toda la humanidad (Gn 18.18) y no únicamente con el pequeño club de los privilegiados como los saduceos.

El pueblo hispano heredó del Imperio Romano las instituciones de la propiedad privada y el latifundio. La Constitución de los EE. UU. también consagra y le da peso jurídico a la propiedad privada. Las grandes corporaciones se apropian cada vez más y más del agua y de las tierras del mundo. Los modernos saduceos sin embargo no tienen la última palabra. Profetas como Camilo Torres siguen levantando su voz: "Sabemos que el hambre es mortal. Y si lo sabemos, ¿tiene sentido perder el tiempo discutiendo de si el alma es inmortal?"

La Mesa de Emaús, Marcos 16.12-13

Jesús quiere cerciorarse de que los 12 apóstoles entiendan de una vez por todas, que su reino no es como los de este mundo. El Galileo privilegia primero a las mujeres como dignas para testificar de su resurrección; y luego favorece a dos discípulos que no pertenecían a los 12. Lucas registra el nombre de uno: Cleofas (Lc 24.18). Eso nos permite creer que se trata de una pareja de misioneros en tanto que las mujeres eran innombrables. En el reino de Pilato las mujeres contaban en el sentido de que en lugar de nombres les asignaban un número; pero en el reino de Dios ellas reciben los primeros frutos de la resurrección. Jesús liga las mesas y la hospitalidad prepascual-pascual-pospascual.

Día de las Luchas Campesinas, 17 de abril

Con pesar en su corazón el premio nobel de literatura José Saramago renunció al doctorado honoris causa que le otorgara la Universidad de Pará. El motivo fue que el gobernador de ese Estado brasileño tenía las manos manchadas con la sangre de la masacre de 19 campesinos en El Dorado de Carajás, ocurrido en 1996. Campesinos como João Pedro Stédile eran incómodos pues estaban bien arraigados al Movimiento de los Sin Tierra: "Cuando dejas de contestar: 'sí señor' y aprendes a decir: 'yo creo que', ahí es cuando nace un ciudadano".

Emiliano Zapata y Francisco Villa formaron los dos ejércitos campesinos más grandes del continente. Villa logró convocar a más de 30.000 hombres y mujeres. Con su caballo el "7 leguas", que en realidad era una yegua, penetró cuantas veces quiso al territorio estadounidense.

La palabra campesino en inglés tiene mala reputación. Se le asocia con una persona ignorante, por eso prefieren llamarlos granjeros. En cualquier caso desde hace tiempo que se les quiere desaparecer del mapa. En el año 1800, 90% de la población de los EE. UU. era campesina, el número cayó en 1900 al 40%, y siguió de picada, en 1940 descendió al 18%, y en 1970 al 4.6%. Para el año 2000 se redujo al 2% y muchos de ellos no son sino peones de los grandes agro-negocios.

La consigna es vaciar el campo y llenar las ciudades de mano de obra esclava. En el año 1800 solamente el 3% de la población mundial vivía en las ciudades y ahora únicamente el 20% de los estadounidenses moran en el campo. Los anti-valores propuestos son los siguientes: lo monetario sobre lo nutritivo; la ciudad por encima del campo; el hombre dominando a la mujer; y el crecimiento económico antes que los derechos humanos. En este estado de cosas no ha de extrañarnos que el país del norte haya pactado el que México utilizara su campo para producir marihuana y opio para abastecer a los soldados gringos durante la Segunda Guerra mundial.[47] Los narco-cultivos vienen aparejados a su vez, del jugoso mercado de las armas.

Tengamos presente cuestiones de esta índole cuando comulguemos con Jesús el campesino de Galilea.

Día de la Pachamama, 22 de abril

Aquel que no puede llamar suyo a un terreno, no es un hombre
Dicho rabino

El primer destierro ocurrió en el Jardín del Edén. Después vendrá un tiempo cuando el patriarca José dé en trueque alimento por tierras, posesiones y hasta cuerpos humanos (Gn 47.13-27). Respecto a la tierra prometida donde fluye leche y miel notemos el papel central que jugó Rahab la antepasada de Jesús, una mujer sin tierra (Mt 1.5). Veamos cómo la guerra emprendida por Josué fue en contra de los grandes latifundistas (Jos 2.1-24). El libro de Josué se termina de redactar durante el exilio babilónico después de la caída de Jerusalén 587 a.C. y es un mensaje de buenas noticias para las y los "pobres de la tierra": la reforma agraria es para todo el mundo.[48] Esta conquista de Canaan, conocida como el Destino Manifiesto, tiene un perfil liberador: "la idea de que la propia posesión de la tierra por Israel es dependiente de su justicia. El regalo de la tierra no es una posesión que pueda sostenerse fuera de la relación con Dios. Si Israel contamina la tierra con iniquidad, 'la tierra te vomitará por haberla contaminado, de la misma manera en que vomitó a la nación que estaba en ella antes que tú' (Lv 18.28)".[49]

El colonialismo europeo dio al traste gran parte de la agricultura de los continentes asiático, africano y americano. Los españoles aplastaron las terrazas agrícolas de la cultura inca para destruir al pueblo por el estómago. Todavía el Chaco argentino sigue librando una batalla por nuestra tierra o Lhaka Honhat en wichí.

En México, desde el siglo XVIII hasta mitad del XIX, la iglesia era dueña de más de la mitad de las tierras. Fue hasta 1917 que Zapata y los Zapatistas restituyen la propiedad ejidal. Pero dos décadas después el presidente Ávila Camacho regresó a sus andadas: "¿Le compro el rancho a usted o a su viuda?". Los campesinos que nunca cruzaron la frontera hacia los EE. UU., sino que la frontera los cruzó, perdieron muchas de sus tierras pues las negociaciones eran en inglés sin mediación alguna de un intérprete. De acuerdo con un historiador estadounidense la aristocracia esclavista no se contentó con robar la mitad de México sino que continuó con Cuba para el deleite de la United Fruit Company y otras empresas norteamericanas.[50]

La década de 1950 vio nacer la tan llevada y traída revolución verde. Con la complicidad de los organismos internacionales se triplicó la producción pero se desvió para alimentar a los animales. De verde solamente tenía el nombre pues los resultados son visibles: suelos agotados, adictos a los químicos; regadíos que usan 10 veces más agua; diseño de semillas híbridas no aptas para reproducirse; el consumo de 50 veces más energía que la agricultura tradicional.

La guerra sin cuartel contra nuestra casa ahora incluye el agroimperialismo o el "acaparamiento mundial de tierras". Los imperios compran y rentan por casi un siglo las tierras de los países empobrecidos para producir alimentos de exportación.[51] Lo que dejan tras sí es una estela de suelos envenenados, montañas de basura,[52] extinción del agua, el uso de mucha tierra para la elaboración de acumuladores para coches eléctricos y teléfonos celulares, y finalmente, campesinos desalojados.

La profanación de la tierra tiene que ver también con la manipulación del clima para fines bélicos y de lucro. Los EE. UU. provocó lluvias intensas en Vietnam y Camboya. China no se quedó atrás y en el año 2008 vendió por adelantado días soleados al Comité Olímpico Internacional.[53]

No solamente en el Día de la Pachamama o de la Tierra, sino cada vez que comulgan, algunos cristianos metodistas de los Andes derraman unas gotas de vino sobre el piso de tierra. Antes de que sus labios degusten el caldo de la uva confiesan: "Jesús derramó su sangre también por ti, Pachamama".

Día del libro, 23 de abril
Valverde, el capellán de Francisco Pizarro, camina al centro del zócalo de la ciudad de Cajamarca donde descansa el Inca XII y, a fin de evitar derramamiento de sangre, procede con la lectura del "requerimiento". Comienza con la catequesis sobre la Trinidad, la Creación, el Pecado Original, el mandato de Jesús dado a sus discípulos de evangelizar todo el mundo, etc.

Valverde "requiere" que el soberano de los Andes apostate de su Dios Sol. El sacerdote español ya olvidó que el Dios Sol es el mismo que adoraba el soberano romano Constantino y aún más: fue el que impuso como "reposo en el venerable día del Sol" (en inglés *Sunday*). Igualmente debido a la influencia de Constantino se estableció el 25 de diciembre, "el día del Sol Invicto" como el día de la natividad de Jesucristo. El desmemoriado Valverde "requiere" que Atahualpa entregue "libremente" las posesiones de su imperio de más de un millón de kilómetros cuadrados, correspondiente al actual Ecuador, Bolivia, Perú, parte de Brasil, Argentina, Colombia y Chile.

Empieza un altercado álgido: "¿en qué cabeza cabe la idea de que ustedes son los dueños de todo esto?" "No lo digo yo, lo dice el Papa, el Rey y en última instancia, lo dice la Biblia, el libro sagrado". Atahualpa la coge, la explora, la hojea, la sacude, le da de volteretas —y según la tradición oral— se la pega al oído: "A ti te dirá lo que quieras, pero a mí personalmente no me dice nada, es pura farsa" y la arroja al suelo con enfado.

Así como el libro inca llamado quipu no le decía nada a Valverde, la Biblia no le hablaba al soberano Inca. Las etimologías nos arrojan su luz. Texto viene del latín *textum*—hacer, tejer, entrelazar, juntar. Para tejer los quipus se requería de una fina sensibilidad tactual, como la de Louis Braille (1809-52) ciego él mismo, que visualizó un sistema de escritura para personas ciegas, aunque tributario de la escritura alfabética.

Texto asimismo dice relación a textiles.[54] Los quipus[55] son cordones de algodón y lana de cientos de colores, cada uno con un significado diferente. Ellos son hilados, tejidos, anudados, torcidos en variadas formas y combinaciones. Son de distinta textura, forma y tamaño tanto de los nudos como de los cordones, dependiendo de lo que se quiera registrar. Ahora bien, si por texto entendemos también tejido, si por escribir incluimos la acción de rascar o pintar en superficies sólidas, y si por texto abarcamos de igual modo al textil, entonces el sistema de quipus será el antídoto contra la supremacía del alfabeto latino. Desafortunadamente en 1583 el Tercer Concilio de Lima los satanizó como "objetos de idolatría".

"Libro", a su vez, proviene de *liber*, *liberi*, o sea, de las fibras extraídas del interior de la corteza del árbol. El término biblia nos habla de los rollos, y volvere significa enrollar, traducido como "volumen", es decir, algo enrollado. "Tomo" nos remitirá al marco para "cortar" el rollo.[56]

Pergamino, por su parte, se origina de la adaptación de la piel de animales hecha en la biblioteca de Pérgamo como apoyatura física alternativa para la producción de sus libros, esto es debido al boicot del papiro por parte de la Biblioteca de Alejandría.[57]

Los antiguos mexicanos escribían sobre papel fabricado de la corteza interior del árbol llamado amate (*ámatl*), de donde proviene el *amoxtli*, códice, libro u "hojas de papel pegadas". Igualmente escribieron sobre los mixiotes, es decir, las membranas de las hojas de maguey; las hojas de este cactus se siguen usando para cocinar al vapor y bajo tierra carnes variadas. ¡Sabor y saber en un tiempo no estaban divorciados!

Ahora bien, esa escisión entre saber y sabor, entre la Biblia y la comida, la experimentó Juan Pablo II en su visita a Perú en 1985, cuando en nombre de la cultura inca le reprocharon:

> Nosotros, los indios de los Andes y de América, hemos decidido aprovechar la visita de Juan Pablo II para devolverle su Biblia, porque, en cinco

siglos, esta no nos ha dado amor ni paz ni justicia. Por favor, tome de nuevo su Biblia y devuélvasela a nuestros opresores pues ellos tienen más necesidad que nosotros de sus preceptos morales. Porque, desde la llegada de Cristóbal Colón, se impuso a América por la fuerza una cultura, una lengua y unos valores propios de Europa.[58]

Las palabras de Jesús en la cruz: "perdónalos Padre, porque no saben lo que hacen" están presente en la Última Cena, ligando el saber con el sabor.

Día de Juan José Gerardi, 26 de abril (1996)

Casi 200.000 víctimas registraba el informe que leyó el obispo guatemalteco en la catedral de ese país. La cifra contabilizaba los innumerables cuerpos exhumados de panteones clandestinos. Dicha investigación era parte del proyecto de tres años de trabajo de la Recuperación de la Memoria Histórica de 36 años de lucha civil entre el ejército y los grupos de liberación.

Las palabras de Monseñor Gerardi fueron claras: "Queremos contribuir a la construcción de un país distinto. Por eso recuperamos la memoria del pueblo. Este camino estuvo y sigue estando lleno de riesgos, pero la construcción del Reino de Dios tiene riesgos y solo son sus constructores aquellos que tienen la fuerza para enfrentarlos".

Dos días después de su informe lo asesinaron brutalmente convirtiéndolo en un mártir más que probó del cáliz de Jesús de Nazaret.

Día de la danza, 29 de abril

Desde 1982 la UNESCO le saca brillo al piso en este día. El puritanismo nos enseñó que la vida limpia consiste en no fumar, no tomar y no bailar. Pero nunca dijo esta boca es mía en relación con los pecados económicos, ecológicos, raciales, patriarcales, militares...

En el capítulo dos ya tendremos oportunidad de regresar a la danza, su hermano el canto y su hermana la música.

Día del trabajo, 1 de mayo

Este día se honra la memoria de los mártires de Chicago masacrados en 1886 por declararse en huelga. Su pecado consistió en demandar horarios laborales de ocho horas diarias, los cuales ya se habían establecido en Europa 20 años antes, como lo consigna Federico Engels en el prefacio al Manifiesto Comunista de la edición alemana de 1890. El mecanismo ideológico para quitarle fuerza a ese acontecimiento fue el de correr esa fecha. En todo el mundo se observa el 1 de mayo, pero no así en su lugar de origen. Los EE. UU. lo corrieron hasta el 1 de septiembre.

La ideología de la impotencia es otra artimaña del sistema político injusto que nos invita a la inacción. Sin embargo, es precisamente por no hacer algo al respecto que el "terrorismo laboral" hace de las suyas al privar a la gente del derecho al trabajo.

El artificio del salario mínimo es una burla. En 1970 los ejecutivos ganaban 25 veces más que sus empleados, y en el año 2004 percibían 500 veces más. Los sindicatos solamente representan a un 7% de los trabajadores. La mujer gana 77 centavos por cada peso del hombre. La Organización Mundial de la Salud informa que, debido a las presiones del trabajo, 3.000 seres se suicidan diariamente. En los Estados Unidos el 30 % de su gente trabaja por su cuenta (*freelancers*). Los hogares latinos obtienen 59 centavos por cada dólar que perciben los hogares blancos. Los derechos laborales son flexibles, desregulados, y chijí chijá, etcétera, etcétera.

En relación con la comida las querellas continúan. Existe una relación entre el ingreso de la mujer a la fuerza laboral fuera de casa y el surgimiento de las cadenas de expendios de comida chatarra que nos "encadenaron" por todos lados. Hay un nexo entre la comida plástica y la industria del ocio: los amigos del ejército hicieron el pacto de que Ray Krock vendiera hamburguesas y papas en los parques de Walt Disney. Las industrias automotriz, bélica, petrolera, del entretenimiento, y de la comida basura, están encadenadas.

Los hogares de los países del norte destinan poco más de un 12% de su salario para la comida; mientras que en Egipto se requiere de la mitad de los ingresos para poder comer, y en otros países hasta del 80%.

A pesar de todo lo anterior, la memoria de los Mártires de Chicago nos ayuda a pasar del síndrome de "no se puede hacer nada", a la lucha del "no se puede hacer nada… más". Eso explica el que el 1 de mayo del 2010, medio millón de gente marchando a favor de la reforma migratoria sigan rescatando esta fecha, la cual fue desplazada durante el macartismo en la década de 1950 de infeliz memoria.

La Última Cena nos invita a ayudar con lo que esté de nuestra parte hacer para conseguir la justicia laboral, nos insta a "no dejar morir solo" a Dios.

Día de la santa cruz, la oración por la lluvia y del albañil, 3 de mayo

Cuenta la leyenda que mientras Constantino esperaba a las puertas de Roma a Magencio y su ejército tan numeroso, una cruz llameante irrumpió en el cielo. Esa visión le vaticinó a Constantino su triunfo en la batalla de Puente Milvio en el año 312. Una vez que se estableció como el único emperador de Roma, ni tardo ni perezoso Constantino mandó grabar en los escudos de sus soldados el lábaro cristiano: "con este signo vencerás".

En gratitud por haber ganado la batalla, tiempo después envió a su madre Elena a Jerusalén en busca de la vera cruz, o cruz verdadera. Como fueron los albañiles quienes le ayudaron a desenterrarla, la cruz se convirtió en el logo del gremio. Los trabajadores de la construcción nunca se imaginaron la mina que encontraron. En mayo de 1993 subastaron en Francia un pedazo de la cruz de Jesús, con un certificado de autenticidad del Vaticano estampado en 1855, en la caritativa cantidad de 18.600 dólares.

En nuestros lares las cosmovisiones indígenas asocian las montañas con el agua, pues es ahí donde nacen los manantiales y las nubes. De manera que el día de la cruz coincide con la llegada de las lluvias.

En el Caribe se le canta así:

> Los valles alegra
> benéfico rayo
> del sol que engalana
> las flores de Mayo.

En los Andes se adora al Cristo de tez morena y se llevan a efecto ritos de fertilidad, peregrinaciones y demás actos piadosos.[59]

En Brasil Régis Debray denuncia que las niñas y niños menores de cinco años que están desnutridos, sufrirán daños cerebrales irreparables. Esas y esos hermanitos son "los crucificados de nacimiento".

En México el Día del Albañil colocan una cruz en las construcciones, la adornan, y luego degustan carne de borrego, carnitas y pulque. Ese día es de lo más sagrado quizá porque lo conectan con la Semana de la Pasión de Iztapalapa, la cual convoca anualmente a casi tres millones de fieles. Hay quienes trazan el origen de esta tradición hasta el año de 1883 cuando el cólera crucificó a los lugareños.

En los Estados Unidos la cruz moderna viene siendo la inyección letal. En el condado de Harris, Tejas, se han ejecutado a más de 400 personas desde que se reactivara la pena capital en 1976. En una ocasión Antonin Scalia, juez de la Suprema Corte, se encontraba en la Escuela de Divinidades de la Universidad de Chicago. Al abordar el tema de la pena de muerte, expresó sin miramientos: "Para un cristiano creyente, la muerte no es la gran cosa".[60] Lo que el juez obvió decir es que no todos los creyentes son iguales. El color de la piel hace una gran diferencia.

La posición justicialista concibe a la cruz como un castigo, donde Dios "se echa al plato" a su Hijo. Algunos teólogos sustituyen el grito desgarrador de Jesús por una actitud reflexiva del Nazareno en donde está satisfaciendo los términos del acuerdo pactado con su Padre con antelación. Lo cierto es que en la Última Cena lo que encontramos es que el sacrificium, o acción sagrada de Jesús, tiene que ver con la erradicación de toda práctica sacrificial.

Día de las madres, 10 de mayo

"Marche pues, toda mujer que tenga corazón, ya sea que su bautismo sea de agua o de lágrimas". Era la proclama con la que arrancaba el primer Día de las madres en 1870. El propósito original no era honrar a las progenitoras sino que estas disuadieran a sus hijos de ir a la guerra. De manera análoga las Madres de la Plaza de Mayo no se enfocan en las madres argentinas sino en sus hijas e hijos desaparecidos por la bota militar.

Julia Ward Howe, la poeta que compuso el "Himno de Batalla de la República", posteriormente se arrepintió de haberlo escrito y se convirtió en una combatiente de la guerra, o como ella la llamaba, el infierno en la tierra.

El 2 de junio de 1872 se celebró en Nueva York el primer "Día de las Madres Anti-Guerra". Pero el ídolo del mercado pronto se encargó de hacer más digerible dicha conmemoración. Enfocó los reflectores en una mujer asexuada, cuya vida estaba desparramada sobre sus hijos, a la que había que premiarla en el día de la expiación del 10 de mayo. En el mejor de los casos había que llenarla de regalos costosos, y en la peor situación esa fecha era la ocasión para obsequiarle artículos domésticos que estaban haciendo falta. En todo caso, se exorcizó este día de cualquier alusión a la guerra.

En nuestro caso, el Jesús de La Última Cena no puede abstraerse de la presencia militar judía y romana. Y en lo tocante a la comunidad latina, la tentación de engrosar las filas del ejército, como dice el Salmo 23, "nos seguirán todos los días de la vida".

Día de Isidro Labrador, patrono del campesinado, 15 de mayo

Patrono de San Isidro California, San Isidro Nuevo México, La Ceiba, Honduras, el campesinado, los campos y los ingenieros e ingenieras agrónomas. Apócope de Isidoro, este personaje honra las espaldas rajadas, las manos torcidas y los pies agrietados de quienes nos dan de comer.

La mística de este hombre de Dios por los labriegos nos recuerda lo que el Vudú ha hecho por Haití. De no haber sido por esta religión y su apego a la tierra, ya hubiera sido borrada del mapa esta nación que inspiró las independencias del Caribe y América Latina.

Estados Unidos tardó décadas en reconocer la independencia en 1804 de ese país. Francia le pasó una factura por una suma estratosférica por los gastos de movilizar 40,000 soldados, los cuales fueron buenos para nada. Woodrow Wilson, el presidente que más ha invadido el Caribe y América Latina, intentó sin éxito imponer los latifundios y la caña de azúcar durante 1915-34.

La "Operación Mangosta" de principios de la década de 1960 tanto en Haití como en Las Islas Vírgenes supuestamente era para combatir la plaga de serpientes. La verdad es que esos animales impedían las cosechas y más que todo, acabaron con las aves de corral, abriendo el camino para la importación de pollos.

En 1971 el niñato adolescente Bebé Doc, sucesor de su padre el tirano Francois Duvalier, sacrificó el ganado porcino negro (peppa-dep), bajo el pretexto de que estaba infestado con la fiebre porcina africana. De esa manera los organismos internacionales, EE. UU. y Canadá introdujeron el ganado porcino rosado.[61]

En 1995 con la desregulación de los aranceles, Haití perdió su soberanía en cuanto al arroz se refiere. Ahora importa más del 70% de ese grano de Arkansas.

Tras golpes de Estado derrocando gobiernos electos democráticamente, y después de siniestros que no hubieran sido tan devastadores si la población de Haití no hubiera sido empobrecida y apretujada en la ciudad, ahora viene lo que faltaba. La aniquilación del campo con semillas transgénicas.

La Última Cena de Jesús es un juicio contra la industria internacional de la compasión que disimula las causas de la pobreza estructural pues tres de cuatro de sus habitantes ganan menos de dos dólares al día. La misma cantidad que se invierte en el mantenimiento diario de una vaca. Mientras el pueblo haitiano siga cenando "Picas" (*mud cookies*) o sea, galletas de barro hechas con arcilla, aceite vegetal, sal, parásitos y toxinas mortales, el cristianismo tendrá qué aprender la lección del Vudú: "Toda lucha debe ser dada aquí en este mundo de lo real".[62]

Día de Pascual Bailón, patrono de la cocina, 17 de mayo

San Pascualito Bailón,
báilame en este fogón;
yo te pongo un milagrito
y tú ponme la sazón.

Dicen las malas lenguas que los superiores enviaron a Pascual a Francia a llevar un mensaje. Tenía que atravesar caminos plagados de protestantes. Un día un hereje de ellos le preguntó: "¿Dónde está Dios?". Bailón ni tardo ni perezoso respondió: "Dios está en el cielo". Una vez superada la prueba, este varón cayó en una profunda depresión martirizándose: "¡Oh, me perdí la ocasión de haber muerto mártir por Nuestro Señor! Si le hubiera dicho que Dios está en la Santa Hostia en la Eucaristía me habrían matado y sería mártir. Pero no fui digno de ese honor". De cualquier forma, Pascual Bailón fue promovido como patrono de los congresos eucarísticos y de la cocina.

Este personaje asimismo es reconocido como el santo de las personas con discapacidades mentales, quizá por esos prejuicios negativos que asocian la cocina con las mujeres y con personas de coeficiente intelectual bajo. Díganlo si no las siguientes historias de estos vocablos:

La palabra para mujer en inglés es *woman* la cual consta de dos palabras: *wife* y *man*, esposa y hombre. En el siglo XIV se contrajo a *wifman*, wiman y finalmente a woman. Femina proviene del latín *fides* y *minus*, es decir, la que tiene menos fe. Mujer, a su vez también procede del latín *mulier*, derivada de la raíz *mollitia* que quiere decir débil. Permítasenos una etimología más: "En el siglo XIII se acuñó la palabra inglesa para ama de casa, o sea *housewife*. En el sistema feudal de ese entonces las mujeres se esposaban con sus maridos o *husbands*, los cuales, si eran esclavos adquirían su nombre del amo; y si eran libres heredaban el nombre de su casa o *hus*, una palabra antigua para *house*. El tiempo pasó y los hombres olvidaron los oficios de carnicero, curtidor de pieles, leñadores...el hogar dejó de ser una unidad de producción para convertirse en una unidad de consumo".[63]

Los movimientos feminista y marxista emprendieron simultáneamente una cruzada contra la cocina. La sed libertaria de la mujer y la búsqueda de que el procesamiento de la comida quedara en manos del Estado socialista desgraciadamente no arrojaron los resultados esperados. Ello en cambio facilitó el que las fábricas de comida "hicieran su agosto" durante todo el año.

Un ejemplo de ello es Linda Delzell quien es de la idea de que "la familia que come unida, preferiría no hacerlo". Desde hace tres años clausuró su cocina y ordenó que cada miembro de su familia se responsabilizara por sus comidas. David de 13 años consume cereal, leche, pasitas, crema de maní o cacahuate, piza y jugo de naranja congelados, hamburguesas de McDonalds, papas francesas y licuados o batidas. Ahora tienen más tiempo para compartir aunque no sea en el comedor.[64]

De acuerdo con el Departamento de Agricultura de los EE. UU., la mitad de la comida consumida en nuestros hogares carece de al menos un ingrediente producido en casa, y la otra mitad se cocina fuera de casa. Entre los años 1900 a 1970 en los hogares estadounidenses bajó de cuatro horas a una hora el tiempo invertido en la cocina, y actualmente ha caído a media hora. Lo cual contrasta con las 2.40 horas que pierden mirando la televisión.

Quiera Pascual Bailón recordarnos a los hombres y mujeres la centralidad de la cocina y la mesa.

Día contra la homofobia, 17 de mayo

Hay quienes dicen que de los 31.173 versículos bíblicos únicamente 7 tocan el tema de las relaciones sexuales entre el mismo sexo. En todo caso, el concepto de homosexualismo nació en 1868 y tiene que ver con relaciones consensuadas de tú a tú. La Biblia, en cambio, se refiere al homoerotismo, es decir, a relaciones de mayor a menor, de uso de la otra persona, de sujeto a objeto, y en ese sentido es bueno que se condene. Por otro lado, según Ezequiel 16.49 la sodomía no se refiere al apareamiento entre personas del mismo sexo: tiene que ver con no cuidar de la gente pobre y necesitada.

Las iglesias que excomulgan a las personas homosexuales harían bien en saber que desde el año 1973 la psicología dejó de considerar el homosexualismo como una perversión, una enfermedad o un desorden mental. De igual manera es necesario tener presente que el 17 de mayo de 1990, la Organización Mundial de la Salud consideró como algo legítimo las distintas orientaciones sexuales de la familia "LGBTTT": lesbianas, homosexuales, bisexuales, transgénero, trasvestis y transexuales.

Lo que se esconde en la homofobia, la bifobia y la transfobia es un profundo desprecio a la mujer: "¡Se parecen tanto a las mujeres!". En las culturas patriarcales es impensable concebir a un hombre en actitud pasiva o a una mujer llevando la voz cantante en el acto amoroso.

Quizá la novela *Paradiso* del gran homosexual y poeta cubano José María Andrés Fernando Lezama Lima, nos ayude a degustar mejor la comida y a respetar la diversidad sexual.

Día de Elisabeth Käsemann, 23 de mayo

La embajada alemana en Buenos Aires ocultó durante dos días el asesinato de esta joven socióloga, a fin de no quitarle brillo al partido de balón pie entre Argentina y Alemania durante la copa mundial de 1977.

Hija del famoso teólogo alemán Ernesto, Elisabeth echó su suerte con el pueblo argentino oprimido durante la dictadura de Videla. Apoyó las causas de los obreros y falsificó documentos para ayudar a las personas a escapar de la Tierra del Fuego. El gobierno la acusó de formar parte del Movimiento de los Montoneros, la encerró en el campo de concentración "El Vesubio" durante ocho meses. Allí la torturó y finalmente tuvo la suerte de ser sepultada y no arrojada viva al mar. Sus padres tuvieron que pagarle al ejército argentino 26.000 dólares por su cadáver.

"Elisabeth dio su vida por la libertad y por la justicia en este país amado por ella. Unidos firmemente a sus sueños, soportamos nuestro dolor con la ayuda de Cristo y no olvidamos la bondad y la alegría que ella nos proporcionó en vida" declararon su madre y su padre en el camposanto.

La Ascención

Del latín *ascendere*, subir, es una fiesta originada como tal en el siglo IV. Antiguamente era la ocasión para agradecer a Dios por el agua y para bendecir los sembradíos. No menos importante era el demarcar los límites de las iglesias con tal de impedir el ingreso de los malos espíritus.

El espíritu de Pitágoras seguía vivito y coleteando. Este sabio griego le recomendaba a Diogenes Laercio que por ninguna circunstancia comiera alubias, en tanto que: "ellas están llenas del material que contiene la porción mayor de la materia animada de lo que constituye el alma", o *anemos* en griego. El alma o viento se relacionaba con las flatulencias ocasionadas por esos aluviones. Según aquella ciencia, los difuntitos liberaban sus almas mediante esos gases los cuales hacían de las alubias sus moradas. Una segunda liberación ocurría cuando en la ingesta humana de ellas, las almas ascendían al cielo con un trueno estrepitoso y gozoso. Esa misma teología pitagórica enseñaba que la acción de cubrirse la boca al bostezar tenía la finalidad de bloquear el orificio bucal por el cual podía penetrar un espíritu malo. Y continuaba diciendo que su feligresía debía con el mismo cuidado taparse la nariz al estornudar, lo cual perdura en nuestros días, con el agregado de "Dios te salve", o para más corto: "Salud". No se podía uno quedar con la boca abierta, remataba Pitágoras. La oración por los alimentos era una forma de exorcismo.[65]

Todavía en el siglo XVI Lutero veía el mundo repleto de demonios como lo canta en su "Castillo fuerte es nuestro Dios". El Reformador alemán estaba convencido de que su estreñimiento consistía en una posesión demoniaca. Consideraba que las flatulencias eran gases demoniacos que excitaban los genitales. Nunca relacionó sus problemas intestinales con su ingesta excesiva de pan.

Hoy en día esas almas de los muertos que ascienden al cielo ya no nos quitan el sueño. Lo que sí nos desvela es el mito del sueño americano, cocinado en la década de 1930, como propaganda de la depresión económica. Ese demonio de las telenovelas de Univisión que nos susurra al oído: "eres pobre porque no quieres ser rico". "Todo mundo puede ascender".

El Jesús de la Última Cena está menos interesado en ser promovido. Él opta por bajar a los infiernos y solidarizarse con quienes sufren injustamente.

Pentecostés el verano y la elotada

El pentecostés, o la Fiesta de las Semanas, se observaba después de siete semanas de la Pascua. Este festejo marca el fin de los 50 días de la temporada pascual, y el inicio de las 32 semanas del tiempo ordinario. "Ordinario" se deriva de "ordinal" o lo que define su posición: 1º, 2º, 3º... A diferencia de los números cardinales: 1, 2, 3... Ello significa que los acontecimientos de este periodo están "ordenados" cronológicamente desde la Pascua hasta el Adviento.

Esta festividad originalmente era de carácter agrícola pues daba gracias por los primeros frutos de la cosecha, especialmente por el trigo (Ex 23.16; 34.22). Posteriormente se añadieron los significados de la entrega de la ley en el Monte Sinaí, del derramamiento del Espíritu Santo y del nacimiento de la iglesia cristiana. En el griego popular *ecclesia* se refería a la asamblea de ciudadanos y *eclesia* significaba el edificio.

La torre de Babel (Gn 11. 1-9) no solamente simbolizaba la confusión lingüística. También implicaba que el sobrante de comida y mano de obra fue lo que hizo posible la construcción de rascacielos llamados zigurats o torres en ciudades fortificadas como Nínive y Babilonia.

En las sociedades campesinas antiguas se creía que las diosas vírgenes podían controlar el clima, las cosechas y los animales. Todavía la Roma del siglo I sostenía que las mujeres podían convertir el vino en vinagre.

En muchas partes de las Américas el Pentecostés conserva su naturaleza de festival agrícola al conmemorarse degustando elotes a mandíbula batiente.

La Santa Trinidad, un domingo después de Pentecostés

Este domingo marca la mitad del año cristiano, y desde el siglo XIV se estila llevar a cabo ordenación de obispas, obispos, pastoras y pastores. También tiene la particularidad de que es la única ocasión en que se recita el Credo Atanasiano. Ello se debe a la tiranía del tiempo que ha restringido el culto cristiano a una hora.

El pueblo latino se resiste a aceptar como verdaderos los mitos de la cultura dominante del individualismo, la privacidad, la competitividad, del "que cada quien se rasque con sus propias uñas", del "salva tu pellejo" y chijí, chijá. En lugar de ello, y siguiendo el ejemplo de la Trinidad como una sociedad entre iguales, las latinas y latinos afirmamos el carácter sociable y comunitario del ser humano, la hospitalidad, la bondad original, la solidaridad con los y las recién llegadas de nuestros pueblos del sur.

Puerto Rico en lugar del nombre del soldado francés Bouganville llama a esta planta "trinitaria". México se resiste a identificar a la flor de pascua con el nombre de su secuestrador estadounidense Poinsettia, y la nombra cuetlaxóchitl (hojas marchitas) o flor de navidad.

El monoteísmo absoluto predica un solo Dios, un solo imperio, un solo idioma, una sola religión, una sola manera de comer, de vestir, de divertirse, de amar... Su lógica es: "sé razonable, hazlo a mi manera". La Trinidad en cambio, es la celebración de los muchos idiomas, las muchas razas, las muchas religiones, los muchos guisos (Ap 7.9)

Cuando estemos ante la Última Cena recordemos las palabras del sabio africano: "La Trinidad no es un rompecabezas para armar, es una verdad para imitar".

Jueves de Corpus Christi, 3 de junio

La fiesta del Cuerpo de Cristo tiene cabida dos domingos después de Pentecostés. Fue el papa Urbano IV, quien en el año 1264 inscribió este día en el calendario cristiano. La procesión con el Santísimo Sacramento no solo buscaba bajar la ansiedad que generaba el altar, cuando al ver pasar la hostia por las calles producía un efecto tranquilizante. El resorte principal de esta conmemoración era el combatir las herejías valdense y albingense que negaban la presencia física de Cristo en el pan. Los primeros suscribieron la

Sopa del día

Reforma protestante en el siglo XVI, y los segundos de plano repudiaron el mundo material.

Estas sutilezas teológicas no figuraban en el universo de los pueblos originarios de América, de manera que mejor se montaron en este día para bendecir la semilla del maíz. La gente presurosa vestía a sus hijas e hijos de indito, los trepaban en una mulita y los llevaban a la iglesia. Como si estuvieran prestos para ir a sembrar, iban bien armados de aventadores, huacales con trastos de barro, tapetes de palma, guajes rebosantes de agua, braceros, comales, y otras hierbas. Otro elemento importante consistía en pintarrajearse el rostro imitando burlonamente a los hacendados que les chupaban la sangre al hacerlos trabajar de sol a sol.

De acuerdo con una narrativa un jovenzuelo escéptico al ver pasar la hostia en la procesión pensó para sus adentros: "si realmente esa oblea portara el cuerpo de Cristo, hasta las mulas se arrodillarían". Con velocidad de rayo una mula se echó sobre sus rodillas. Ignacio no solo creyó al instante sino que se hizo sacerdote. Actualmente fuera de las iglesias se venden mulitas hechas con hojas de maíz y también se festeja a las Manuelas y Manueles por ser el día de su santo. Debido a que este es el día tanto de los Manueles como de las mulitas, le pedimos que no se deje sorprender ante el "felicidades en tu día".

El invasor español Alonso Álvarez de Pineda arribó y bautizó en 1519 a una bahía tejana con el nombre de Corpus Christi. Esa ciudad fue la cuna de Selena Quintanilla Pérez un ejemplo a seguir como mujer de negocios; diseñadora de moda y joyería; propietaria de un salón y boutiques. Su fortuna nunca se enseñoreó de ella, pues continuó viviendo en su humilde casa en el barrio de Molina en Corpus Christi. Habiendo probado ya las mieles del éxito, se atrevió a casarse con su guitarrista y contradijo así el destino de sus abuelos que sufrieron la persecución por parte del México de los ricachones, como lo narra en su cumbia "Amor prohibido". Selena democratizó el mundo de la música tejana monopolizado por los hombres. De igual manera dignificó el género de la música norteña, despreciada por los mexicanos de las clases altas. Selena luchó por que el pueblo latino asistiera a la escuela a pesar de los pesares.

Día del Ambiente, 5 de junio

> Cuando sonó la trompeta, estuvo
> todo preparado en la tierra
> y Jehová repartió el mundo
> a Coca-Cola Inc., Anaconda,
> Ford Motors, y otras entidades:
> la Compañía Frutera Inc.
> se reservó lo más jugoso,
> la costa central de mi tierra,
> la dulce cintura de América.
> Bautizó de nuevo sus tierras
> como "Repúblicas Bananas".
>
> Pablo Neruda, *United Fruit Co.*

Instituido en 1972 por la ONU, este día nos da en qué pensar y qué hacer para curar a nuestra madre tierra y su enfermedad crónica. Pero los espíritus y potestades (Ef 6.12) de este mundo perverso (Gl 1.4) se encargan de trivializar la realidad. Refuerzan de 1,000 maneras el "síndrome de no se puede hacer nada" con las imágenes de personas inútiles y conformistas que diseminan por doquier. Los horóscopos nos instan a la quietud y la resignación. El discurso de "todos somos igualmente responsables" esconde el que entre China y los EE. UU. producen el 40% de los gases de efecto invernadero, o el que los EE. UU. con el 6% de la población mundial consuma más del 25% de los recursos del planeta. El sistema injusto aliena nuestro tiempo libre, nos hace creer que todo gira en torno a la superación personal, nos mantiene ignorantes del envenenamiento del planeta.

El grueso del pueblo judío en tiempos de Jesús era vegetariano por necesidad. La carne era una marca para distinguir la clase social. Plinio sostenía que las verduras eran malas para la vista. Los médicos decían que los vegetales producían dolores de cabeza, melancolía y locura. El doctor de Carlos V, Luis Lobera, creía que ocasionaban la lepra. Hasta entrado el siglo XX se cantaba de las verduras: "comidas de viejas, si quieres las comes y si no las dejas".

En nuestros días bien haríamos en regresar a la dieta de vegetales también por razones ecológicas, pues la dieta cárnica contribuye con el 20% al calentamiento de la tierra.

Hemos de discriminar entre la comida procedente de una planta y la procesada en una planta. Un licuado o batida de fresa en una cadena de comida chatarra tiene hasta 100 elementos químicos. Las hamburgesas contienen carne hasta de 400 vacas. Las fábricas de carne han convertido las vacas en caníbales al comerse a sus propias hermanas. Ellas también devoran junto con otros animalitos, el 43% de la producción de maíz, pudiendo comer pasto, un veneno natural para el temible E-coli. La carne nos está comiendo (*Fleisch isst Menschen*), eso explica el desaguisado dicho: "murió por lambío" (glotón).

Día de San Antonio de Padua, 13 de junio.

> *Si doy comida a los pobres me llaman santo;*
> *si pregunto ¿por qué los pobres no tienen comida?*
> *me llaman comunista.*   Dom Hélder Cámara

La población latina de ascendencia brasileña podrá calentar tambores para el festejo de las fiestas juninas. En este mes de junio tres personajes son recordados: Antonio de Padua, Juan el Bautizador y Pedro.

Originalmente este portugués fallecido en el año 1231 fue conocido por el milagro de la Última Cena. Sin embargo en nuestros días es célebre porque la sociedad patriarcal les hace creer a las mujeres que basta con que pongan de cabeza a este casamentero, y del cielo les caerá su hombre.

La narrativa afirma que el agnóstico de nombre Bonvillo quien rechazaba la presencia física de Cristo en la hostia, le hizo una apuesta al fraile franciscano Antonio de Padua. Le propuso someter a su mula a un ayuno de tres días, al cabo de los cuales la forzarían a escoger entre el pan consagrado o el pienso proporcionado por Bonvillo. El día llegó y el incrédulo arrojó al suelo cebada fresca para doblegar a la mulita por el estómago. El animalito venció la tentación, dio un giro brusco y se dirigió hacia la hostia que Antonio mantenía en lo alto. Dobló sus rodillas con reverencia y esperó hasta que el franciscano la despidiera en paz. Bonvillo cumplió su promesa de convertirse, toda la feligresía prorrumpió con gritos de alegría, y la iglesia instituyó a este fraile como patrón de los pobres. "El pan de San Antonio" se tradujo en cajas para recolectar alimentos en muchas iglesias.

Las iglesias hoy en día no han de cansarse en satisfacer las necesidades materiales inmediatas, pero simultáneamente han de denunciar las estructuras sociales injustas fabricantes de personas hambrientas. Si no lo hacen tendrán un problema real, como lo resumiera el gran brasileño Dom Helder Cámara.

Día de acción en contra de los transgénicos, 21 de junio

Las semillas transgénicas son granos cuya estructura genética ha sido violentada. Se los ha manipulado de tal manera que llevan integrados vacunas, insecticidas, o sencillamente, se les ha programado para no poder reproducirse. La trasnacional Monsanto en 1982 consiguió alterar los genes de las plantas pero fue hasta 1996 cuando comercializó las simientes. La bendición la pronunció George Bush padre, cuando en 1992 declaró que esas semillas eran "sustancialmente equivalentes" a las normales. A la fecha el 80% del maíz y de la soya de los EE. UU. es genéticamente modificado. Si a eso le agregamos el hecho de que el jarabe de maíz es omnipresente, y que la soya se encuentra en el 60% de los productos procesados de los supermercados, no podemos menos que perder el apetito.

Aún no tenemos suficiente distancia crítica para valorar todos los efectos secundarios de los transgénicos, pero lo que sí podemos constatar son las decenas de alergias, la inmunidad a los antibióticos, y, más que todo: el acaparamiento mundial de la comida.

Mientras que México, en el 2003 aprobó dichos granos para el consumo humano, Noruega se suma a los más de 1.500 bancos de semillas a fin de proteger su comida. La isla de nombre Svalbard alberga la "Bóveda Global de Semillas" con capacidad para almacenar 4.5 millones de granos de todas partes, está ahí llamándonos la atención hacia la importancia de las semillas. Por su parte Bill Gates, la fundación Rockefeller, Monsanto, y Syngenta ya tienen su *doomsday seed vault in the Arctic* en otra isla noruega conocida como Spitsbergen.

Los pueblos de origen de la comunidad latina en los EE. UU., herederos de la más grande diversidad agrícola del globo terráqueo, y representantes de la segunda superficie más plagada con granos transgénicos, no se quiebran. Seguirán luchando a brazo partido por un Caribe y una América Latina y Sajona libre de transgénicos. Lo que está de por medio es la Última Cena.

Día de San Juan, 24 de junio

En esta segunda fiesta junina, podríamos empezar diciendo que Juan el Bautista comía lo que hoy se conoce como la dieta del futuro: insectos. Pero mejor vámonos más despacio. El primo de Jesús no era fácil de tragar. Él tocó intereses económicos: "la persona que tenga comida ha de compartirla con quien no tenga" (Lc 3. 10-11). Es considerado el Patrón de los pastores, y su canto: "Este es el Cordero de Dios que quita el pecado del mundo" (Jn 1.29) se entona en toda liturgia de la Última Cena desarrollada según el rito de algunas iglesias más añejadas.

Su conmemoración ocurre a mitad del verano caluroso. Eso explica el que este día la población cristiana y la santera renueven sus bautismos al zambullirse en las playas caribeñas. En Tucsón también se le agradece el que haya mandado la lluvia el 24 de junio de 1540 cuando Francisco Vázquez Coronado oró al cielo por el preciado líquido. Las escaramuzas y charros que nunca cruzaron la frontera organizan jaripeos donde los comestibles y bebestibles fluyen todo este día en el estado racista de Arizona. Por eso y por mucho más, Juan el Bautizador también es el Patrono del agua.

La consigna de Juan el Bautista de compartir comida con quien no tenga, la recogió Juan Bloch pero con otras intenciones. Como Secretario de Agricultura durante la presidencia de Ronald Reagan, Bloch utilizó la comida como un arma: "La comida es un instrumento de control y hay que utilizarla de tal forma para que ningún país ligado a EE. UU. nos traiga problemas".

En 1954 el gobierno estadounidense creó el Programa de Ayuda Alimenticia no tanto para paliar el hambre mundial sino para ensancharla. Su agenda escondida consistía en colocar las sobras, cambiar la dieta, y establecer una carnada para empezar el comercio injusto con países y continentes empobrecidos.[66] La comida que los EE. UU. "dan" al exterior ha de ser producida en el país en su totalidad, y ha de enviarse en por lo menos un 75% de transportes estadounidenses. Dichos alimentos se venden en los mercados locales a precios altos y, con todo y ello, desmantelan las agriculturas de los países receptores. Esa ayuda alimentaria lo que hace es perpetuar los ciclos de dependencia.

Los EE. UU. a veces recurre al embargo alimenticio como en el caso de Cuba que ya rebasa los 50 años, aunque en teoría el bloqueo político y económico deja fuera la comida. O también se aplica al mal pronunciado avocado (del náhuatl *ahuácatl*, árbol de testículos) mexicano cuyo cerco se levantó en el año 2007, después de 93 años de castigo.

Día de San Pedro, 29 de junio

Esta es la tercera y última fiesta junina. Ahora es el turno de San Pedro, el Patrón de los pescadores.

Si anclamos el dicho de Jesús "los haré pescadores de hombres" (Mc 1.16-17) al del profeta Ezequiel (29.4) "pondré un anzuelo en tu quijada y prenderé en tus escamas los peces de tu Nilo", vemos que Jesús está hablando de atrapar "peces gordos" como el faraón tiránico al que se refería Ezequiel. Es tarea de la iglesia atrapar las políticas inhumanas que oprimen a la gente pobre representada en la Biblia por "la viuda, el huérfano y el extranjero". Y "tirar los peces al desierto" nos habla de acabar con esas estructuras contrarias al Reino de Dios.

Con una predica y pastoral liberadoras los "peces gordos" estarán como dicen en la República Dominicana, rabiosos o "dados al pescao".

Día de la población, 11 de julio

Thomas Malthus, en su *El ensayo sobre la población* (1798), versaba acerca del desencuentro que se da entre la producción de alimentos y la explosión demográfica y sobre cómo las grandes hambrunas sirven para depurar la población. El maltusianismo social también recomendaba ubicar a la gente pobre en zonas pantanosas e insalubres para que encontraran pronto la muerte. Cualquier parecido con lo ocurrido en Nueva Orleans con el huracán Catrina, ¡es mera coincidencia!

En esa línea se ubican los economistas modernos y su valoración de la actual depresión por la que estamos pasando: "Las recesiones o crisis no son problemas, sino soluciones: forman parte de la recuperación del equilibrio de los mercados. Su costo en suspensión de pagos y desempleo es considerado como inevitable; es apenas el aspecto temporal del restablecimiento de las condiciones de recuperación".[67]

En este día de la población reflexionemos grupalmente en torno a las asignaciones que tenemos pendientes:

- descomponer las estadísticas entre mujeres y hombres en lo relativo a los rubros del empleo, el estudio, la salud...
- ver las implicaciones de que el 70% de quienes trabajan en la agricultura sean mujeres,
- distinguir, respecto a los siniestros, entre impredecibles y previsibles; y entre desastre natural y maldad humana.
- discriminar entre la libertad de emigrar y el derecho a quedarse, o entre quien tuvo que emigrar y quien pudo quedarse.
- valorar la descampenización del campo de cara al hecho de que desde el 2007 la mayor parte de la población habita en las ciudades.

Día de Kateri Tekakwitha (1656-80), 14 de julio

Nació en el estado de Nueva York donde se le conocía como el "Lirio de los Mohawks". Es considerada la Matrona del ambiente y la ecología. Kateri posee el record, desde 1980, de ser la primera beata nativa-americana.

Su nombre significa "la que pone todo en su lugar". En vida se preocupó por las cosas terrenales, y ahora en el cielo oramos porque también ponga las cosas en su lugar, pues el santoral, hasta el año 1966 era de los ricos (78%), y de los clasemedieros (17%)[68]. Es y sigue siendo un cielo muy nor-Atlántico, masculino, heterosexual, carnívoro, añoso, y con la beatificación de Juan Pablo II, hasta encubridor de curas pederastas como el mexicano Marcial Maciel.

Día de la mujer afrolatinoamericana, 25 de julio

Si en Puerto Rico esconden a la abuela negra en la cocina, en nuestros países de origen no nos quedamos atrás. De acuerdo con ciertas fuentes[69] hay como 300 mil "negras cachumbambé" en Uruguay, cuya fecundidad es 10% más alta que la de las blancas. En Argentina se calculan unos dos millones de negras basados no solamente en el color de la tez sino en el pelo chino (en México), rizo, crespo, "malo", encaracolao, grifo o enrulado. Allí mismo al final del siglo XIX inventaron la categoría de "trigueña" para esconder la negritud. Ante la pregunta de por qué no se ven las afroporteñas por las calles, ellas replican: "¿por qué calles?"

Las mujeres afrolatinas han salido adelante gracias en parte a la música y a la comida. El candomblé es una mezcla de baile y pelea. En la comida son "metodistas", pues le "meten" de todo, especialmente las vísceras y recogen huesos en el rastro. Tal vez acostumbren lo que hacía mi madre Catalina: recoger en el matadero la sangre regalada de los pollos, hervirla, sazonarla y servírnosla... cual si fuera la mesa de la comunión.

Día de Luis Bertrán y la tomatina, último miércoles de agosto

Este es un día de luto pues representa el desprecio por la comida.

El *xitomatl*, palabra náhuatl para jitomate, significa ombligo. Este vegetal conocido como tomate le hizo ver su suerte a Europa. De entrada no lo aceptó porque no aparecía en la Biblia. El olor de la planta no le apetecía. No encontraba como meterle el diente: cuando estaba verde no se podía comer, cuando estaba rojo no aguantaba el olor. Al hervirlo o freírlo se desmoronaba. No se imaginaban que un día iba a ser más digerible en forma de "María la sanguinaria" (*bloody Mary*).

España fundó en 1945 en el poblado de Buñol, la tradición de la tomatina. Es la guerra de hortalizas más grande del mundo, donde más de 120 toneladas de tomates se convierten en proyectiles: *praise de Lord and pass the ammunition* (alaba a Dios y pasa las municiones).

En el año 2002 la tomatina fue declarada de interés turístico nacional. Después de que Hollywood usara el tomate para imitar la sangre, todo era de esperarse.

Día de la despenalización del aborto, 27 de septiembre

Desde el siglo VI lo legalizó la Emperatriz Teodora pero el poder y control patriarcal pronto regresó las cosas a la "normalidad".

Nuestras mujeres indígenas eran duchas en el arte del aborto. Tras la violación del amo, se resistían a tener un vientre ingenuo. Con la planta de la papaya se las arreglaban. Las leyes en contra del aborto del siglo XVIII eran medidas económicas más que morales, pues buscaban que no disminuyera la fuerza laboral de los reyes. Fue hasta el año de 1869 cuando el Papa Pío IX consideró que el aborto, a partir del momento de la concepción, era un homicidio.

James Watson, el ganador del premio Nobel en 1962, apoyaba el aborto en caso de que se supiera que la criatura iba a ser homosexual. Joseph Ratzinger advirtió a la población estadounidense que si votaban por John Kerry para presidente de los EE. UU., les negaría la Última Cena. El pecado del candidato consistía en apoyar los derechos reproductivos de la mujer.

La moralina puritana y santurrona reduce la relación sexual a la procreación. Con ese criterio de verdad no hay cabida para ningún tipo de aborto. En el fondo se trasluce el pavor que tienen la iglesia y el Estado ante la libertad sexual de la mujer. Hubo un tiempo en que se creía que el aborto atraería terremotos y desgracias naturales como sequías. Las mujeres ricas lo practicaban con discreción; las pobres morían en el intento, "con una ramita de perejil en mano".

La colonización del cuerpo de la mujer no tolera que ella asuma el control de su vida. Las mujeres solteras son mal vistas por su independencia. En cualquier circunstancia se oyen sus voces firmes: "saquen sus rosarios de nuestros ovarios", "mejor condones que biberones", "más vale prevenir que bautizar".

Día de San Miguel y del maíz, 29 de septiembre

En algunas partes de Europa se le ruega por la lluvia al arcángel Miguel. Sus socios en la teología azteca son Tlaloc, el Dios de los aguaceros, y Yauhtli o la cruz del pericón. La mano derecha de este angelito empuñando una espada flamígera simboliza la lluvia, los rayos y centellas. Un día antes de su fiesta el alado Miguel terminaba con las diabluras de su contrincante en una lucha a brazo partido.

El maíz tal vez sea el cultivo más antiguo del continente con una edad de 10.000 años. El *teocintle*, un grano silvestre, figura entre sus antepasados más lejanos. *Tlaolli* es el nombre original de este grano y *Centéotl* es la diosa del maíz y enemiga jurada del hambre. La cultura haitiana lo rebautizó como *mahis*, o maíz. Se convierte en Pinolli cuando se lo pulveriza para su conservación y para la gula: "el que tiene más saliva traga más pinole".

El maíz cruzó el Atlántico hacia las Islas Canarias, España, Portugal, Francia e Italia. En 1530 los italianos lo rebautizaron como "grano turco" debido a esa fijación europea por Turquía. Si la papa[70] en un tiempo salvó del hambre a la población humana europea, el maíz hizo lo mismo con la población animal del viejo continente. Eso se debe a que mientras que Portugal llevó este grano a África y esta le brindó una gran recepción, Europa le hizo el feo al maíz y lo consideró comida de animales. Los EE. UU. incluyeron una receta de este alimento hasta el cierre del siglo XIX.

De las más de 300 variedades de maíz, sobreviven unas 40 razas en México y al rededor de 250 en el continente, pero actualmente están en peligro de ser engullidas por los plaguicidas, el maíz transgénico, el etanol y la cornificación o omnipresencia del maíz en: aspirinas, fórmula para bebés, telas sintéticas para el jardín, plásticos, pañales, pasta dental, jarabe, comida chatarra como chetos, espermicida contra los indígenas, y un etcétera más largo que la cuaresma.

El Mahis, "lo que sustenta la vida" en taíno, le suministra diariamente a las bocas mexicanas el 47% de las calorías diarias en la forma de 10 tortillas. Los cabellos del maíz disuelven los cálculos renales. Las palomitas (*pop corn*) de tiempos ancestrales adornaban los cuellos morenos que se alistaban para la fiesta. Italia pasó del odio al amor al cocinar con él la polenta, un platillo típico. Rumania hizo lo mismo con la mamaliga. 20% de la población mundial "va al grano" de maíz diariamente.

Día de la salud mental, 10 de octubre

Sucedió durante el sacramento de la Última Cena servido en las bancas a la usanza de muchas iglesias. Me cuenta Catherine Gunsalus González que un padre no tuvo corazón para privar de la comunión a su pequeñín así es que se lo administraba clandestinamente con la siguiente fórmula: "aunque no lo comprendas del todo, Jesús te quiere mucho". La tortilla de pronto se volteó. Ese niño se convirtió en pastor y al servirle la eucaristía a un anciano con alzheimers le repetía las viejas palabras: "aunque no lo comprendas del todo, Jesús te quiere mucho". Ese anciano era su padre.

Al reflexionar cristianamente en torno a las personas con discapacidades bien haríamos en consultar el primer libro publicado por el psiquiatra afro-caribeño de Martinica, Frantz Fanon. En su Piel negra, máscaras blancas, analiza cómo el racismo institucionalizado ha convertido a su gente en neurótica, al imitar durante toda su vida a la gente y la cultura blancas.

Día de la resistencia indígena, 12 de octubre

> *Poderoso caballero es Don Dinero,*
> *nace en las Indias honrado...,*
> *viene a morir en España,*
> *y es en Génova enterrado.*
> Francisco de Quevedo

Las "bulas alejandrinas de donación" de 1493 otorgaron las tierras americanas a los ilegales europeos que cruzaban el Atlántico. Tres años después, Enrique VII, rey de Inglaterra, autorizó a John Cabot y sus hijos explorar "islas, países, y regiones de los paganos e infieles, las cuales, hasta el momento, han permanecido desconocidas para toda la cristiandad".

La "Doctrina del descubrimiento" legitimaba la expropiación estas tierras conocidas como Abya Yala, o la tierra fecunda.[71] En 1892 doña María Cristina de Habsburgo declaró el 12 de octubre como fiesta nacional española, y un siglo después se conocerá como el día de la raza, o sea, la raza blanca. Pero muchos países lo transformaron en el día de la nueva raza mestiza.

En el siglo XIX los banqueros ingleses harán su agosto al financiar la mayoría de las independencias de las colonias. Al final de la década de 1920, en plena depresión de los Estados Unidos, emergió desde Ohio el Capitán América, pero no fue sino hasta la Segunda Guerra mundial cuando alcanzó su momento de gloria como acompañante de batalla. Este superhéroe sirvió de inspiración para bautizar al país norteño como "América", a sus habitantes como "americanos" y a su idioma como "americano".

El Caribe y América Latina nacieron nadando en deudas. Pero a pesar de ello, 522 pueblos-naciones indígenas, 21 países que hablan español, 420 idiomas originarios con sus respectivos dialectos, continúan tercamente resistiendo al injerencismo imperialista.

Día de la soberanía alimentaria, 16 de octubre

> *Somos lo que comemos.*
> Hipócrates, Ludwig Feuerbach

En 1979 la Organización para la Agricultura y la Alimentación (FAO) escogió este día para la eliminación del hambre.

La razón por la que en lugar de disminuirse el hambre avanza a pasos agigantados se debe a que el análisis que de ella hace la FAO es deficiente. Esta organización brega con "la seguridad alimentaria", según la cual toda persona ha de tener acceso al pan, pero no problematiza los modos de conseguirlo. Desde esa perspectiva es perfectamente legítimo el que la comida sea importada, caiga en paracaídas desde aviones de guerra, se reciba en los bancos de comida, provenga de la ayuda exterior,...No importa el cómo, dónde, cuándo, quién, o bajo qué circunstancias se produzca. El que el 70% de los países del sur importen comida no le interrumpe la digestión a la ONU.

Por otro lado, si el sabio Hipócrates decía: "Somos lo que comemos", la Vía Campesina tomaría ese dicho con un granito de sal. Esta organización internacional, formada por el campesinado con conciencia política, rompió con el concepto de la seguridad alimentaria y, reunida en Roma en el año 2002, propuso la noción de soberanía alimentaria: "El derecho de las personas, las comunidades y los países de escoger sus propias políticas en términos de alimentación, agricultura, pastoreo, trabajo, pesca. De tal modo que todo ello se ajuste a su cultura, ecología, economía, condiciones sociales, sus propios contextos con sus particularidades".

Día de la Reforma Protestante, 31 de octubre

Tal parece que la cautividad noratlántica del cristianismo no se hartó con desmaterializar la eucaristía, sino que a través de ella también llevó a cabo la conquista estomacal.

En sus Charlas de sobremesa, ante la pregunta de si es legítimo comulgar con otro bebestible diferente del vino, Lutero promueve la homogenización del paladar: "No se debe usar sino solo vino. Si una persona no puede tolerar el vino, omitan el sacramento a fin de que no se introduzca ninguna innovación".[72]

En el siglo XVI Bartolomé de Ledesma (1525-1604) enseñaba en la Universidad Pontificia de México que la comunión debía celebrarse exclusivamente: "con pan de trigo y vino de vid europeos; no de indios".[73]

Un catecismo venezolano del siglo XVI igualmente se pronuncia en términos del dogma alimenticio:

P. ¿Qué cosa es la Eucaristía?

R. Son las especies de pan y vino consagradas que contienen en sí el verdadero cuerpo y sangre de Cristo.
P. ¿De qué materia se hace la consagración de estas especies?
Q. De verdadero pan, hecho de harina de trigo y agua, y de verdadero vino de uvas.[74]

Para honrar el Día de la Reforma Protestante hemos de rumiar en torno a cómo las trasnacionales han sacralizado cierto estilo de comer y de beber y diabolizado los demás. Y, lo más importante: qué podemos hacer como iglesia para reformar de raíz la situación. Margarita Martínez, la obispa del Sínodo Luterano del Caribe en vida gustaba de celebrar la Última Cena con casabe (pan de yuca o guacamote), pan de maíz, pan de arroz y otros comestibles del pueblo.

Día de todos los santos y el pan de muertos, 1 y 2 de noviembre

> El muralismo fue un choque cultural. Nunca se habían pintado indígenas o trabajadores en kilómetros y kilómetros de muros; nunca se habían descrito fiestas populares como el Día de Muertos y la quema de Judas... la clase media dijo que Diego Rivera pintaba figuras trenzudas y feas porque retrataba a su mujer, Lupe Marín.[75]

Parece ser que la primera celebración de este día tuvo lugar el siglo VII, aunque fue Gregorio IV el que la instauró oficialmente en el año 837. Si el 15 de mayo, el día de Isidro Labrador se siembra, la celebración de Todos Santos cierra el ciclo agrícola con la cosecha dando gracias a Dios.

Al 1 de noviembre se le llama el día de todos los santos, primero porque no había muchas santas que digamos. Segundo, porque ante la proliferación de santos y la imposibilidad de asignarles un día por separado, con esta festividad se honraba a todos los santos habidos y por haber que no habían alcanzado un lugar en el calendario cristiano. El 2 de noviembre es el Día de todas las almas, o de los fieles difuntos, en referencia a las personas fallecidas que no fueron tan santas.

En México esta fecha cristiana coincide con festivales ancestrales agrícolas. La cultura mixteca de Oaxaca fiestea por tres días completos. Los pétalos de las flores de muerto (*Marygolds*) atraen las almas de las difuntitas y difuntitos. El copal, o la resina que "lloran" los árboles prepara el ambiente. El atole de maíz molido, las tortas de huevo, camarón y mole se comparten con la comunidad.

El pan de muerto se libró de ser condenado por la iglesia gracias a una cruz que lo adornaba en la superficie. Lo que ignoraban los curas es que más que el símbolo cristiano lo que el pueblo representaba eran los huesos de sus antepasadas y antepasados. No es accidental que esta ceremonia también se conozca como la fiesta del hueso. El tamaño también contenía un código: representaba a la niñez o a la adultez.

Día de Martín de Porres, 3 de noviembre

Hoy recordamos a este afro-peruano como vegetariano, defensor de la justicia social, y protector de los animales. Solamente Martín era capaz de hacer que un ratón, un gato y un perro comieran del mismo plato a la vez.

Sirvió como homeópata gracias al conocimiento transmitido por su madre, aprendió el oficio de peluquero, fundó un orfanato, un hospital, escuelas y un hogar para jóvenes casaderas.

Su padre, Juan de Porres originario de Alcántara, España, y posteriormente gobernador de Panamá, nunca lo reconoció. Su madre Ana Velázquez, una negra panameña, no pudo menos que consentir en que Martín ingresara a la orden de los dominicos. Su única opción fue ser "donado" o sirviente laico. Debido a su vocación nata, el convento hizo una excepción: lo promovieron a "hermano religioso" o lego. El sacerdocio le estaría vedado de por vida debido a su "sangre sucia". Murió en 1639, 234 años después lo beatificaron, y 323 años más tarde lo canonizaron.

Sus palabras para el ratón, el gato y el perro hoy en día bien pudieran aplicárseles a las bolsas de Chicago, Kansas City y Mineápolis, el eje agro mercantilista que le pone precio a la comida del mundo: "Coman mis hermanas y dejen de pelear".

Día de Martín de Tours, 11 de noviembre

De cara al invierno cruel que barría con el pasto o la grama, los anglosajones destazaban el ganado y conservaban la carne salándola y ahumándola. Con los remanentes y mucha cerveza despedían los buenos días. Hasta el siglo IX Europa iniciaba el adviento el 11 de noviembre con ayuno preparatorio para la Navidad.

En el Cono Sur, el dicho "a cada chancho le llega su San Martín", evoca el otoño, la temporada para matar y procesar la carne porcina.

Martín nació el año 316. A los 10 años se convirtió al cristianismo a regañadientes de sus padres. Cinco años más tarde su padre lo enlistó en el ejército romano. Se cuenta que en un día que entraba a la ciudad francesa de Amiens, un pordiosero al que le rechinaban los dientes por el frío invernal le pidió dinero. Lo único que tenía Martín era su capa. Ni tardo ni perezoso la partió en dos y le obsequió una mitad. Esa misma noche Martín soñó a Jesús cubierto con la mitad de su capa y diciéndole: "Por cuanto ayudaste a mis hermanas y hermanos más necesitados, a mí me lo hiciste" (Mt 25). Después de esa visión, Martín se bautizó, abandonó el ejército, se hizo monje y finalmente llegó a ser obispo.

La mitad de su capa fue conservada en una iglesia la cual era identificada como la capilla, y quien la custodiaba llegó a ser el capellán. Lo irónico del caso es que, habiendo roto Martín con el ejército, ahora se ha casado el día de Martín de Tours con el día de los veteranos de guerra.

Otra contradicción que se da es la de asociar su nombre con la ayuda asistencialista y no con la justicia. En estos tiempos donde ya se respira la navidad, se echa a andar el aparato publicitario de la industria de la limosna. Los teletones plagados de voces tiplosas repiten machaconamente lo bueno que son los patrocinadores. Cacarean la entrega de "capas" cual gallinas nerviosas. Mienten, porque nunca muestran que hay gente empobrecida porque hay ricos amantes de lo ajeno.

Día de la niñez, 20 de noviembre

> *La Virgen cura a los niños*
> *con salivilla de estrellas*
> *mientras este capitalismo*
> *avanza sembrando muerte...*
> Alberto Morlachetti

El 20 de noviembre de 1959 la ONU promulgó la Declaración de los Derechos de la Niñez, y el 20 de noviembre de 1989 convino en profundizar y respetar esos derechos además de expandirlos. Hasta la fecha los EE. UU. no ha suscrito tal convención.

Cuando Jesús hablaba de "hacerse como niña o niño" (Mt 18.3) estaba poniendo a la sociedad patas arriba. En el siglo IV Agustín todavía no se enteraba de ello, pues en su descripción del cielo solamente los adultos lo habitaban. De hecho, el concepto de la infancia se vino asimilando hasta finales del siglo XIX. En los Estados Unidos se calcula que entre los siglos XVIII y XIX unos 100,000 infantes nativo-americanos fueron indoctrinados a la imagen de la cultura dominante en los internados o *boarding schools*. EE. UU. mantiene a más de 100,000 niñas y niños en las cárceles. Roma en el siglo XVIII requería de las familias de una prole mayor a los cuatro varones que le donaran uno de ellos. Su destino era el de sustituir la voz de tentadora de la mujer. Con sus voces y falsetes reemplazaban a las contraltos y sopranos. Todavía en el siglo XX encontramos a Alessandro Moreshchi (1858-1922) el Ángel de Roma, y quizá el primer ¡ángel castrado!

De acuerdo con la ONU más de nueve millones de infantes menores de cinco años mueren anualmente por desnutrición. En los países empobrecidos 16% de la población infantil está desnutrida y 400 millones no tienen acceso al agua potable. La situación se agrava si tomamos en cuenta que la desnutrición es hereditaria y que según el Dr. Joaquín Cravioto puede ser contrarrestada con el cariño de las madres, el cual no siempre está ahí.

Cuando en 1948 los EE. UU. echó a andar el Programa Nacional de Desayunos Escolares, lo que buscaba con ello era principalmente subvencionar los agronegocios y proveer carne humana en mejor estado para el ejército.[76] La sobreproducción era tanta que las escuelas representaron una manera de canalizar las sobras de los agronegocios. La niñez se convirtió en conejillos de indias para engullir la carne molida, cochinaditas de pollo (*chicken nuggets*), papas fritas como equivalente a vegetales, ... 31 millones de niñas y niños diariamente renuevan su adicción a esa "comida".

Las fábricas de comida chatarra tan solo en el año 2009 gastaron 4.200 millones de dólares en unos 12.700 comerciales tendenciosos. Con todo y ello terminan culpabilizando a los padres y madres por la obesidad, presión arterial, colesterol y diabetes tipo dos de sus hijas e hijos.

Respecto al trabajo infantil, la FAO sostiene que siete de cada 10 trabaja en la agricultura mundial. En los EE. UU. medio millón trabaja cosechando lo que comemos, pues la Ley de Estándares del Trabajo hace una excepción con el campo y les permite trabajar desde los 12 años en vez de a los 16 años. En otros casos las hijas e hijos son tenidos como un estorbo, y por eso a las empleadas las prefieren célibes.

En cuanto a la inmigración, existen los "bebés anclas" (*anchor baby*), utilizados para regularizar su situación migratoria. Aunque los tiempos cambian y ahora el *ius soli*, o derecho de suelo está cediendo su lugar al *ius sanguinis*, derecho de sangre. El dicho "la sangre llama" ahora significa que llama a permanecer indocumentado a pesar de haber nacido en los EE. UU.

En lo tocante a la explotación sexual de la niñez, cálculos conservadores hablan de más de 300.000 víctimas en los EE. UU. Un obispo culpaba a la maldad infantil como la causa de los 3.000 casos de pedofilia eclesiástica.

La Última Cena de Jesús sigue siendo una contradicción en toda iglesia que no lucha por la justicia infantil, y que sigue impidiendo que a las niñas y los niños se les administre la comunión.

Día de Cristo Rey, 21 de noviembre

> *Preciosa te llaman los bardos que cantan tu historia.*
> *No importa el tirano te trate con negra maldad.*
> *Preciosa serás sin bandera, sin lauros ni glorias.*
> *Preciosa, preciosa te llaman los hijos de la libertad.*
>
> Rafael Hernández

Este es el último domingo después del Pentecostés y el final del Año Cristiano. Fue el papa Pío XI quien lo insertó en el calendario eclesiástico el 11 de marzo de 1925.

Tal vez Jesús en este momento se esté arrepintiendo de haber pronunciado las palabras: "Mi Reino no es de este mundo" (Jn 18.33-37), pues al sacarse de su contexto han servido para domesticar a la iglesia. El sentido original de este dicho de Jesús era confrontar nada menos que a Pilato, el representante del imperio romano y recordarle que el Reino de Dios no es como los reinos de este mundo perverso (Gl. 1.4) y cruel. Que los reinos injustos oprimen al pobre, pero en el Reino de Dios "esto no ha de ser así" (Mr 10.42-43). Que "venga el Reino de Dios" a la tierra (Mt 6.9-13) para acabar con el hambre. Que en el Reino de Dios las prostitutas reciben asientos de honor (Mt 21.31)... A muchos creyentes despistados ya se les olvidó que la inscripción de la cruz de Jesús lo condenaba como criminal político: Rey de los judíos. No. "Mi Reino no es de este mundo" no apunta hacia la política de la no política. No equivale a la graciosa huida que muchas iglesias emprenden frente a Estados tiranos que rescatan a los ricos y se desentienden de los pobres. Jesús está tomando distancia del mesías militar y triunfal con el que sus propios seguidores lo confundían. El gobernador de Puerto Rico Luis Muñoz Marín censuró la canción "Preciosa", cambiando "tirano" por "destino". Pero Rafael Hernández no era ningún fatalista sino un patriota.

En otros casos se confunde el Reino de Dios con la iglesia, producto de ese narcisismo eclesiástico según el cual fuera de ella no hay salvación. En un tiempo la iglesia adoptó las imágenes de Júpiter, el Dios romano de blanca y luenga barba.

Hoy en día, se le rinde pleitesía al rey mercado que deglute todo a su paso con su pecado capital: el capitalismo. El ejecutivo de la General Electric lo resume con cinismo: "Para competir hay que exprimir los limones".

La pregunta para este Domingo de Cristo Rey es entonces: ¿qué política asumimos, la de Jesús o la del Pilato? El hecho de que la iglesia no contribuya al erario público al no pagar impuestos, no es de cachete, de gorra, o de gratis.

Día de la no violencia contra la mujer, 25 de noviembre

A instancias de la República Dominicana la ONU estableció este día en 1999, con la finalidad de que los países lleven a cabo acciones concretas para encarar este mal social.

Ayer como hoy, el cuerpo femenino ha sido considerado un campo de batalla, un botín de guerra, el cual una vez violado, constituye una afrenta social que quiebra el alma de los pueblos por su incapacidad de cuidar de sus mujeres. En tiempos de Jesús, únicamente podían casarse los militares de alto rango. Durante su servicio militar los soldados rasos acudían a prostíbulos y a ver a sus "familias" en las afueras de las zonas militares.[77] De ahí que Schaberg[78] sostenga que María fue una madre soltera[79] cuyo hijo fue el resultado de una violación.

El feminismo no es contra los hombres sino contra la injusticia, nos enseña Marta Lamas.[80] No es un discurso esencialista y victimario: "todos los hombres son malos". De lo que se trata es de romper los ciclos de opresión: papi maltrata a mami, mami golpea al hijo, el hijo patea al perro, el perro muerde a papi... De esta manera tenemos que los hijos maltratados por mami serán esposos maltratantes; y los hijos mimados, esposos abusadores.

Día de acción de gracias, último jueves de noviembre

> Yo celebré el Día de Acción de Gracias de la manera tradicional: Invité a todos en mi colonia a mi casa, tuvimos un gran banquete, y después los maté a todos y tomé sus tierras.
>
> Jon Stewart, comediante

En 1620 arribó a lo que es hoy Plymouth, Massachusetts el barco Mayflower, cargado con medio centenar de refugiados del hambre. Al siguiente año los indios Wampanoag prácticamente re-educaron a sus huéspedes extranjeros en lo relativo a la comida. Quienes estudian los huesos u osteólogos, pueden rastrear en ellos el sexo, la edad, la raza, la cantidad de ejercicio, la salud, si la persona era zurda, si levantaba pesas, si montaba a caballo... y la dieta. Pues bien, las osamentas que han analizado de este período y lugar muestran que la gente comía piel, roedores y carne de caballo, con excepción de un niño de 16 años en cuya dieta predominó el trigo. La conclusión a la que llegan es que era un recién llegado de Europa pues por ningún lado muestra indicios del maíz, el grano básico.

En todo caso, 16 años después de esa primera cena de acción de gracias terminó el encanto. Los puritanos de la Bahía de Massachusetts masacraron a los Pequot. El teólogo Cotton Matter dejó constancia de ello: "Pedid y se os dará, lo que es de los paganos será vuestra herencia y os daré en posesión el grueso de la tierra. Se supone que ese día no menos de 600 almas fueron enviadas al infierno".[81] Las estadísticas discrepan mucho acerca de la población total de nativos americanos que fueron ejecutados, pues el conteo oscila entre 10 y 30 millones. Los indígenas fueron encontrados culpables, de acuerdo con unas versiones, debido a que su socialismo no estimulaba la competencia. Eso explica la medida de usurparles sus tierras y distribuirlas entre los *entrepeneurs* o gente emprendedora y exitosa.[82]

En 1637, una vez que se deshizo de los testigos incómodos, el gobernador de Massachusetts, John Winthrop, instituyó la tradición de la fiesta de acción de gracias. En 1783 George Washington, el primer presidente de las colonias independientes, llamaba a los nativos americanos de "fieras salvajes". Thomas Jefferson, el tercer presidente no los bajaba de "despiadados indios salvajes". En 1863 Lincoln la declaró fiesta nacional. En 1939 Roosevelt adelantó la fecha una semana para que la temporada de ventas que se sigue hasta navidad impulsara la economía, pero después de dos años fracasó.

La destrucción se extendió a los sembradíos de wild rice que ni es salvaje ni es arroz; a la matazón de búfalos y de pavos, que en Brasil son peru, en Cuba guanajo, en Guatemala chompipe, en Sudamérica picho y en México guajolote. Los indígenas domesticaron al huexolotl desde hace 2.000 años. Los españoles lo rebautizaron como pavo pues creían que era cercano al pavo real asiático, pero no guardan ningún parentesco. En 1523 Gonzalo Fernández de Oviedo llevó el guajolote a España y de ahí hizo su entrada triunfal a Inglaterra. En esa isla le volvieron a cambiar su identidad al nombrarlo *turkey*, como si su madre patria fuera Turquía.

México, su tierra de origen, ahora lo importa de EE. UU. y Chile. Por si eso fuera "moco de pavo" o poca cosa, los guajolotes del día de acción de gracias según los euro-americanos, o día nacional de luto de acuerdo a la versión indígena, ya no son lo que eran. Blanquearon su carne debido a esa fijación con la blancura. Inflaron sus pechugas. Les cortaron el vuelo y el caminar. Los rellenaron de antibióticos. Les acortaron su existencia. Los guajolotes indultados en este día y enviados a Disney World... no vivirán para contarlo.

Día sin compras, al día siguiente del Día de Acción de Gracias

Después de un día en que todo se paraliza y aunque usted no lo crea, la mayoría de los comercios cierran, emerge el viernes negro para poner las cosas en su lugar. Se le llama viernes negro en oposición a los números rojos que en contabilidad representan las pérdidas. En este día de asesta el banderazo del inicio de la temporada de compras la cual se prolonga hasta navidad, y en el caso del pueblo latino hasta el día de reyes.

El ser humano consumista (*homo consumericus*), sale a relucir haciendo de este período de tiempo el más lucrativo del año. Hasta los movimientos socialistas de izquierda en los años 1970´s se autonombraron "progresistas", para no aparecer como contrarios al progreso económico del libre mercado.

No nos llamemos a engaño. El mercado en sí mismo no es malo pues de hecho el pueblo latino acude a él para "amarchantarse", para socializar y llevar a cabo regateos justos. Lo que no está bien es que el 20% de la población del mundo consuma el 80% de sus bienes. Lo que es reprobable es que la media entre precio del productor y del supermercado se incremente hasta el 490%, y a veces hasta el 1.000%.[83] Respecto a la comida ¡qué diéramos porque la cadena alimenticia prescindiera del segundo eslabón, el de los intermediarios! Con los productores y los consumidores nos daríamos por bien servidos. Por eso y por mucho más, desde 1992 más de 60 países se han sumado a este Día sin compras.

A quien esto lea quizá esta sopa del día le haya caído un poco pesada. Lo extenso del periplo realizado en este primer capítulo se debe a que, así como originalmente la Última Cena se celebraba semanalmente, hemos seguido ese ejemplo al intentar relacionarla con los muchos acontecimientos y fiestas del año cristiano hispano.

En seguida tenemos la ensalada. Mientras la consumimos iremos ambientando la institución de la Cena campesina galilea y la Cena citadina del Aposento Alto.

Notas

[1] Ellen F. Davis, *Scripture, Culture and Agriculture: An Agrarian Reading of the Bible*, New York: Cambridge University Press, 2009, 29.
[2] Alfredo Jalife-Rahme, "La israelización de la frontera de E.U. y la palestinización de los mexicanos", *La Jornada*, 10/08/2006.
[3] Susan Sontang, *Illness as Metaphor. AIDS and its Metaphors*, Nueva York: Anchor Books, 1990. Citado por Luis N. Rivera Pagán, Los sueños del ciervo; perspectivas teológicas del Caribe, Quito: CLAI, 1995, 64.
[4] Para el tratamiento completo de este tema véase el libro en preparación de Edna Carlo, *Pastoral de las personas con discapacidades*, Nashville: Abingdon.
[5] Eliseo Pérez Álvarez, *Introducción a Kierkegaard o la teología patas arriba*, Nashville: Abingdon, 2009, 79-81.
[6] S. A. Cartwright, *The New Orleans Medical and Surgical Journal* (1851).
[7] Elsa Tamez, "Justificación" 189-191, en Virginia Fabela y R. S. Sugirtharajah (eds). *Diccionario de teologías del Tercer Mundo*, Navarra: Verbo Divino, 2003, 190-191.
[8] Leonard Swidler, *Biblical Affirmations of Women*. Philadelphia, Westminster, 1979, 189.
[9] J. M. Infante, J. M. "Psicoanálisis de la fiesta mexicana", en Pérez H. (ed.). México en fiesta, Zamora, 1998, p. 143.
[10] José Juan Arrom, *El teatro hispanoamericno en la época colonial*, La Habana: Anuario Bibliográfico Cubano, 1956. Citado por Eduardo Galeano, *Memoria del fuego; I. Los nacimientos*, México, D.F.: Siglo XXI, 2002, 284-85.
[11] Maggi, *Jesús y Belcebú*, 89.
[12] Manuel Cañada Porras "¡comprad, cucarachas!", *Rebelión*, 1/20/2005.
[13] David Davis, *El problema de la esclavitud en la cultura occidental*, Bs. As.: Paidós, 1968. Citado por Luis César Bou "África y la historia", *Rebelión*, 1/21/2003.

[14] Casiano Floristán, 135.
[15] Quintero Rivera, Angel G. (ed.), *Vírgenes, magos y escapularios; imaginería, etnicidad y religiosidad popular en Puerto Rico*, SJ, UPR, Universidad del Sagrado Corazón, Fundación Puertorriquena de las Humanidades, 1998, 71ss.
[16] *Ibid*, 57.
[17] William Fred Santiago, *Venceremos; recobro de M.L. King Jr.*, San Juan, PR: Isla Negra, 2011, 221, 222.
[18] Alberto Maggi, *Nuestra Señora de los herejes; María y Nazaret*, Córdoba, España: El Almendro, 1988, 103-106.
[19] *Cf.* George M. Foster, *Cultura y conquista; la herencia española de América*. 2nd ed., Xalapa: Universidad Veracruzana, 1985, 197 ss.
[20] Uta Ranke-Heinemann, *Eunucos por el Reino de los cielos; iglesia católica y sexualidad*, Madrid: Trotta, 1994,312. Cf. Chimo Fernández de Castro y de Trinchería, *El cristianismo desmitificado; estudio de la sexualidad en tiempos de Jesús*, Barcelona: Kairós, 2006, 201.
[21] D. E. Ibarra, *Cosmogonía y mitología indígena americana*, Buenos Aires: 1980, 82ss. Citado por Maximiliano Salinas Campos. *Gracias a Dios que comí; el cristianismo en Iberoamérica y el Caribe s. XV-XX*, México, D.F.: Dabar, 2000, 52.
[22] Canon 67 del Concilio de Trullo, citado por George Nedungatt y Michael Featherstone (eds), *Retorno al Concilio de Trullo*, Roma: Instituto Oriental Pontificio, 1995, 149.
[23] Chen-Bo Zhong y Sanford E. DeVoe, *You Are How you Eat: Fast Food and Impatience*, en Prensa, Psychological Science.
[24] Fernando Díez de Urdanivia, *Dichas y dichos de la gastronomía insólita mexicana*, México: LUZAM – Seminario de Cultura Mexicana, 2003, 130.
[25] Nadine de Rothschild, *Los buenos modales; El arte de seducir y tener éxito*, Barcelona: Folio, 1994.
[26] Equivalente a 916 mL. Nuestro estómago tiene la capacidad para 900 mL.
[27] Justo L. González, *Culto, cultura y cultivo; apuntes teológicos en torno a las culturas*, Lima: Ediciones Puma, 2008, 68.
[28] Manuel Payno, *Los bandidos de Río Frío*, México, D.F.: Porrúa, 2003, 315 (1ª. Parte, XLII).
[29] Para un tratamiento completo del tema cf. Agustina Luvis Núñez, *Creada a su imagen; una pastoral integral para la mujer*, Nashville, TN: Abingdon, 2011.
[30] Rogelio Díaz Guerrero, *Estudios de psicología del mexicano*, México, D.F.: Antigua Librería Robredo, 1961, 17.
[31] Aimé Césaire, *Discourse on Colonialism*, Nueva York: Monthly Review Press, 1999, 48.
[32] Frantz Fanon, *Los condenados de la tierra*, México, D.F.: Fondo de Cultura Económica, 1963, 191.
[33] Janet Bord y Colin Bord, Sacred Waters: Holy Wells and Water Lore in Britain and Ireland, London – New York: Granada, 1985, 31. Citado por Vandana Shiva, Water Wars: Privatization, Pollution, and Profit, Cambridge, MA: South End Press, 2002, 136.
[34] *Ibid*.
[35] "Food Not Lawns: Organic Gardens vs. Chem-Fed Lawns", *Inter Press Service*, 3/28/2007.
[36] Alberto Maggi, *Cómo leer el evangelio y no perder la fe*, Córdoba, España: El Almendro, 2005, 65.
[37] Eliseo Pérez Álvarez, *Marcos*, Minneapolis: Fortress, 2007.

[38] *Pesiqta Rabbati*, 36. Citado por Alberto Maggi, *Las bienaventuranzas; traducción de Mateo 5*, 1-12, Córdoba, España: El Almendro, 2001, 26.
[39] Justo L. Gozález (ed). ¡Alabadle! Hispanic Christian Worship, Nashville: Abingdon, 1996, 18.
[40] Iván Illich, *H2O y las aguas del olvido*, México, D.F.: Joaquín Mortiz, 1993, 83, 93.
[41] Jack Weatherford, *Indian Givers: How the Indians of the Americas Transformed the World*. New York: Fawcett Columbine, 1990, 63 ss.
[42] Charles Heiser. *Nightshades: The Paradoxical Plants*. San Francisco: W. H. Freeman, 1969.
[43] William T. Cavanaugh, *Torture and Eucharist: Theology, Politics, and the Body of Christ*. Malden, MA: Blackwell, 1998,. Se refiere a la estrategia del Estado chileno durante Pinochet para erradicar los movimientos de liberación.
[44] Leonardo Boff, "Viernes, día de la resurrección", *servicios koinonia.org*, 5/12/2005.
[45] Salinas Campos, *Gracias a Dios que comí*, 417.
[46] Santiago Alba Rico, *Archipiélago* # 60.
[47] Mayela Barragán Zambrano, "En México manda la ley del crimen organizado", *Rebelión*, 10/27/2010.
[48] Roy H. May, *Josué y la Tierra Prometida*, New York: División de Mujeres de la Iglesia Metodista Unida, 1997.
[49] Rosemary Radford Ruether, *Gaia and God: An Ecofeminist Theology of Earth Healing*, New York: Harper Collins Publishers, 1992, 211.
[50] Howard Zinn, "America's Blinders," *Common Dreams*, 3/22/2006
[51] Cf. www.grain.org.
[52] Gerardo Bernache Pérez, *Cuando la basura nos alcance; el impacto de la degradación ambiental*, México, D.F.: Ciesas, 2006.
[53] Silvia Ribeiro, "Manipulando el clima", *La Jornada*, 3/2/2007.
[54] Dennis Tedlock y Barbara Tedlock, "Text and Textile: Language and Technology in the Arts of the Quiché Maya," Journal of Anthropological Research 41, 2 (1985): 121-46.
[55] Marcia Ascher, Code of the Quipu: A Study in Media, Mathematics, and Culture, Ann Arbor: University of Michigan Press, 1981.
[56] Walter D. Mignolo, *The Darker Side*, 336, n.12, 79.
[57] Justo L. González, *Retazos teológicos; escritos inéditos de Justo L. González*, Nashville: Abingdon, 2010, 16.
[58] *Evangelización y liberación*, VV.AA., Buenos Aires, 1986, 56-57. Citado por Boff, La nueva evangelización, 17
[59] Salinas Campos, *Gracias a Dios que comí*, 407.
[60] Howard Zinn, "El flagelo del nacionalismo", *La Jornada*, 2/20/2005
[61] Camille Loty Malebranche, "Haití, el estómago de los pobres controlado por los plutócratas", *Rebelión*, 4/25/2008.
[62] Alejo Carpentier, El reino de este mundo, México, D.F: Ediapsa, 1949.
[63] Shannon Hayes, "Radical Homemaking; Why both men and women should get back in kitchen", *AlterNet*, 2/8/2010.
[64] Sidney W. Mintz, *Dulzura y poder; el lugar de la azúcar en la historia moderna*, México, D. F.: Siglo XXI, 1996, 256.
[65] Stewart Lee Allen, In the Devil's Garden: *A Sinful History of Forbidden Food*, New York: Ballantine Books, 2002, 108ss.
[66] Harriet Friedmann, "The Political Economy of Food: the rise and fall of the postwar international food order", *American Journal of Sociology*, 88S (1982): 248-86.

[67] Suzzane de Brunhoff, *A hora do mercado; crítica do liberalismo*, Sao Paulo: Unesp, 1991, 34. Citado por Jung Mo Sung "La revolución tecnológica", Servicios Koinonía, 3/5/2001.

[68] José María Castillo, "Lectura materialista del santoral", *Misión Abierta* 74, 1981, 307-311

[69] Sonia Santoro (comp.), *¡Sin nosotras se les acaba la fiesta! América Latina en perspectiva de género*, Colombia: FESGENERO, 2009

[70] En taíno *batata* significaba camote, o papa dulce. Los españoles cambiaron esta voz a *patata* y la usaron para referirse a la papa cuyo origen de la palabra viene de las lenguas andinas. El inglés conservó la imprecisión del español y, como no podía pronunciarla la dejó en *potato*.

[71] Cf. Eliseo Pérez Álvarez, *Abya Yala; discursos desde la América des-norteada*, México, D.F.: El Faro et al, 2010.

[72] Theodore G. Tapper (ed.), *Luther's Works 54, Table Talk*, Filadelfia: Fortress, 1967, 5509 (438).

[73] Salinas Campos, *Gracias a Dios que comí*, 144.

[74] Manuel Gutiérrez de Arce, Apéndice a *El Sínodo Diocesano de Santiago de León de Caracas 1687*, Academia Nacional de Historia, 1975, v. 125, 58.

[75] Elena Poniatowska, "Imágenes de la Patria", *La Jornada*, 10/16/2005.

[76] Jill Richardson, "Too Fat to Serve: How Our Unhealthy Food System Is Undermining the Military", AlterNet, 12/15/2009.

[77] Eduardo Arens, *Asia Menor en tiempos de Pablo, Lucas y Juan*, Córdoba, España: Almendro, 1995, 101.

[78] Jane Schaberg, *The Illegitimacy of Jesus*, San Francisco: Harper & Row, 1987. Citado por Elizabeth Schüssler Fiorenza. Jesus Miriam's Child, Sophia's Prophet. Nueva York: Continuum, 1995, 169.

[79] Ronald Reagan, durante su presidencia de los EE. UU. llamó a las madres solteras "reinas de la beneficiencia".

[80] Marta Lamas, "La mala fama", *Página 12*, 12/17/2010.

[81] Howard Zinn, "4 de julio: arriemos las banderas", The Progressive, 7/8/2007.

[82] David Brooks, "Más de 50 millones de estadounidenses sin nada que celebrar en el Día de Acción de Gracias", *La Jornada*, 11/26/2010.

[83] Esther Vivas (co-autora), *Supermercados, no gracias*, Icaria, 2007.

Capítulo 2
Ensalada
Preparativos para la fiesta

Abramos este capítulo con una confesión de pecados. Acúsome de que el menú de todo el libro no hace justicia a la población vegetariana que no come carne; a la comunidad vegana que no come carne ni productos lácteos, huevos o miel; ni a la familia frugívora que solo come frutas y cereales. La pirámide alimenticia miente, como también lo hacen los principados y potestades (Ef 6.12) consagrados al jugoso negocio de la carne. Hasta un autor bíblico tuvo un pequeño desliz: "Es mejor la comida de legumbres donde hay amor que de buey engordado donde hay odio " (Pr 15.17). Cuando usted va a algún restaurante le chocará constatar que se bendice la comida hasta que llega la carne. La ensalada brilla por su ausencia en la oración. ¡Qué pronto se nos olvidó que de niños comíamos carne cuando nos mordíamos la lengua! Pero eso es harina de otro costal. Esperando contar con la absolución de usted, es mejor que retornemos a la mesa.

En este capítulo pasaremos revista a las dos narrativas bíblicas de la institución de la santa comunión: la Cena de Galilea y la Cena de Jerusalén. Lo haremos desde el punto de vista geopolítico y económico, es decir, tomando en cuenta las implicaciones horizontales o sociales de esta ordenanza o sacramento.

El propósito de la contextualización de la Santa Comunión es darle una probadita a la cultura de Jesús de Nazaret para luego cocinar la eucaristía con los olores y sabores de la comunidad hispana de los Estados Unidos.

La cena campesina galilea: pan y pescado, Mr 6.30-44, Mt 14.13-21; Lc 9.10-17; Jn 6.15-21[1]

En tiempos de Jesús la crema y nata generalmente vivía en Jerusalén cuya población era de unos 30.000 habitantes. Este segmento social lo integraban el clero, los militares de alto rango y la clase política. El restante 90% de la gente moraba en poblaciones menores de 150 habitantes, donde la mayoría estaba emparentada. Los impuestos ascendían hasta el 50%, los cuales iban a parar a las arcas del templo judío y del imperio romano. La familia de los Herodes eran inmensamente ricos en tierras tanto de Judea como de Galilea.

El promedio de vida en esos días era de 40 años. Las casas hacían las veces de lugar de trabajo y morada. Abandonar la casa significaba quedarse a la intemperie, convertirse en un "don nadie", un apátrida. Con este trasfondo hemos de ubicar el que María y sus demás hijos vayan en busca del Jesús renegado (Mr 3.31), así como también el reclamo de que "nadie es profeta en su tierra" (Mr 6.4).

La primera institución de la santa comunión tuvo lugar como el gran comelitón a cielo abierto. Fue una gran provocación al templo de Jerusalén, el cual funcionaba como banco, fuerte militar, rastro o matadero, secretaría de hacienda para colectar impuestos…y también servía para adorar a Dios.

La comida compartida extramuros simboliza de entrada que Jesús tomó partido por las personas consideradas impuras, el pueblo oprimido por Jerusalén, el centro del poder religioso, político, económico y militar.

El evangelista Marcos es el primero en registrar el relato más antiguo de la Cena Galilea. Él retoma el hilo de la narración de la misión (6.30). Parte sustancial de ella es el dar de comer; tan es así, que el evangelista repite la historia (8.1-10) por si acaso nuestra memoria fuera muy corta: "espaldas vueltas, memorias muertas".

Aunado a lo anterior tenemos el hecho de que la eucaristía celebrada con tortas de pescado quedó grabada en las catacumbas donde adoraba el movimiento de Jesús. Del banquete exclusivo de Antipas pasamos ahora a la mesa franca de Jesús.

El eterno docetismo

Jesús y sus fieles se retiran a reflexionar y a comer. Pero la necesidad de la gente les hace cambiar su agenda (6.31). Los estómagos satisfechos han interpretado la historia de esta comida masiva en términos meramente espirituales siguiendo al filósofo Platón, para quien el alimento espiritual "sacia más porque tiene más ser". Sin embargo, si leemos la Biblia desde el vientre hambriento veremos que este atracón o hartera se relaciona directamente con la eucaristía. De hecho, el Evangelio de Juan la menciona en lugar del relato de la Última Cena del Aposento Alto (Jn 6). De igual manera la comida masiva apunta hacia el banquete mesiánico que empezamos a saborear desde ahora. Y por supuesto que hay un vínculo también con el maná mediante el cual Dios sustentó a su pueblo en el desierto y la alimentación de las 100 personas por parte del profeta Eliseo (2 R 4.42-44). En todos estos casos se trata de comida material y no de "pan del cielo".

Los cuatro primeros concilios ecuménicos son en parte responsables de ignorar al Jesús mesero y cocinero de los cuatro evangelios. El Jesús cuyo ministerio incluía el alimentar a la gente hambrienta cedió el paso al Cristo juez y su dedo flamígero.[2]

En el siglo IX tiene lugar la primera disputa en torno a la Última Cena y a partir de ahí, se deshistoriza y despolitiza el comelitón de Galilea. Según Pascasio Radberto, la carne y sangre sacramentales corresponden literalmente a la carne y sangre de Jesús de Nazaret. Sin embargo, su realismo o fictisismo no van más allá de la esfera litúrgica. Escoto Eriúgena por su parte sigue a Orígenes y sostiene que el pan y el vino no se transforman al nivel corporaliter sino en el espiritualiter, es decir, que son la carne y la sangre únicamente en apariencia o figura. Por lo tanto en ese mismo siglo se ensancha la brecha entre el pueblo y el clero quien tiene el poder exclusivo sobre el cuerpo y la carne de Jesús. Igualmente se va debilitando la noción de comunidad, aparecen los sagrarios para custodiar la santa hostia, se recita el canon en voz baja, y el laicado ya no participa en la procesión de las ofrendas.

Para el año 1210 se realiza la elevación de la hostia como una medida práctica, pues ya para ese entonces se consagra el sacramento de espaldas a la congregación con la mesa empotrada en la pared y en un latín inaudible, ininteligible e incomible. Para el año 1264 se crea la fiesta del Corpus Christi, en 1301 se lleva a cabo la bendición con el santísimo, en 1394 tiene lugar la exposición del mismo. En pocas palabras, la explicación de la presencia de Jesucristo en los elementos del pan y del vino, y la adoración del sacramento desplazan al discipulado cristiano.

De ahí al secuestro y privatización de la Última Cena había solamente un paso. Una ilustración no cae mal: en 1979 en la casa del presidente mexicano, el papa Juan Pablo II ofició, a regañadientes, una misa. El rito tenía dedicatoria: la señora madre de José López Portillo.

Una pastoral visceral

Jesús tuvo compasión (6.34). Este es un término culinario que viene del verbo griego *(splagjizomai)* el cual señala hacia los intestinos, entrañas, el vientre, es decir, las emociones más viscerales que nos encienden ante la necesidad de las ovejas que no tienen un pastor (6.34) a su lado para alimentarlas, cargarlas y acariciarlas. Los líderes religiosos solamente se preocupan por alimentarse a sí mismos (Ez 34.4-5) y de hacer negocio con sus ovejas (Zac 11.5). En el siglo XIII el místico Antonio de Padua informaba sobre el mismo abandono al comentar cómo el mandato de Jesús a Pedro, "alimenta mis ovejas", lo cambiaron los papas por "trasquila y ordeña mis ovejas".

Con el sustantivo *splagjnon*, compasión o menudencias, Jesús deja ver aquí la imagen de un Dios harto diferente del Dios de nuestros credos, confesiones y catecismos, tan apático, frío e impertinente, porque no es pertinente para nuestro contexto social de sufrimiento causado por los ricos: "La entrañable misericordia de Dios" (Lc 1.78), "los amo... con el amor entrañable de Jesucristo" (Flp 1.8).

Solidaridad no caridad

Pero ojo con confundir solidaridad con caridad. La persona y las instituciones solidarias ayudan como un acto de justicia y movidas por la compasión combaten el sistema perverso tan disparejo. La caridad, por otro lado, bendice el presente desorden de cosas, ofende la dignidad de la persona con la transmisión de todas esas imágenes televisivas de niños raquíticos, ocultando la raíz de su mal. El proverbio africano lo capta de golpe y porrazo: "La mano que recibe está siempre debajo de la mano que da".

El reparto mundial de los panes y los peces es sumamente injusto. EE. UU. produce el 5% del petróleo y consume el 20%, y representa el 6% de la población mundial pero consume el 25% de los recursos del planeta. 10 transnacionales controlan más de la mitad de las semillas comerciales en el mundo.

Tenemos que decirlo una vez más: en lo que se refiere a la riqueza, no hay pureza ni inocencia. Toda riqueza vive a costillas de la pobreza.

El comunismo cristiano, Mr 6.36-37

Naguib Mahfouz, el escritor egipcio, opinaba que "nada registra tan gráficamente los efectos de una vida triste como lo hace el cuerpo humano". Nicolás Berdyaev solía denunciar "Si yo estoy hambriento, ese es un problema físico; si mi vecino está hambriento, ese es un problema espiritual". Los discípulos no espiritualizan el hambre del gentío, pero tampoco muestran ningún interés en aliviarla.

Muchos creyentes le hacen más caso a las críticas del peligro de querer salvarse a través de acciones humanitarias y de buenas obras y se les olvida el mandato del Buen Pastor: "Denles ustedes de comer". Es más cómodo el *going Dutch*, similar a la comida soruyo del cada quien lo suyo; la ley de Esparta, cada quien paga lo que se harta; o en el mejor de los casos "no comas pan delante de los pobres".

Los discípulos se rigen por la economía del mercado de comprar y vender. Jesús propone en cambio la hospitalidad, el compartir la mesa, el no ponerle precio al hambre del pueblo. En vez de despachar a la multitud, Jesús pregunta: "¿cuánta comida tienen ustedes? (38)". "Un vaso de agua no se le niega a nadie" es ya historia hoy en día cuando para la mentalidad de los mercaderes una botella del vital liquido cuesta más que la leche y que la gasolina, cuando el negocio del agua embotellada es tan lucrativo como la industria farmacéutica.

Cuando los líderes religiosos ponen a prueba a Jesús respecto a los impuestos (12.13-17), Él ni siquiera toca la moneda con la imagen del César porque su Reino es el de la solidaridad, no el de la ganancia abusiva. El denario era el salario de un día de un jornalero. Los discípulos todavía no digieren que en el Reino de Dios lo que impera es la donación y no la adquisición. Así el joven rico no quiso dar lo que tenía a los pobres (10.17-22), a diferencia de la Iglesia primitiva que compartía a fin de que no hubiera pobres entre sus filas (Hch 4.34). Los discípulos se apoyan en la Diosa Ceres, de donde viene nuestra palabra para cereal. Pero ella pertenece al Imperio y a quienes pueden pagar la cuenta.

Michael Gurven, un estudioso del periodo histórico de cuando el ser humano dependía de la recolección y de la carroña, informa que lo natural era que la gente compartiera su alimento: cuando uno come, comen todas y todos. El comunismo está impreso en el corazón, pero el sistema capitalista se encarga de hacernos creer que va en contra de "la libertad y la democracia".

Josué de Castro, un gran brasileño que dedicó su vida a combatir este flagelo, sostenía: "El hambre es la manifestación biológica de una enfermedad sociológica".

El platillo principal: el pan

Cinco panes y dos pescados (Mr 6.38). Juan el evangelista (6.8-9) "fue el grano": pan de cebada. O sea que era pan de pobre pues unicamente los adinerados comían pan de trigo. El pan en ese entonces constituía el platillo fuerte, todo lo demás eran guarniciones (Gn 25,34, Rt 2,14).

Las Bolsas de Chicago, Kansas y Mineápolis lo saben y por eso comercian con el hambre del mundo poniéndole precio al pan y a infinidad de comestibles. El mercado ahora es un casino con cartas marcadas. Valerie Jarrett, ex-presidenta de la bolsa y consejera del presidente Barak Obama, no quita el dedo del renglón.

El pescado, la carne de embuste

Cinco panes y dos pescados (Mr 6.38). Es decir, siete, o el número de la plenitud.

Todavía en el siglo IV se decía: *Piscis assus, Cristus est passus*, "cuando se fríe el pescado, Cristo se sacrifica". O sea que el pescado no era un logo para identificar el cristianismo; era alimento que evocaba la naturaleza del movimiento de Jesús.

El pescado en la cultura mediterránea del primer siglo era un comestible común y accesible. Con el tiempo se fue transformando, hasta llegar a la "revolución azul" de las fábricas o granjas de pescado en la década de 1980. El agua teñida de rosa le proporciona al salmón el toque justo, que no consiguen fuera de su hábitat. El maíz, los antibióticos, su esterilización, la aceleración de su crecimiento mediante la ingeniería genética, dan como resultado al salmón frankenstein.

Tal vez porque se predicaba la inmaculada concepción del pescado por reproducirse sin sexo, llegó a asociase con lo femenino "pasivo" y, posteriormente hasta se le desencarnó. El considerársele la más femenina de las carnes equivalía a decir que no era carne, y por tanto no rompía el ayuno cárnico durante los días de penitencia.

Si bien es cierto que el menú bíblico empieza con una dieta vegetariana (Gn 1.29), y que nos recuerda el parentesco que guardamos con los animales (Ec 3.18-20), también es bueno traer a la memoria lo siguiente. De acuerdo con el profeta Jeremías (Jer 17.5-6) el término "carne" es una categoría muy amplia para referirse a la finitud, y como dicen por ahí, según esta definición de carne, hasta los vegetales son carne. De igual manera tengamos presente que en la cultura semita para decir cuerpo dicen carne, o a veces se valen del binomio carne-sangre (Jn 6.51). Así tenemos que el cuerpo y la sangre de Jesús en la Última Cena, apunta a la donación de todo su ser.

Si el pescado era sinónimo de femineidad, la carne roja, gruesa, sangrante, apuntaba a la hombría. De hecho comer "carnero" implica que esa es la manera de comer como Dios manda, pues esa sí es carne.

Las corporaciones trasnacionales han impuesto la dieta carnívora a los pueblos originarios cuya comida vegetariana cruda eliminaba males tales como el murmullo del corazón, el reflujo y la migraña. La carne en exceso vino acompañada de la osteoporosis, cálculos renales, cánceres, ataques cardiacos, diabetes tipo dos, entre otros achaques.

Servir las mesas... de los pobres

Al recostarles sobre la hierba verde (6.39) Jesús humaniza a la gente pobre que, generalmente como hasta nuestros días, comía de pie. Esa es una acción sumamente liberadora. La gente con suficientes medios económicos se sentaba, pero en las comidas realmente elegantes llamadas simposios, la gente se recostaba apoyada en su brazo izquierdo. Jesús le está diciendo a la multitud que merece ser servida y ser amada. El banquete de Herodes apenas mencionado es para lo más granado de la sociedad; el banquete de

Jesús es para quienes no saben lo que es comer sin sobresaltos. Es de esperarse, entonces, que el ritmo de la comida comunitaria haya sido originalmente diario y después semanal (Hch. 20.7, 11).

El sacramento de la hospitalidad, Mr 6.40-43

Las dotes organizativas de Jesús salen a relucir. Más que el milagro de la multiplicación, es la estrategia de la distribución. Cuando la gente sale al campo va preparada con su *itacate* o fiambrera (*lunch*). El pueblo sabe leer los signos del estómago. Tomó, bendijo, partió y repartió son los mismos verbos de la cena del Aposento Alto (1 Co 11.23ss). El jefe de familia tenía a cargo la bendición o también podía honrar a un invitado pidiéndole que él la pronunciara. El padre generalmente realizaba las acciones de tomar y bendecir, y a las mujeres o los esclavos les correspondía el partir y repartir la comida. Jesús, en cambio, realiza tanto funciones de la cabeza familiar, así como tareas mujeriles y de la servidumbre. El Nazareno se mueve de la hostilidad de la familia jerárquica a la hospitalidad del Reino de Dios.

Jesús actúa desde la generosidad y el desinterés; el Imperio da de comer desde la política del pan y circo para mantener a la gente dependiente y obediente. El Reino de Dios está ya presente donde la gente hambrienta se harta de comida (Lc 6.21). El número de las 12 cestas, como sabemos, apunta hacia Israel, es decir que hubo suficientes tortas de pescado para alimentar a todo el pueblo.

La feminización de la comida, Mr 6.44

El número de 5.000 es simbólico para indicar una gran cantidad. Las mujeres y los niños no contaban para fines del censo, a pesar de que fue un niño el primero que puso el ejemplo de compartir su *lunch*, arepas, pupusas, alcapurrias o tacos que llevaba. La multitud hace temblar a cualquier político. Acerca de la mano de obra esclava en la producción de alimentos, ya tuvimos oportunidad de asomarnos un poco en el apartado del Día de la Niñez.

Lo irónico de la Cena Galilea es que las mujeres tampoco contaban. ¿y quiénes si no las mujeres fueron las que prepararon los alimentos que compartió la multitud? Ayer como hoy se sigue dando la feminización de la comida. La mujer es la última en comer, a pesar de que, según los cálculos conservadores de la FAO, ellas produzcan más del 50% de la comida a nivel mundial, y en los países del sur hasta el 80% .

Un buen día un homosexual empezó a echar carne al asador. Esa persona no sabía que estaba inaugurando las parrilladas donde los hombres llevan la batuta. Pero el patriarcalismo todavía se resiste a ver con naturalidad que los hombres se metan a territorio minado. Las mismas mujeres han interiozado la opresión: "en la cocina mando yo". A pesar de que en México a los hombres que participan de los quehaceres domésticos se les llame despectivamente de mandilones por ponerse el delantal o mandil, yo confieso que soy a mucha honra superman, o sea, "supermandilón" como el Jesús de la Cena Galilea.

Pan y circo

La capacidad de convocatoria de Jesús no les conviene a las autoridades civiles y religiosas.

123 años antes de que Jesús naciera, Gaius Gracchus creó la ley del grano o *Lex frumentarium*. Dicho programa consistía en repartir mensualmente a los habitantes de Roma productos subsidiados por el gobierno, tales como trigo, aceite y carne. Lo que se perseguía no era saciar el hambre con el alimento gratuito. El móvil de esa medida era aplacar con pan las rebeliones.

A partir de la Segunda Guerra mundial EE. UU. también echó a andar el Programa de Cupones de Comida, hoy re-etiquetado como Programa de Asistencia de Suplementos Nutricionales (SNAP). La gente prefiere tener los $100 dólares depositados electrónicamente en sus tarjetas que organizarse para cambiar las estructuras que producen la pobreza. Pese a ello, el 20 de noviembre del 2006 más de 5.000 trabajadores de la limpieza replicaron la Cena Galilea en Houston, Tejas. Después de 60 arrestos, un mes de huelga y actos de desobediencia civil esta multitud mayormente hispana conquistó el seguro de salud familiar y el beneficio de las vacaciones.

La actitud levantisca de la Comilona de Galilea quizá fue lo que determinó el que el imperio romano del siglo IV d.C. impusiera la narrativa de la Cena del Aposento Alto, la cual desmenuzaremos a continuación.

El banquete citadino jerosolimitano: pan y vino

Jerusalén la ciudad que rechazó a Jesús y acerca de la cual el evangelista Marcos dijo que lo iba a matar (11.33), es el escenario de la segunda institución de la Santa Cena. El hecho de que este relato haya sido el que prevaleciera nos habla claramente de cómo se descontextualizó del ambiente citadino hostil al campesino galileo.

La ciudad siempre subvencionada por el campo ha dado como resultado que, por primera vez en la historia de la humanidad, la mayoría de la población viva en las grandes urbes. El año escolar en los Estados Unidos es una reliquia del siglo XVIII cuando la muchachada suspendía durante 180 días sus clases para trabajar el campo.

Al nivel teológico y en el plano social la ciudad es la dominante. La Cena Galilea cayó en desuso. Procedamos pues a inspeccionar a la jerosolimitana.

La escolta: el varón del cántaro (Marcos 14.13)

Un hombre que lleva un cántaro de agua. Los preparativos para la cena clandestina tienen que desarrollarse con sigilo. Entre la multitud de docenas de miles resaltaría la contraseña. No hay pierde: un hombre realizando tareas mujeriles en una sociedad donde el hombre manda. Hay quienes ven en este joven servicial al propio evangelista Marcos, el cual poseía una casa grande y además pertenecía al 3% de la población que sabía leer y escribir.

Otra posibilidad es que este guía haya ejercido el oficio de aguador, o transportista del líquido azul. Lo cierto es que Jesús no vivía su vida provisionalmente, "hizo reservaciones" con antelación. Esta también es una ventana que nos permite ver que el Galileo no deseaba morir. No fue ningún bravucón o temerario. Fue un estratega.

El anfitrión: El Dios que come y da de comer

Las imágenes de Dios que Jesús proyecta en el Aposento Alto les caen en cascada a sus huéspedes: Dios labrador, panadero, mesero y cocinero. Jesús celebra la vida del cuerpo, mientras que el filósofo Platón pensaba que el cuerpo era una efímera envoltura, una prisión (Cratilo 400c), la contaminación del alma (Fedón, 66b-c), y su tumba (Fedro, 250c).

En nuestra generación muchas iglesias dan por sentado que todo mundo tiene comida. Por ser el comer una práctica tan cotidiana no reflexionamos bíblicamente acerca de ello. No caemos en la cuenta de que las personas de ingresos altos poseen un cuerpo sano; las de ingresos medios, un cuerpo bonito; las de ingresos bajos, un cuerpo fuerte y, las personas indigentes casi no tienen cuerpo.

La comida, por otro lado, está preñada de simbolismo y representaciones sociales. Marca la ocasión como lo vimos arriba en el calendario cristiano. Señala la afiliación a un grupo, la clase social, la religión, la cultura, etc.

En la Última Cena quedémonos con el Jesús que procura la salvación de nuestro cuerpo.

El beso

El beso de Judas (Mr 14.45). Era el saludo convencional de ese tiempo del alumno frente a su rabí. Judas encarna el otro significado del beso, el de las motivaciones torcidas (Pr 27.6; Gn 33.4). Como suele suceder, son los soldados quienes hacen el trabajo sucio. Ellos no conocen a Jesús; de ahí la necesidad de que Judas lo identifique.

En la historia de Jairo el alto dignatario postrado a los pies de Jesús (Mr 5.22), el lenguaje corporal traducía muy bien el rango social en la antigüedad. Bruce Malina nos recuerda que entre los griegos el beso en la boca entre dos hombres indicaba igualdad de clase, el beso en la mejilla señalaba una ligera diferencia. Pero postrarse en el suelo significaba una clara distancia entre el superior y el inferior. Jairo, el alto dignatario, públicamente valida a Jesús como su superior. Ello no corresponde con su origen humilde y su falta de credenciales, pero confirma la autoridad que Jesús estaba ganando entre su gente.

Mientras que en Londres proveen argumentos científicos para "La terapia del beso": sensación de bienestar, afectividad, aumenta ritmo cardíaco, la tensión arterial, el nivel de glucosa en la sangre, es analgésico,[3] en el Zócalo de la Ciudad de México siguen otra táctica. El 15 febrero del 2009 en punto de las siete de la noche, 39.897 personas besuquearon a sus respectivas parejas. En lugar de recetas médicas pusieron la música de fondo de "Bésame mucho" de

Consuelo Velázquez, y la irreverente Susana Zavaleta se encargó de atizarle al fuego. La vida es más que sudor y lágrimas.

La risa

Se dice que María está triste en todos los retratos...porque quería una niña.

Jesús utiliza el humor como una arma en sus debates verbales, pero también para dulcificarse la existencia. La Última Cena fue su última sesión de contar chistes. En la Edad Media surgió la institución de la risa pascual o el "renacimiento feliz" de Jesús.[4]

Se calcula que durante la niñez reímos un promedio de 200 veces al día, y en la adultez de 15 a 20 ocasiones. La risa echa a andar más de 400 músculos. Entre otras bondades libera adrenalina, ayuda a la autoestima, fortalece los pulmones, baja la ansiedad, desintoxica al organismo, lubrica la mente, baja la presión de la sangre, y ataranta el hambre.

El poeta francés Baudelaire estaba convencido de que en el paraíso tanto la risa como el llanto estarán de más, pues ambos son desahogos.

La arquitectura

Lo malo de América del Sur es que es del Norte
Perich

Según estudiosos del tema en el Aposento Alto o cenáculo (*coenaculum*) se construyó una iglesia cristiana, donde continuó celebrandose la Última Cena hasta el año 1551. A partir de ese año el comedor se transformó en mezquita y desde 1967 en sinagoga.[5] Las religiones de Agar, Sara y Abraham, el judaísmo, el cristianismo y el islamismo ya debieran estar en paz.

Las primeras comunidades cristianas se reunían en la domus ecclesiae, es decir, la casa de la iglesia. En estas iglesias caseras es donde se comulgaba. Sin embargo, la arquitectura cristiana dio un cambio radical cuando el Imperio entró en escena. En el siglo IV se imponen las basílicas, otrora cortes de justicia. Posteriormente surgen las catedrales que derivan su nombre de la cátedra o silla donde se sienta el obispo, aunque son una continuación de los templos donde tenían su trono las diosas de la tierra como Gaia (o Gea).

Al interior de las catedrales se encuentra la nave, de *naus* o náusea, en alusión al arca de Noé. Los escandinavos que cruzaron el Atántico todavía lucen en sus iglesias embarcaciones colgantes o, los techos en forma de naves. La Iglesia Central luterana de Everett, cerca de Seattle, se enteró de que muchos refugiados vietnamitas llegaron a esa ciudad transportados por naves. Ni tarda ni perezosa su feligresía se solidarizó económicamente con la comunidad asiática debido a los lazos que tenían en común con las embarcaciones.

Originalmente las iglesias se edificaban mirando hacia el Oriente, de cara a la geografía donde resucitó Jesús de Nazaret. En nuestros días no solo nuestros edificios se han desorientado, sino que el ídolo del mercado es el que planta iglesias en cines, teatros, estadios, aeropuertos (para "confirmar" vuelos), y obviamente, en malls, shoping centers o centros comerciales. Pero ojo. Muchas iglesias latinas pobres adoran no donde quisieran sino donde pueden: talleres, en carpas, en almacenes, en bodegas, al aire libre, en sótanos, etc.

La cocina

Las casas de Palestina del primer siglo consistían en una sola habitación multiusos donde por las noches tendían sus lechos para pernoctar. En tiempos de Jesús existían algo así como las "cocinas de humo" todavía comunes en muchos de nuestros pueblos de origen, donde pasaban horas y horas preparando la comida.

Las cocinas modernas clasemedieras en los EE. UU. se cuecen aparte. En el año 1900 se empleaban 6 horas para procesar la comida pero en el 2008 se utilizan únicamente 31 minutos incluyendo la lavada de trastes.[6]

El atuendo, Mt 22.11-14

Los judíos vestían túnicas de dos piezas. Los modernos predicadores de la herejía de la prosperidad toman como excusa que la túnica de Jesús era de una sola pieza (Jn. 19.23-24), es decir, muy costosa, para justificar su estilo de vida ostentoso y cínico.

Con la constantinización de la iglesia el lujo y el boato no se hicieron de rogar. El papa se encaramó gustoso la capa del emperador. Eso dio pie para la incorporación de la casuya, el alba, la mitra, la estola y otros accesorios que tendremos ocasión de describir en el último capítulo, el dedicado a las guarniciones.

"El hábito no hace al monje" reza el refrán. Pero sí lo distingue. El problema consiste en que el hábito, como otras vestimentas antiguas tuvo su razón de ser en el allá y entonces, pero en el aquí y ahora resulta anacrónico. En el otro extremo se ubican quienes bendicen el mundo del mercado, vistiendo trajes ejecutivos al presidir el culto de adoración. Ya viene siendo tiempo de darnos permiso de estrenar un vestido propio de nuestra cultura, nuestra geografía, nuestro clima, nuestra economía.

El dicho "como te ven te tratan" goza de buena salud. Todavía al inicio del siglo XX los indígenas que visitaban la ciudad de México tenían que despojarse de su calzón de manta y rentar un pantalón de casimir para poder entrar a la capital. Las botas hoy tan de moda, se permitían solamente para ir al campo y montar caballo, nunca para la ciudad. Nadie osaba desobedecer al presidente Porfirio Díaz pues él lo dijo con todas sus letras: "el guajolote que se salga del huacal lo hago mole".

Los asientos, Mt. 20.20-21

Hay una relación entre la evolución del ser humano, los asientos y los números. Nuestros antecesores primates prefirieron el 0 o la posición en cuclillas. El 1 corresponde al cazador que come de pie, siempre avanzando o huyendo. Los orientales adoptaron al 2, es decir, la postura arrodillada. El 3 es para quien se sienta en una piedra o en el suelo. Finalmente el 4 representa la silla y el modo occidental de sentarse a la mesa.[7]

El mundo de Jesús era ciego respecto a la igualdad de las personas zurdas y derechas. En aquel entonces como ahora todo gira en torno a las personas derechas. No en balde Benjamín significa "hijo de la mano derecha", o sea, el predilecto: "la mano derecha cobró su privilegio porque el lado vulnerable del guerrero es el derecho. En el izquierdo tiene el escudo. Pero el lado derecho necesita a alguien en quien pueda confiar".[8]

Los lugares más preeminentes en las comidas se distribuían de acuerdo con el rango, empezando por los asientos derecho e izquierdo más próximos al presidente de la mesa, y así sucesivamente. Dependiendo del asiento que se asignaba, se le servía determinada comida y bebida.

Muchas iglesias diseñan sus asientos en forma de teatro. Otras tantas tienen asientos reservados. Algunas bancas son portadoras del nombre de ricos donantes. Las galerías de ciertas iglesias eran para gente no anglosajona. La capilla empotrada al lado oriente la catedral de la Ciudad de México, viendo hacia la primera imprenta del continente, se llama el Sagrario (o tabernáculo). En ella únicamente podían entrar y sentarse los españoles.

Felizmente también hay iglesias cuyas sillas son movibles, ordenadas en forma semicircular, donde los asientos de quienes dirigen la adoración son del mismo material que los de la congregación y están al mismo nivel del de la feligresía.

En una de sus canciones Atahualpa Yupanqui, el argentino de padre quechua que escribió más de mil melodías, un niño le pregunta a su abuelo sobre la existencia de Dios, y la respuesta no se hizo esperar. "si existe siempre estará en la mesa del patrón".

La mesa

La comensalidad o el compartir la mesa (*mensa,* latín), constituye el primer vínculo de socialización en toda sociedad. La mesa nos pone en contacto con las características de esa comunidad.[9]

La cultura grecorromana comía en los triclinos. Estos eran una especie de mesas chaparritas en forma de herradura sobre las cuales se ponía la comida. Los comensales se recostaban en el piso apoyados en su brazo izquierdo. Por lo general cada quien traía su comida y no necesariamente la tenía que compartir. La mesa de Jesús estaba siempre abierta para los pobres. Comer (*eszio*) aparece más de 30 veces en los evangelios y en 1 Corintios, beber (*pino*) más de 20 veces. Por eso lo mataron, por comer con "la gentuza", "la plebe", "la chusma", "los pelados", "la raza", "la escoria", "los apestados", "la gente cafre" (Mr 2. 13-17).

La mesa en los EE. UU. cae cada vez más en desuso, empezando por el Senado. En 1994 cerró sus puertas el comedor de este máximo cuerpo donde convergían sus familias cuando residían en Washington D.C. A partir de entonces regresaron a sus estados y desmantelaron la mesa comunitaria. Ahora los integrantes del Senado son *commuters*, "van y vienen".

El 40% de los hogares estadounidenses miran la televisión mientras comen, la comida es combustible, la mesa se va convirtiendo en una reliquia.

Los comensales

Nadie sabe lo que hay en el fondo de la olla más que la cuchara.

Según dicen los modernos manuales de urbanidad, no se debe exceder el número de 12 personas invitadas a un banquete, a fin de que la conversación fluya y nadie la acapare. Este no es el caso de la Última Cena en donde el número 12 es simbólico para indicar que la mesa de Jesús está abierta a toda persona que no conoce lo que es ser servida.

La comensalía, el *convivium* convite, el comer en compañía, la observamos cuando el Nazareno comparte la copa, la cual estaba reservada para el presidente. Ludvig Feuerbach lo resumió diciendo que la esencia del cristianismo es comer y beber.

Cuando Jesús comió con los ricos los confrontó como lo hizo con Zaqueo, quien devolvió lo robado con el 400% de intereses. Jesús es selectivo de sus comensales, pues como dijera un opositor a Hitler: "La revelación de Dios en el Antiguo y Nuevo Testamentos es la revelación de Dios 'tomando partido' con los pobres y los de abajo. Él es unilateralmente un Dios de los de abajo...No me está permitido participar donde se adora a los ídolos. En contraste con quienes tienen sueños de grandeza, debo abrazar la perspectiva de la gente sencilla con la cual Dios tiene su punto de partida".[10]

Las reglas de etiqueta

Jesús, el invitado de honor en Lucas 11.37-54, erra al no realizar las abluciones de la etiqueta. Para la Escuela de Shammai, dominante hasta el año 70, se debían purificar las copas y platos tanto por fuera como por dentro;[11] la Escuela de Hillel mantenía que solo por fuera. Para ambas tradiciones la pureza de mesa tenía su correlato con la pureza social. Lo que salva a la Cena de Jerusalén es que tuvo lugar en un ambiente más relajado.

Sus seguidores, según asevera el relato de Hechos 2.42-47, oraban juntos, compartían comida y problemas, en torno a una mesa íntima. Al paso de los años sin embargo, surgirá el altar rígido y frígido. El clero marcará la pauta en cuestiones de: el modo de recepción, si en la mano, la lengua, en una o dos especies; el porcentaje de alcohol en el vino; los gestos y movimientos; las lecturas e himnos; el atuendo; los asientos, etc.

Las reglas de la mesa y del comer nos dan la pauta en pequeña escala de los criterios de asociación y socialización a grande escala.[12]

Asimismo la etiqueta sirve para esconder la violencia que yace en el acto mismo de la ingesta, pues "comer es enseñar los dientes" trituradores de entes vivos. Algunos hispanos de ascendencia indígena no mostramos los dientes en las fotografías para no parecer agresivos, porque nuestra dentadura tiene las marcas de la pobreza y también porque nuestra cultura nos dice que no hay que reír frente al lente de la cámara.

Las cadenas de comida chatarra a su vez, han dado al traste con las reglas de urbanidad. Su propuesta es la de usar una sola mano, comer en solitario y convertir el coche, el taller o la sala de juntas en comedor. Jesús comía únicamente con los tres dedos de la mano derecha, el pulgar, el índice y el cordial pero degustaba el bolo alimenticio, reposaba la comida con la sobremesa y odiaba la recochina prisa.

La identidad no solamente se deriva del tipo de comida ingerida sino también del modo de prepararla, servirla y consumirla. No es gratuito el hecho de que el venezolano Manuel Antonio Carreño haya, desde el siglo XIX, inundado nuestras mesas con su Manual de Urbanidad y Buenas Maneras, tan propio como tan insípido. Aparecido en Caracas en 1853, lleva más de 40 ediciones sin contar la mía de febrero del 2003 que no proporciona el número de la edición. Este instructivo de buena crianza se convirtió en la biblia secular que dicta 53 códigos de conducta para ser observados en torno a la mesa, excluyendo en todo ello a la mujer, la niñez y la servidumbre. Esta identidad cancelaba al cuerpo al impedir: "estornudar, bostezar, sonarse la nariz, estirarse, reírse, roncar, aplaudir, escupir, gesticular, hacer ruido, secarse el sudor, comer dulces, frutas en exceso, tocarse partes del cuerpo o tocar a otro, adoptar ciertas posturas, ..."[13] Carreño asesinó el carácter "saleroso" de la mesa.

Los manteles largos

Cuando se separó la comida formal de la institución de la Última Cena se fue arraigando el concepto del misterio. Este terminó engullendo a la comensalidad. Por eso hoy necesitamos mucha fe para creer que las obleas son pan, que el *kool aid* es vino y que no nos equivocamos de fiesta. Como aquel señor trajeado que paró el baile para pedirle a la concurrencia que formaran dos bandos, el de los familiares de la novia y el del novio. Cuando se agruparon les espetó: "Ahora tanto los de la derecha como los de la izquierda largo de aquí, pues esta es una fiesta de bautismo".

Los manteles festivos que han de haber lucido en el Aposento Alto contrastan sin duda con la comida-rápida, los cubiertos desechables, los químicos, colorantes y saborizantes, todo lo que nos conduce hoy al suicidio culinario: "Y la supresión de la mesa, del convivio, rico o humilde, implica la desaparición de tantas cosas bellas. Los manteles. ¿Para qué, existiendo el nylon, o las mesas de formica? Cruel y helado el nylon. No importa. No se lava. La desaparición de las vajillas decoradas, copas y vasos de cristal tallado, y cubiertos de estilo..."[14]

Las servilletas

Los griegos usaban el migajón como servilleta, una vez percudido, lo tiraban al suelo para el deleite de los perros. Cuando estos se hartaban, barrían las migajas hacia la calle para el consuelo de los mendigos.

En Roma, cuando Nerón banqueteaba podemos observar a sus esclavos lavándole los pies y gateando para agarrar las migajas. Con la cabellera de los asiáticos más bellos el emperador se limpiaba los dedos mugrosos.[15]

En la Edad Media los europeos preferían limpiarse los dedos durante la comida con el pelambre de los perros. Hoy en día con la servilleta se da el banderazo para iniciar la comida, tan pronto como el anfitrión la toma, la desdobla, y la coloca sobre sus piernas (o sobre su falda según el habla boricua).[16]

Hasta el siglo XV todavía la realeza comía con los dedos y no tenían empacho en "chuparse los dedos" entre platillos. En muchos países latinoamericanos la tortilla de maíz es más versátil pues hace las veces de plato, tenedor, cuchara, mantel y servilleta. Y lo que es más, después de usarse como servilleta uno no corrompe el alimento echándolo al suelo, uno discretamente se la come, ¡uno la recicla!

La servidumbre

> *Ya no los llamaré siervos sino amigos...*
> *No me escogieron ustedes sino yo a ustedes*
>
> Jn 15.15, 16

La doctrina del amo y del esclavo de Aristóteles sigue vivita y coleteando después de más de 2,300 años. Para este filósofo la servidumbre es algo con lo que algunas personas nacen: "Quien por su inteligencia es capaz de previsión, es por naturaleza gobernante y por naturaleza señor, al paso que quien es capaz con su cuerpo de ejecutar aquellas providencias, es súbdito esclavo por naturaleza, por lo cual el amo y el esclavo tienen el mismo interés".[17]

En la Palestina del siglo I los discípulos escogían a su rabí. Jesús invierte la realidad y él toma la iniciativa convocando también a las mujeres. Asimismo trastoca el concepto de alumno (*alumni*, sin luz) y establece relaciones no jerárquicas con quienes integran su movimiento liberador. El Galileo se muestra servicial con quienes han servido demasiado.

Federico Nietzsche pescó al vuelo la idea: "¿Eres esclavo? Entonces no puedes ser amigo. ¿Eres tirano? Entonces no puedes tener amigos".

En el Reino de Dios no hay distingos de rango (Mr 10.45). No es la voluntad de Dios sino la lotería biológica la que nos hacer nacer pobres o ricos. Sin embargo, los gobiernos injustos son directamente responsables de los miles de millones de seres humanos reducidos a la servidumbre y la miseria. Las nuevas formas de esclavitud son el resultado de políticas corruptas tanto al nivel doméstico como internacional.

Respecto a la servidumbre, las empleadas domésticas son las que llevan la peor parte. Tratadas despectivamente de "gatas", viven en cuartuchos de las azoteas, tienen que estar disponibles día y noche, tienen salarios de hambre, sufren acoso verbal y sexual, les cambian su nombre por uno más *nice*, no deben notarse, son explotadas a más no poder.[18]

Hace un par de años el hijo de un pastor neuyorican casado con una morena dominicana se fue a España con el programa de intercambio estudiantil. A su regreso me contó que su familia huésped lo sentó a comer sus alimentos en la mesa de la cocina, el lugar de la servidumbre.

Las tinajas y las manos

De acuerdo con la narrativa de Juan 2, Jesús inicia su ministerio en la boda de Caná de Galilea. Lo hace como padrino de la bebida, al convertir en vino con bouquet el agua de seis tinajas de 100 litros cada una. En estos recipientes los judíos se lavaban de las manos hasta los codos no con fines higiénicos sino debido a los ritos de pureza. El Nazareno desplaza el énfasis de la pulcritud externa a la pureza de corazón prescindiendo de rituales innecesarios (Mt 5.8).

Los judíos comían exclusivamente con tres dedos de la mano derecha: el pulgar o gordo, el índice y el cordial o de en medio. En Europa hasta el siglo XV comían con las manos y se acostaban en pacas.[19] Juntar las manos es un resabio de cuando los vasallos mostraban su total sometimiento durante el feudalismo.

El lavabo y los pies

"Lavarse los pies" en la cultura de Jesús quería decir dormir con la mujer (2 Sam 11.11). "Cubrirse los pies" era otro eufemismo para indicar ir a la letrina (1 Sam 24.3).

Echarse a los pies es señal de humillación. Marcos 1.7 hace referencia a la institución del levirato, de *levir*, cuñado. Esta establecía que si un esposo moría sin dejar descendencia, el familiar más cercano le quitaba las sandalias en señal de que iba a ocupar su lugar ante la viuda. Juan el Bautista por eso se negó a desatar los huaraches de su primo, pues sabía que solo Jesús podía fungir como esposo.[20]

En tiempos del Nuevo Testamento lo menos noble del cuerpo era el pie y más concretamente, la planta del pié. El cuarto evangelio liga la institución de la Cena de Jerusalén con la escena del lavatorio (Jn 13.1-17). En el mismo orden de ideas Juan el evangelista amarra el mandato "hagan ustedes lo mismo que yo he hecho" (13.14) con la consigna "hagan esto en memoria de mí" (1 Co. 11). Pero lastimosamente vemos que ya desde la comunidad de Corinto la gente más pudiente come en mesas separadas y la jerarquía comienza a tener carta de naturalización. Pablo evade la confrontación y les pide a los ricos discreción: "ojos que no ven, corazón que no siente".

¿Qué significa el lavatorio de pies para la comunidad latina hoy? En un contexto donde los fashionistas han impuesto el calzado como algo más importante que la misma ropa, y donde se trata a nuestra comunidad a puntapiés.

Los sentidos

Emanuel Kant sostenía que el saber cocinar era terreno y honra de la mujer. Ella debiera optar por las cazuelas y no por la música, en tanto que es preferible un plato sabroso sin música que uno insípido con música.[21] Este filósofo subordinaba los sentidos a la razón, pero aun en el mundo sensorial jerarquizaba a unos como superiores y objetivos: tacto, vista, oído; y a los restantes como inferiores y subjetivos: olfato y gusto.[22] Su fijación de bañar con mostaza todo lo que ingería delataba su analfabetismo culinario.

Echémosle una miradita a la fiesta de los sentidos durante la eucaristía.

Las flores

La iglesia cristiana las prohíbe en los períodos de penitencia, específicamente durante la cuaresma. La única excepción es el domingo "Mediana" o sea el 4° domingo, correspondiente a la mitad de la cuaresma. Igualmente se le conoce como *laetare* de "regocíjate" Jerusalén, con la que empieza el introito.

Las flores representan la fugacidad pero también la gratuidad de la vida y el apego a la naturaleza. Por lo mismo el profeta maya Chumayel, le reprochaba a los europeos en el Chilam Balam: "Entre nosotros fue introducida la tristeza, se introdujo el cristianismo, el principio de nuestra miseria y de nuestra esclavitud... vinieron a matar nuestra flor, a castrar el sol".

Mientras que la circuncisión fue instituida en Egipto como un rito de transición a la mayoría de edad y no se relacionaba en nada con la higiene o la impureza, el caso de la menstruación es otro cantar. De las samaritanas se predicaba que menstruaban desde la cuna.[23] Se creía que esa sangre teñía los ríos. A las mujeres menstruantes se les prohibía estar cerca de los sembradíos para no dañar los cultivos, se les consideraba seres poseídos, mal olientes y portadores del pecado original.

La Iglesia de Dios en los EE. UU. ya había votado a favor de la ordenación femenina cuando de pronto un obispo africano pidió reconsideraran la decisión. Su argumento sostenía que las pastoras que administraran el bautismo teñirían los ríos. La asamblea perdió su momento histórico para hacer justicia a la mujer.

Los que sí no tienen escrúpulos de ninguna índole son los traficantes de flores. Colombia exporta el 62% de ellas a los EE. UU. Lo hace con el sudor y la sangre de sus mujeres y hombres.

Los colores

Ya desde el siglo IX se oficializaron los colores, de manera que en el siglo XVI algunas iglesias de la Reforma los conservaron y la iglesia de Roma los remachó en el Concilio de Trento. El marcador es el siguiente:

Al adviento le corresponde el azul. Este color dice relación al pensamiento creador, a la imaginación, a la calma y también a la penitencia. El azul no solamente se asocia con María sino que junto con el púrpura señala hacia la Segunda Venida.

A la Epifanía le sienta bien el verde, el color de la regeneración y la esperanza. Tanto para el Miércoles de Cenizas como para el Viernes Santo les toca el negro, el color del luto según la cultura occidental.

A la Cuaresma se le asignó el violeta el cual comparte con el Adviento. El púrpura invita a la penitencia, al recogimiento, a la abstinencia y a la humildad. Irónicamente, en un tiempo fue el color de la realeza (Cnt 7.5 Jue 8.26) y de la nobleza (Esd 8.15, Ez 23.6, Dn 5.7). En la parábola del rico y Lázaro, ese magnate "banquetea espléndidamente cada día", obviamente, vestido con este color noble (Lc 16.19-21).

Al Domingo de Palmas como a todo día festivo se le asocia con el rojo. Es el color del corcel guerrero (Ap 6.4).

Para la Pascua es el dorado y el blanco. El primero evoca la victoria, la vestidura real, la riqueza, el reinado de Cristo. El blanco además de la victoria es el color de la resurrección y de los festivales que tengan que ver directamente con Jesús. El blanco también es el color de la primera comunión, los bautismos y bodas, por representar de igual manera la pureza e inocencia.

El Pentecostés se divide entre el rojo y oro. El primero nos recuerda la sangre martirial y el fuego del Espíritu Santo. En el siglo XVII solo a la nobleza francesa le era permitido usar tacos o tacones de color rojo. Para el tiempo ordinario se asigna el color verde ecológico. Nuestra visión tricomática nos permite distinguir una fruta madura de una verde.

El mundo empresarial reserva para los hombres los colores azul marino, gris oscuro y negro, asociados con la competitividad, la sobriedad y formalismo. A las mujeres les asigna colores brillantes rojo, azul, rosa, propios de lo frívolo.

En Farmers Branch, un suburbio de Dallas, están exigiendo al gobierno la prohibición de que los latinos pinten sus casas con colores chillantes. La norma es y quiere seguir siendo los colores pasteles. En Tejas como en muchos otros estados "en gustos no se rompen géneros".

Las trillizas: el canto, la música y la danza

En el Aposento Alto Jesús coronó su última cena con el himno pascual Hallel (Salmos 113, 114, 136, Mt 26.30). El movimiento del Nazareno fue conocido por su gusto por las canciones (Ef 1.4-14, 5.14, 18-20, 1Ti 3.16, Flp. 2.6-11, Col 1.15-20). En el siglo II Plinio el Joven testificaba que los cristianos solían: "cantar un himno antifonal a Cristo como a un dios".

El canto es el arte predilecto de la iglesia el cual en sus orígenes venía acompañado de la danza, y ambas transportadas por la música, del griego mousicós, o de las musas.

Respecto a la danza, hay quienes opinan que la iglesia cristiana la repudió debido a que fue precisamente durante los efectos de ella, que Herodes Antipas ordenó decapitar a Juan el Bautizador (Mt 14.3-12). Este mismo Herodes es el que quiso amedrentar a Jesús pero el Nazareno lo llamó de "zorro", que en ese entonces equivalía a insignificante.

En honor a la verdad la Escuela de Alejandría no podía ver el baile ni en pintura, y la iglesia en general nunca lo integró a la liturgia. Prefirió la monotonía de la cotidianidad. Fue hasta recientemente que la danza litúrgica metió tímidamente un pie al santuario.

Tocante a la música, los romanos tienen el crédito de haberla incorporado a sus banquetes en un trueque célebre: la música abre el apetito, y este lleva en ancas al quinto sentido. La iglesia cristiana, con excepción del canto ambrosiano y gregoriano, la condenó en los Concilios de Auxerre (573, 603) y de Wurzburgo (1298). La buena noticia es que Martín Lutero era de la idea de que "el diablo no ha de acaparar los tonos bellos"; eso explica el gran impulso que le dio el pueblo protestante tanto a la música como al canto congregacional.

De acuerdo con Gutiérrez Alea,[24] en 1492 Cuba tenía un millón de habitantes, y 25 años después fueron reducidos a 2.000. Al ser transterrados los africanos a la Isla, los Negros morían también de pena: "Si usted ve a un negro cantando, pregunte quién está llorando". En relación con la danza, esta era una forma de terapia pues en el círculo de la danza liberaban su agresividad y se sacudían la tristeza.

En 1614 el arzobispo de Lima satanizó y le dio candela a las quenas. En 1625 Guatemala prohibió la danza y lo mismo pasó con los tambores caribeños. En México se censuró el son jarocho y la misma suerte corrió la danza. Aunque los perfumados y corbatudos sí podían bailar y la gente pobre solo podía aspirar a "un taco de ojo", es decir, únicamente mirarlos.[25]

La "voz tentadora" de la mujer fue silenciada en los coros de la iglesia desde 1234 hasta la deécada de 1920.

Pero el arte por el arte ha dado paso al arte por la liberación, y el obispo de Cuernavaca México, Don Sergio Méndez Arceo, desde mitad del siglo XX rompió con la pastoral de las élites. Llevó el jazz negro para la juventud y trasladó a la Orquesta Sinfónica Nacional a la provincia par ofrecer conciertos gratuitos para los fieles y no tan fieles. Y por si eso fuera poco, introdujo el marichi a la liturgia de la catedral. De esa manera el toque a contratiempo, legado africano, sintetizó al arte de varios continentes.

Las iglesias pentecostales en los EE. UU. hicieron lo suyo al exorcizar los ritmos e instrumentos que habían sido vilipendiados por la cultura nor-atlántica.

Las velas

Del latín *cirios*, candela. Además de la necesidad inmediata de alumbrarse, la iglesia le añadió el significado de la luz de Cristo. Hoy, además del cirio pascual y de las velas que se utilizan durante el bautismo y primera comunión que revisaremos en el capítulo de las guarniciones, tenemos las dos velas de la mesa eucarística. Estas representan las dos naturalezas de Jesucristo, la humana y divina. En los santuarios católico-romanos hay una luz perenne que apunta hacia el sagrario donde yace la ostia del cuerpo de

Cristo. Algunas iglesias protestantes como la luterana también albergan una luz permanente. En este caso simboliza la luz de Cristo que alumbra a todo ser humano (Jn 1.9).

Nuevamente la película de Gutiérrez Alea[26] nos evoca el tiempo de la esclavonía caribeña cuando vendían los "costales de huesos" antes de nacer; cuando lamían la barbilla del "bozal" para diagnosticar la edad y las enfermedades. En esos siglos de comercio con carne humana los tiburones del Atlántico se hicieron adictos a la carne negra pues anualmente degustaban de unos 3,000 esclavos enfermos o que eran un estorbo para huir de la policía. La única puerta para los africanos desterrados era el suicidio y su fe de resucitar en África libre. Sin embargo los europeos cerraron hasta el paraíso. Los negreros decapitaban y les amputaban las manos a los suicidas para infundir miedo a los vivos de que en la resurrección no podrían ni hablar ni alimentarse. El filósofo contemporáneo Julián Marías muestra su ignorancia y mala fe al declarar que la bondad de la conquista es que unificó una parte de América con el castellano. Los africanos secuestrados pensaban diferente como lo muestra esta película. El castellano sirvió para ponerse de acuerdo en darle candela al infierno de los ingenios azucareros como un acto liberador.

Las velas son omnipresentes en los países nórdicos donde el sol brilla por su ausencia. Un estudio de la Universidad de Maguncia, Alemania concluyó con que el vino se degusta mejor bajo iluminación roja o azul, no así verde o blanca. Pero a la luz de una vela es lo máximo.

La arquitectura y la dieta en los EE. UU. también se relacionan con la lumbre de la candela. Hay un producto ignífugo que se aplica a todo lo incendiable: alfombras, muebles, telas, aviones, envolturas,... y la gente todavía se pregunta el porqué de tantas alergias. Pero eso no es todo. Asimismo se le inserta un gen a unos peces para que resistan el frío de las profundidades del mar, y también está el lenguado del tomate para que dure meses en el frigorífico.[27]

Los olores

Aunque se considera al olfato como un tributario del gusto, este sentido se sostiene sobre sus propios pies. De entrada nuestra nariz acepta o rechaza a alguien por su olor. Los franceses consideraban como saludable el picor que despedían sus cuerpos.[28] El olfato, activado desde los dos meses de edad, es uno de los sentidos más instintivos e importantes para la supervivencia. La memoria olfativa nos transporta al pasado y nos previene del peligro en el presente. La aromaterapia no es un invento nuevo, ya era popular desde la Edad Media cuando se asoció el olor con la brujería.[29]

Los sabores

Hay que decirlo. El que la comida chatarra reduzca el gusto a tres sabores: el dulzor, lo salado y lo grasoso, es para sentirse a disgusto. Por si eso fuera poco, hoy vivimos bajo la tiranía del nutricionismo. Mucha gente ya no come comida sino nutrientes, y es función de las autoridades en la materia dictarnos qué comer y qué no.

Nuestras progenitoras fijan desde su vientre nuestro gusto, el primer sentido que se activa. Empezamos a saber mediante el sabor. Pero nuestras madres están condicionadas a ingerir lo que los nutriólogos les imponen cada vez con más violencia. La industria de la comida lo devora todo: desestacionaliza y deslocaliza la producción; construye el gusto; marca la clase social; departamentaliza a la población con sus dietas femeninas (vegetariana), masculinas (carne roja sangrante), infantiles (empezando con la leche sintética), ancianos (comida premasticada).

Pero saboreemos un poco el arco iris de sabores y saberes:
1. El dulzor

La caña de azúcar fue trasplantada al comienzo del siglo XVI a Santo Domingo por mediación de los padres jerónimos. El monocultivo y el latifundio terminaron con la tradición agrícola y con el equilibrio ecológico. Una carta real del siglo XVI prohibía de manera determinante la cría de ganado a menos de 60 kms de la costa. En Brasil, la harina de mandioca (yuca o guacamote) tenía que ser producida en la clandestinidad de zonas apartadas no atractivas para los cañaverales. El de triste memoria Cristopher Codrington murió en 1710 en Barbados. Donó su fortuna construida con la sangre esclava a la iglesia anglicana.

El azúcar primero trastocó los hábitos de alimentación en Europa y ahora en todo el orbe. Sin anunciarse la mayoría de las veces, está presente en más de 100.000 productos. Sus sustitutos como el aspartame, originalmente un elemento bioquímico diseñado para la guerra, está diseminado en más de 6.000 productos. En cambio, a la saludable stevia paraguaya y brasileña, el mercado estadounidense la sigue catalogando como "producto cosmético".

2. Lo salado

Esta roca nos está cayendo pesada. En el pasado solamente la clase adinerada podía consumirla y lo hacía en forma granulada. Si se ingiere más de un gramo al día es veneno puro. En el caso de los argentinos que consumen 13, las consecuencias están ahí: derrame cerebral, paros cardiacos, presión arterial.

El Mar Muerto es claro ejemplo de ello pues los niveles altos de este comestible matan toda posibilidad de vida. Los comerciantes parecen no inmutarse pues saben que la ingesta de sal demanda más bebidas embotelladas.

3. Lo grasoso

Se pierde en la noche de los tiempos nuestra propensión a la grasa. Esta se afianzó cuando el ser humano dejó el actual continente africano con su clima tropical para internarse en regiones gélidas. Traigamos a cuento igualmente que la mujer es superior al hombre por su capacidad de almacenaje y distribución de su grasa; a eso se debe que sea más friolenta. Gracias a ello irrigan mejor la sangre a sus órganos vitales. Los hombres calientitos están perdiendo energía, mientras que de las mujeres se predica con toda razón: "manos frías corazón caliente".

Acerca de la grasa ya tuvimos oportunidad de hablar un poco en el apartado del Martes Gordo. Bástenos agregar que a partir de la grasa animal se fabrica biodisel para mover coches, además de sustancias tóxicas que ocasionan el cáncer de mama. Tan solo el tocino contiene 18 ingredientes y casi ninguno de ellos se salva. El trío maldito de la grasa, el azúcar y la sal estimulan a comer más, por lo mismo no es de extrañar que haya 285 millones de personas con diabetes en el mundo y que el 64% de la población de EE. UU. sufra obesidad y sobrepeso.

4. El picor

El chile es una gran aportación de las Américas al mundo en relación con las especias. Desgraciadamente ha tenido mala prensa desde la Revolución Francesa. Que quede claro, el chile entre menos picoso combate más a los microbios; es una fuente alta en vitaminas A y C, en minerales, y en antioxidantes; es antiséptico, analgésico, laxante, anti-cólicos, diurético, anti-irritante y, más que todo, devuelve el gusto por la comida principalmente a la gente que tiene una dieta monótona. Paradójicamente es un mata-hambre pues inflama las mucosas. Y, por si lo anterior no convence, es un excelente conservador de alimentos.

5. El amargor

Durante la cena pascual se comen las hierbas amargas, entre ellas el rábano picante. Este limpia los ductos de las lágrimas, la sinusitis, y purifica la sangre. Además de ello el amargor tiene un sentido afectivo: recuerda el yugo cruel egipcio.

6. Lo agridulce

Hay que degustar este sabor con la intensidad con que nuestros pueblos de origen aman y odian a este país.

7. Lo ácido

El tamarindo (*tamr hindi*) o dátil de India, tal vez va a ser más accesible después del aumento del 2000% que tuvo el precio del limón en el año 2005. Otra opción para seguir con el sabor ácido pudiera ser el "desarmador": jugo de naranja, vodka, y mucho hielo.

8. Lo agrio

Las uvas de la ira, escrita en 1939 por John Steinbeck, da razón de los años 1930 y la depresión de los EE. UU. Los campesinos se vieron forzados a vender sus tierras; quienes las compraron se fueron a la bancarrota pues no les funcionó el monocultivo algodonero. Las volvieron a vender a precio de liquidación para deleite de los agentes de bienes raíces.

A las personas envidiosas se les llama "uvas agrias".

Los comestibles

Biblistas como Marcus Borg sostienen que Jesús pesaba 50 kilos y medía 1.27 centímetros, pues esas eran las cifras que generalmente arrojaba el cuerpo de un campesino galileo. Hoy sabemos que hay una relación estrecha entre la estatura, el peso y la ingesta de comida.[30] A propósito, el promedio del peso de las modelos estadounidenses es también de 50 kgs.

En la cultura de Jesús, como en muchos de nuestros pueblos originarios, comían carne una vez al año, pues la economía no daba para más. La mesa del Aposento Alto, si es que conmemoró la fiesta de la pascua, debió haber tenido carne de cordero. En otro caso, tal vez degustaron carne de venado, chivo, pescado, toro, vaca, pollo, pato, pichón, ganso, codorniz o algún pájaro. O a lo mejor el Nazareno exorcizó y saboreó la carne maldita de cerdo, conejo, aves de rapiña o pescados sin escamas. Cabe la posibilidad de que también hayan cenado pepinos, ajos, cebollas, lentejas, uvas, nueces, duraznos, granadas, sandías, higos, almendras, pistaches, etc.[31]

Plinio[32] informaba quizá motivado por su rechazo a los vegetarianos, que los pitagóricos no comían alubias debido a que ellas contenían las almas de los muertos. Martín Lutero sufría con las flatulencias porque las asociaba con la estimulación de los genitales.

Los estadounidenses hasta el día de ayer llamaban a la gente mexicana de beaners o frijoleros, quizá mostrando resabios de esa creencia de que los vientos huracanados son los gritos de las almas que se han ido. Durante la presentación del automóvil mexicano Mastretta MXT a finales de enero de 2011, la BBC de Londres se refirió a la comida mexicana como "refritos asquerosos". Respecto a los nuevos automóviles pronosticó que "van a ser perezosos, irresponsables, flatulentos, con sobrepeso, recargados sobre un muro para dormir, mirando un cactus". Irónicamente el epazote es una hierba que entre otras propiedades es un anti-flatulencias, y cuya etimología del náhuatl *epazol* proviene de *epatl*, zorrillo y *tzotl*, suciedad.

El primer imperio que los europeos conquistaron fuera de su continente fue el azteca. Lo hicieron por el estómago: "el pez muere por la boca". Los indígenas tenían una liturgia muy similar a la Última Cena. Con semilla de huautli (*amaranthus* inmortal en griego), conocida como alegría o amaranto, se cocían panecillos con la forma de las diosas y dioses que se adoraban. Las personas devotas procedían a fundirse con las divinidades comiéndose las estatuillas. Al demonizar el huautli doblegaron la resistencia, al no tener acceso al grano milagroso, superior a siete granos juntos incluidos el trigo y el maíz. La buena noticia consiste en que el glifosato que viene integrado en las semillas transgénicas mata todo alrededor de esa semilla, menos al amaranto, la maleza maldita según Monsanto.

"Yo soy como Juan Orozco, cuando como no conozco". Este dicho hace ya tiempo que perdió su sentido original de no compartir la comida en la mesa, no por seguir las reglas de la etiqueta, sino por la avaricia. Hoy grandes multitudes son como yo, Orozco, que no conozco de dónde viene la comida, cómo y quién la procesó, bajo qué circunstancias. Y lo mismo vale para el agua. Las trasnacionales experimentan con nosotras y nosotros. Algunos supermercados insertan unas partículas invisibles llamadas chips para seguirle la pista a los comestibles que salen de sus expendios y así seguir tramando cómo tener más control sobre la gente.

En los EE. UU., como en América Latina, los traficantes de comida experimentan con el pueblo. Las etiquetas dicen lo mínimo, los empaques esconden la sangre que costó su producción. Los magnates de la comida nos dicen qué, dónde y cómo comer.

Ya que estamos hablando de los comestibles, permítasenos narrar unas ironías culinarias. Cuando la inmigración alemana pisó estas tierras trajeron bajo el brazo sus inconfundibles perros calientes o hotdogs, o sus tortas de chorizo todavía tan populares en las calles europeas. Originalmente eran vistos con desdén como algo que no pertenecía al mundo blanco estadounidense.

Cuando en 1929 estalló la huelga del transporte público en Nueva Orleans, la resistencia del pueblo fue llevada en los hombros del reciente invento: *Po´ Boy*, la contracción de *Poor Boy*, o muchacho pobre. Unos años después esta torta fue lanzada al estrellato con el nombre artístico de submarino, mejor conocido como *Subway*.

Lo mismo es cierto de la feijoada brasileña, la paella española, las migas y fajitas. De ser comida de la gente pobre, ahora ya no son una opción para la gente de a pie.

Los bebestibles

Hacia los pueblos alzo nuestro vino
con la copa a la altura del destino.

Pablo Neruda

El vino que degustaron en el Aposento Alto fue probablemente el mismo que patrocinó el emperador Julio César, quien lo diseminó por sus colonias.

Este bebestible en tiempos de Jesús era denso y fortísimo, por eso era necesario rebajarlo con agua. Hubo que esperar hasta las cruzadas iniciadas en el siglo XI para la introducción a Europa del vino dulce de mesa.

El vino, en griego *oinos*, por ser un fermentado y no un destilado, no es considerado una bebida espirituosa. De estas se predicaba que los espíritus moraban en ellas por ser mucho más mordientes que el vino. Lo cierto es que en el Caribe y la América Latina fue hasta principios del siglo XIX con las independencias que el vino perdió el escudo protector de la península ibérica y empezó a socializarse entre los nativos que podían pagar la cuenta.

Llamemos al pan pan y al vino vino. Jesús no tomó *kool aid*, jarabe para la tos, o *Welch*. Fue vino tinto de carácter, cuya finalidad era la fiesta, la levitación, la trascendencia.

De si es recomendable para la salud, eso es secundario. Pero siempre ayuda tener presente que baja la tensión, disminuyen los problemas cardiovasculares, es anti-depresivo, mejora el ritmo cardiaco, incrementa el colesterol bueno, combate ciertos cánceres, baja la presión sanguínea, alivia el estreñimiento, y ayuda a bajar de peso. No se hable más. "El beber me llama". "Jesús vino a servir".

Sin embargo, bebido sin moderación cuentan que la resaca o cruda es ingrata, daña al hígado, produce cánceres, arruina la economía.

"Hay de todo en la viña del Señor" originalmente significaba que no es fácil la fabricación del vino pues no todas las vides ni todas las uvas pasan el control de calidad. Si no reciben suficiente agua esas uvas terminarán siendo pasas. Hay uvas como la Cabernet de los Andes cuyo caldo sigue el ciclo lunar. O la Pinot Noir cuya piel es 30% más fina y sus racimos están cerradísimos. Por lo mismo no tolera las máquinas ni la luz del sol al momento de la cosecha.

Como vimos en el apartado de la Reforma Protestante, la iglesia cristiana corre el riesgo de perder su catolicidad si uniformiza el paladar con un solo bebestible: el vino. En consecuencia, démosle unos sorbitos a otras bebidas sagradas:

Los mayas y los incas tenían como sacrosanto al maíz fermentado, o la cerveza de maíz llamada pozol y chicha, respectivamente.

Los pueblos mesoamericanos consideraban al pulque el líquido sagrado, aunque estaba reservado para las élites sacerdotales y la realeza. Mayahuel, la diosa del maguey, es la mujer de 400 pechos, con cuyo zumo lechoso amamanta a su pueblo. Cuenta la teología nahua que esta Diosa perforó el primer maguey (voz taína) cuyo nombre en náhuatl es *poliuhqui* (descompuesto), u *octli*, (bebida embriagante). Quienes extraían ese elixir eran los tecutlachique, o tlachiqueros, originalmente oficiales nobles. El producto del maguey ya para principios del siglo XIX había sido degradado a "bebida respetable". En ese mismo siglo la cerveza europea le dio el tiro de gracia.

Las culturas andinas tienen en el mate otro bebestible sagrado. Cuando invitan a "cebar el mate" ya nos han incluido en el círculo familiar. Al pasarse de boca en boca la hierba amarga e hirviendo, aceita la conversación y el respeto por los turnos de habla. Reduce la tensión. Es un antioxidante natural, rico en hierro y magnesio. Pero esté usted alerta, también es vehículo para enviar mensajes amorosos cifrados.

El pueblo cubano se estrenó con el expansionismo estadounidense lanzado bajo la bandera del panamericanismo. El presidente McKinley no buscaba la liberación de Cuba de la bota española, buscaba materias primas, mercados y ron. Así brindó con la recién parida: "Cuba libre".

El cristianismo hispano se opone al absolutismo del vino y lo hace con la bebida africana del café. Del árabe *qahwah*, que significa estimulante. Cuando por el año 1600 le dieron a probar al papa Clemente VIII una taza de café para que lo prohibiera, en lugar de ello terminó bendiciéndolo. La bebida sagrada de los musulmanes casi se ha convertido en el tercer sacramento de la iglesia protestante.

Así como Thomas Jefferson se robó plantas de arroz italiano para sembrarlo en el sur de los EE. UU., los espías holandeses hurtaron el grano de café y lo sembraron en Java, logrando romper el bloqueo árabe del preciado líquido.[33]

Las bondades de este grano están a pedir de boca: es anticancerígeno, antioxidante, reduce el mal de Parkinson, enfermedades cardiacas, hepáticas y la diabetes tipo dos. Si se sirve caliente conquistará la confianza del acompañante. Posee gran capacidad de convocatoria y es un energizante nato.

El amargor del café también está presente: Quienes lo producen obtienen el 1% del precio de la taza en las cafeterías.

Los soldados de Emiliano Zapata, el campeón de la reforma agraria de la revolución mexicana, lo primero que hicieron después de tomar la ciudad de México fue ir a la Casa de los Azulejos para beber café, como Dios manda, en ese restaurante de categoría.

Ensalada

En el primer capítulo hicimos un repaso de cómo podemos abordar el tema de la Última Cena en relación con el asunto de la comida, según aparece en las distintas fiestas y conmemoraciones del año cristiano hispano. En este segundo apartado bajamos más al detalle histórico y teológico de los contextos de la Comida Galilea y la Cena del Aposento Alto de Jerusalén, siempre religándolos con la realidad de nuestro pueblo hispano de los EE. UU. En la sección que sigue ubicaremos la Última Cena en el marco del servicio de adoración dominical. Nuevamente lo haremos desde el punto de vista culinario considerando los ángulos ecológico, geopolítico, económico y teológico.

Notas

[1] Xavier Pikaza, *Diccionario de la Biblia*; historia y palabra, Navarra: Verbo Divino, 2007, 351 ss.
[2] J.M. Castillo et al., *Fe y Justicia*, Salamanca: Sígueme, 1981, 135-171.
[3] BBC de Londres, Sección Ciencia, 23 enero, 2006. Citado por Héctor Ceballos Garibay "Jornada semanal", 702, 8/17/2008.
[4] Salinas Campos, *Gracias a Dios que comí*, 412.
[5] Casiano Floristán, *Diccionario abreviado de liturgia*, Navarra: Verbo Divino, 2007, 81.
[6] Paul Roberts, *The end of food*, Boston: Houghton Mifflin Harcourt, 2008.
[7] Juan Luis Suárez Granda, *Las cucharas de la tribu*, Asturias: Ediciones Trea, 2003, 82-82.
[8] Esta y muchas otras valiosas observaciones son gentileza de Justo L. González.
[9] Peter Farb y George Armelagos, *Consuming Passions: The Anthropology of Eating*. Boston: Houghton Mifflin, 1980.
[10] Kark Barth, *Der Römerbrief*, Husinger: Berne G., 1919, 366.
[11] Rafael Aguirre, *La mesa compartida; estudios del Nuevo Testamento desde las ciencias sociales*, Santander: Sal Terrae, 1994, 75.
[12] John Dominic Crossan, *Jesus a Revolutionary Biography*, Nueva York: Harper San Francisco, 1994, 68.
[13] Beatriz González Stephan, "Escritura y modernización: la domesticación de la barbarie", *Revista Iberoamericana*, LX enero-julio 1994, 109-124.
[14] Miguel Ángel Asturias y Pablo Neruda, *Comiendo en Hungría*, Barcelona: Lumen, 1972, 87.
[15] Alonso Ruvalcaba, "Antrobiótica, Petronio Arbiter", *La Jornada*, 7/5/2005
[16] Laura Pérez Sandi Cuen, *Usos y costumbres en torno a la mesa; conservación y transformación*, México, D.F.: Iberoamericana – Plaza Valdez, 2007, 173.
[17] Aristóteles, *La Política*, Bogotá: Panamericana, 1989, 8.
[18] Ana Gutiérrez, *Se necesita muchacha*, México, D.F.: FCE, 1993.
[19] Sophie D. Coe, *Las primeras cocinas de América*, México: FCE, 2004.
[20] Juan Mateos y Fernando Camacho, *Evangelio, figuras y símbolos*, Córdoba, España: El Almendro, 2007, 71.
[21] Francesca Rigotti, *Filosofía en la cocina; pequeña crítica de la razón culinaria*, Barcelona: Herder, 2001, 102.

[22] *Anthropologie d´un point de vue pragmatique*, 38. Citado por Michel Ontray, *El vientre de los filósofos; crítica de la razón dietética*, Guipúzcoa: R y D, 1996, 59-60.

[23] Raymond Brown, *El Evangelio según San Juan I-XII*, Nueva York: Doubleday & Company Inc., 1979, 371. Citado por Elsa Tamez. Las mujeres en el movimiento de Jesús el Cristo, Quito: Clai, 2004, 103.

[24] Tomás Gutiérrez Alea (escritor y director), La Última Cena, 110 minutos, La Habana, 1976, videocassette distribuido por New York Films, premiada con el Gran Premio del Festival Internacional de Cine de Chicago.

[25] Analía Bernardo "La sexofobia judeocristiana versus sexualidades espiritualizadas de otras culturas", *La Jornada*, 5/2/2005.

[26] *La Última Cena*, op cit.

[27] Narda Lepes Miranda, *Comer y pasarla bien*, México D.F.: Planeta, 2007.

[28] Ivan Illich, El H2O...,99.

[29] Sonia Santoro, "Aprender a oler", *Página 12*, 12/3/2002.

[30] Para un estudio romántico de la dieta de Jesús, cf. Don Colbert. *¿Qué comería Jesús? El mejor programa para comer bien, sentirse bien y vivir más*, Miami: Betania, 2003.

[31] Anthony F. Chiffolo y Rayner W. Hesse Jr., *Cooking with the Bible: Recipes for Biblical Meals*, Connecticut – Londres: Greenwood Press, 2006.

[32] *Historia natural*, 18, 118.

[33] "Los espías botánicos", Pablo Capanna, *Página 12*, 3/6/2010.

Capítulo 3
Guisado
Celebración de la Palabra y la Mesa

Como "sopa del día" saboreamos la Última Cena dentro de la perspectiva del Año Cristiano Latino. Allí mismo resaltamos la necesidad de conectarla con las mesas cotidianas, con la cultura hispana y con la justicia social a todos los niveles. De "ensalada" tuvimos la revisión de las dos instituciones de la eucaristía, la de Galilea y la de Jerusalén. Allí procuramos ambientarlas en sus entornos originales para luego ver las maneras en que nos desafían hoy.

En el "guisado" ahora nos abocaremos a digerir la razón de ser de los elementos de un orden del culto y cómo la Última Cena forma parte de un todo armónico. Nuevamente aquí nos auxiliamos de la historia de la palabra culto, del latín colere, cultivar. A pesar de que la ofrenda de vegetales de Caín no captó la atención de la ofrenda cárnica de Abel (Gn 4.2-5), esta Introducción a la Última Cena y el Banquete de la Creación intenta religar el culto con la agricultura, con la cotidianidad y con sus implicaciones sociales y económicas.

El culto cristiano en sus inicios consistía en la lectura de las Escrituras, un comentario sobre las mismas y la oración por las necesidades del mundo conocido hasta ese entonces. Con el correr de los siglos se fue elaborando más y más la liturgia.

Jesús de Nazaret, como buen judío, es un excelente comerciante. Repartió sus dones entre las diferentes denominaciones cristianas.

No se amarchantó con una en especial sino que cada una de ellas tiene una nota distintiva. "En la variedad está el gusto" dice relación al arcoíris de liturgias que existe al interior de la iglesia cristiana. Esta descripción del Servicio de la Palabra y la Mesa no es ninguna prescripción. Dios nos libre de meterle la comida a la fuerza a quien esto lee después de habernos acompañado hasta este punto. Tanto en este capítulo como en el que sigue, que girará en torno a las guarniciones o vocabulario litúrgico, no es nuestra intención privilegiar a las denominaciones que cultivan una liturgia más sofisticada. Sencillamente hemos engarzado algunos elementos litúrgicos en perspectiva histórica para ponerlos en la charola o bandeja ecuménica con el fin de que cada quien tome lo que sea pertinente para su iglesia, recordando que "para los gustos se hicieron los colores". Si de repente algún ingrediente cúltico como la epíclesis lo tumba del caballo del conformismo o "el envío" logra que se le caigan las escamas de los ojos para poder ver las implicaciones políticas del discipulado cristiano (Hch 22.3-16), entonces nos daremos por bien servidos.

Al congregarse
Confesión de pecados

En sus inicios tenía lugar en el atrio de la iglesia, después se mudó para el umbral y ahora muchas veces se lleva a cabo desde el atril de las lecturas bíblicas. La confesión es un rito penitencial preparatorio para la adoración, el cual puede obviarse algunos domingos. Ciertas denominaciones hacen la señal de la cruz para renovar su bautismo: "De nada quiero presumir sino de la cruz de nuestro Libertador Jesucristo" (Gl 6.14).

A diferencia del Jesús de la Última Cena, la iglesia cristiana a través de los siglos se ha vuelto pecado–céntrica. Se ha enfocado en la condición humana imperfecta para convertir los errores derivados de nuestra finitud en pecado original. Gran parte del sistema penitencial está cimentado en la reducción de la persona humana a la nada, a su bajeza, a su pecaminosidad y depravación.

Al cierre del siglo XIX Mary Baker Eddy, la fundadora de la iglesia "Ciencia Cristiana" propuso el pensamiento positivo como un antídoto contra la visión pesimista protestante de la vida toda. Según ella, lo que nos enferma es precisamente esa meditación permanente acerca de nuestra maldad y bajeza producto de la caída.

Su prédica encontró tierra fértil en Norman Vincent Peale, Robert Schuller padre e hijo, Joel Ostein y toda la herejía de la prosperidad, que derivan la riqueza y la pobreza de la voluntad de Dios.

La palabra "pobre" aparece por todos lados en los evangelios, pero no como una fatalidad sino como algo contrario al Reino de Dios, como consta en el programa ministerial de Jesús (Lc 4). Pero los partidos políticos asocian a la riqueza con el capitalismo, escondiendo de esta manera la pobreza. El marcador económico que utilizan para medirla en EE. UU. es obsoleto. Ese criterio era útil hace medio siglo cuando la mayor parte del salario se destinaba al rubro de la comida, cuando la mujer seguía siendo ama de casa, cuando había un automóvil por familia, cuando poquísimos miembros de la familia tenían acceso a la universidad. Ese instrumento para medir la línea de pobreza también corresponde al tiempo cuando el punto de referencia era el salario anual menor a 10.000 dólares para una familia de cuatro integrantes, o de 5.000 dólares si la persona era soltera. Si tomamos en cuenta lo anterior concluiremos que quienes más viven en la pobreza son los blancos, pero a quienes pintan como pobres es a los no blancos, pues ellos "son los indignos, extraños, que no merecen ayuda".[1]

A la hora de la confesión de los pecados se ve quién es quién. El ciudadano estadunidense está protegido por los mitos del excepcionalismo, del destino manifiesto, de la gran comisión. El pueblo latino, por el contrario, es el que interioriza su minusvalía, su ser indigno, su verguenza. Como país los EE. UU. se proclama el campeón de la democracia; en cambio muchos de nuestros países de origen están incluidos en su lista como del eje del mal, y de estados fallidos.

Para hacerle justicia a la confesión de pecados, ya viene siendo hora de revisar la declaración de Martín Lutero de que somos simultáneamente justos y pecadores (*simul justus et peccator*). Eric Fromm sostenía que de acuerdo con estudios antropológicos prehistóricos, el ser humano no es cruel, autoritario o agresivo, salvo en casos de defensa propia. Pero con la aparición de la propiedad privada surgieron esas conductas egoístas.

Absolución

Según algunas teologías no hay perdón de gratis, solamente se consigue "por la justicia de las obras". Otras aducen: "pecar es humano, perdonar es divino" en el mismo trén de ideas. Pero Jesús trastoca todo el sistema penitencial, y a partir de él, la absolución se imparte entre unas y otros (Lc 6. 13-38).

Un mecanismo ideológico para suavizar la absolución que utilizan algunas iglesias es el uso de abstracciones. En lugar de seguir la tradición judeo-cristiana de lidiar con situaciones históricas concretas injustas, se opta por los conceptos abstractos griegos de la injusticia, la maldad, la pecaminosidad sin ningún referente específico: si nos arrepentimos de todo no nos arrepentimos de nada. Si le ponemos el cascabel al gato, si nombramos al pan, pan y al vino, vino caeremos en la cuenta de que frecuentemente la absolución no es otra cosa que gracia barata. Si se dejan intactas las situaciones de injusticia estaremos promoviendo una doble moral.

La liturgia azteca también conocía el rito de la confesión. El Dios Tlazotéotl, comedor de toda inmundicia, escuchaba y absolvía todo tipo de faltas. Es verdad que los pueblos nahuas no manejaban el concepto de pecado, sin embargo tenían la noción de transgresión. Las tradiciones cristianas que practican el "secreto de confesión" tienen un doble rasero, pues no saben distinguir entre pecado, lo relativo al campo eclesiástico, y delito, perteneciente a la esfera política. Cuando el Estado se entere de eso, no habrá absolución de ninguna clase.

Procesional e himno de entrada

En griego *pompas* o cortejo, en latín *procedo* o camino, así como también *processio* o marcha militar. Evoca los regimientos del ejército romano cuando desfilaban por las calles de Roma festejando sus victorias.[2]

Algunas denominaciones conservan este elemento de la marcha. Quienes conducen la adoración inician la procesión en la pila bautismal de la entrada de la iglesia y terminan en el frente del santuario. El Domingo de Palmas la procesión puede darse alrededor de la iglesia o por todo el barrio no para emular los desfiles militares romanos sino para que la clase trabajadora tome posesión de las calles en las cuales generalmente es invisible.

Durante la procesión se canta el himno de entrada o el Introito, de *introit*.

Salutación apostólica
"Que la gracia de nuestro Libertador Jesucristo, el amor de Dios y la presencia constante del Espíritu Santo estén con todos ustedes" (2 Co 13.14).

Para las denominaciones con liturgias más elaboradas este es el primero de los cuatro saludos que se realizan al congregarse, antes de la predicación, al inicio de la Comunión y antes de impartir la bendición. Quien dirige la adoración saluda, y el pueblo responde: "Y con tu espíritu". Que en arroz y habichuelas equivaldría a: "Muy buenos días tengan ustedes" y la contestación: "Y tú también".

En el Caribe dicen: "Ante la duda, saluda", y al "¿Cómo estás?", responden: "¡De lo más bien!". Esta particularidad hace eco del consejo de José Martí de que es una cortesía mostrar nuestro lado más amable a la gente, en lugar de causar lástima. Pues siempre hay "vampiros de energía", personas que en todo tiempo tienen a la mano su rosario de historias lacrimógenas. Personas que no saben que "las penas con pan son buenas" y a echar pa´lante.

Los pueblos originarios mesoamericanos saludaban así: "No se caiga usted, porque quien se cae, se cae para siempre".

Con la traducción del Antiguo Testamento al griego en la Versión de los LXX, se introdujo el término sexista e impersonal de "Señor" para referirse a Dios. De ahí al señor presidente, al patrón y al señor de la casa, no hay mucho trecho.

Cuando la iglesia primitiva confesaba: "Jesús es el Señor" lo hacía con conciencia política: "Jesús y no el César es Dios". Antiguamente la doctrina de la imagen de Dios se predicaba solo de los faraones y césares a quienes consideraban de extirpe divina. Los faraones iban a escondidas a la letrina para que la gente no se desencantara de que ellos también tenían necesidades fisiológicas. Julio César se ponía su corona de Júpiter en sus desfiles para reforzar su carácter divino. Jesús, en cambio, representaba un grupo levantisco como el de la Cena Galilea. Él extiende la imagen de Dios a todo el mundo y niega la extirpe divina del emperador. Lo mismo pasó con algunos cristianos valerosos que en la Alemania de los años 1930´s declaraban: "Jesús es el Führer y no Hitler".

En resumidas cuentas, hemos de evangelizar el lenguaje y procurar nombres y títulos no sexistas empezando por la Divinidad.

Monición

Voz latina *monere*, advertir. Las admoniciones son invitaciones a lo largo del culto a alabar a Dios a través de los distintos elementos del servicio de adoración. En las iglesias con liturgias más espontáneas sus dirigentes son animadores y desinhibidores natas y natos: "Alabemos a Dios con ¡salterío! y arpa".

Para el pueblo latino el culto no es una actuación sino una celebración. Durante la fiesta el tiempo se para como cuando Josué paró el sol (Jos 10.13). Las iglesias hispanas rompen con el horario del culto tradicional del domingo de 11:00 am a 12:00 am, cuando los campesinos de Nueva York terminaban de ordeñar sus vacas.

Kyrie, Señor ten piedad

Las comunidades de fe más tradicionales ahora proceden con el ruego por la paz del barrio, del país y de la comunidad internacional. Lo hacen cantando, recitando o a veces obviando esta oración.

El Kyrie se integró a la confesión en la liturgia latina desde el siglo V. En sus orígenes no se relacionaba con el sistema penitencial; era una súplica por los males del mundo. En el siglo VIII, se estableció el que se repitiera tres veces en honor a la Trinidad.

Se cuenta de un temerario que en la cantina desafió a toda la audiencia. Uno bajito de estatura recogió el reto y acto seguido le propinó tremenda golpiza. En un segundo episodio el bravucón regresó pero esta vez utilizó cambió la fórmula: "Los reto a todos, menos a aquel chaparrito". El hombrecito volvió a desinflar a puñetazos al temerario y agregó: "para que aprenda a no hacerme de menos". Inclusive Moltmann, libre de toda sospecha, erra al usar un lenguaje ofensivo contra la gente pobre al hacerla menos: "Comunidades sin disminuidos son (duramente dicho) comunidades disminuidas".[3]

La comunidad hispana-latina tan golpeada por la cultura dominante, ha de estar alerta para que la liturgia cristiana no sea un vehículo más de la opresión de su imagen pública. El silencio sepulcral que se hace con las palabras "Pruébese cada quien a sí mismo... a fin de que no coma el cuerpo del Señor indignamente", tiene dedicatoria. El sexo, la raza, la clase, las minorías de todo tipo son quienes interiorizan la vergüenza.

Por mucho tiempo traté sin éxito de que una viejecita tomara la Última Cena. Fue hasta que la confronté que me enteré de su recochina culpa. Según confesó, ésta consistía en que de vez en cuando se fumaba un cigarrito a media noche. Era su único placer en medio de la vida ingrata que arrostraba. Le conté que los cristianos europeos dicen que el mal teólogo fuma cigarros, el regular puros y el buen estudioso de la Biblia por su pipa lo conoceréis. Le dije que la Biblia no condena el cigarro pues ni sabe de su existencia. Le compartí a mi bella madrecita que yo nunca he repartido tantos cigarros como lo hice en una temporada que visitaba un asilo de leprosos en la ciudad de México. Le recordé que el fumar minaba su salud, le dí la Santa Comunión y la dejé tranquila.

Gloria, Lc 2.14

Las iglesias de liturgias (iba a decir "enlatadas" pero me arrepentí) fijas proceden en este punto con el Gloria.

El *gloria in excelsis Deo*, gloria a Dios en lo más alto, es una doxología con dedicatoria para la Trinidad, aunque al Espíritu Santo a duras penas se le menciona hasta el final. En el siglo II únicamente lo cantaba el obispo, después se permitió entonarlo a los sacerdotes y mucho más tarde al pueblo. Hasta el siglo XI se cantaba exclusivamente en Pascua. A partir de entonces se entonó durante el año cristiano con la excepción de las estaciones penitenciales de adviento y cuaresma.

Este himno navideño es otro ejemplo de cómo el imperio romano domesticó el carácter subversivo del movimiento de Jesús. De haberse entonado esta canción en el contexto camperil de los pastores, de pronto adquirió celebridad en las basílicas cristianas y en las salas de arte del mundo selecto. El pastoreo era un oficio despreciado; los pastores tenían la mala reputación de ser roba vacas, impuros y mentirosos. El patriarca Jacob y sus marrullerías fue el primero que desprestigió la profesión (Gn 29) aunque su suegro Labán no se quedaba atrás, además de que no tenía oído musical pues Jacob le pidió "La menor" y él de dio "La mayor".

El pueblo latino y los sectores pobres en general tienen que bregar en su diario vivir con campañas difamadoras semejantes. En San Francisco hay 34 leyes contra las personas sin techo, como la de no permitir sentarse en las banquetas o aceras de 7:00 am a 11:00 pm. En Orlando y Las Vegas está prohibido darle de comer a las personas indigentes en los espacios públicos. De ello dan testimonio la gente solidaria de la organización "Comida no bombas", que reparte comida vegetariana en parques públicos.

Colecta del día

Las denominaciones más añosas custodian el significado original del ingrediente de la colecta. Del latín *colligere*, juntar. Esta es la primera de las tres oraciones que se elevan durante el culto. Supuestamente recoge las peticiones de la feligresía, pero lo cierto es que, a quien dirige le preocupa más que la oración resuma el contenido de las lecturas bíblicas o que entronque con la estación del año cristiano. Se integró a la liturgia en el siglo V. Principia con el saludo paulino "El Señor sea con ustedes" (*Dominus vobiscum*) (2 Ti 4.22), y la congregación contesta: "y también contigo".

Con esta oración terminan los ritos iniciales.

La Palabra

"Dios ama a la persona pecadora pero odia el pecado" es un evangelio chiquito que nos recuerda la tradición sacerdotal que perdona los pecados y la escuela profética que erradica el pecado. Una vez que hemos recibido el perdón para continuar tratando de cortar de raíz las situaciones de injusticia, podemos proceder a la celebración gozosa de la Palabra.

Pero es la Palabra encarnada, hecha cultura, por eso hemos de conocer la realidad a partir de la cual dialogamos con la Palabra. En guaraní la voz *ñeñé* significa tanto alma como palabra, pues se juegan la vida con la palabra.

Primera lectura

La iglesia primitiva, como todavía en la actualidad algunas iglesias lo siguen practicando, cultivaba la lectura continua (*lectio continua*) de algún libro bíblico. Cada domingo terminaba con un "continuará". De la necesidad de casar las lecturas con los acontecimientos del año cristiano se vio la conveniencia de un leccionario, pero eso se logró hasta el siglo VIII.

Después de muchas combinaciones el leccionario actual está diseñado para tres años. Se leen tres pasajes bíblicos, uno del Antiguo Testamento, otro de las Cartas Paulinas y se culmina con los evangelios en el siguiente orden: Ciclo A de Mateo, B de Marcos y C de Lucas. El evangelio de Juan complementa al de Marcos, y además se lee todos los años durante la Cuaresma y la Pascua.

Hasta aquí todo está muy bien. Pero las preguntas obligadas a quienes elaboran el leccionario son: ¿Cuáles son los criterios de selección que siguieron? ¿Por qué algunas de las porciones incluidas son muy frecuentemente repetidas? ¿Qué se ha dejado fuera? ¿Han privilegiado cierta historia inocua en detrimento de otra subversiva?

El pueblo latino de los EE. UU. está entroncado en las culturas originarias que transpiran sabiduría por los poros y por lo mismo ha de ser tratado con respeto. Dígalo si no el testimonio del indígena del siglo XVI. Sucede que alrededor de 1514 llegó a Panamá un nahua-pipil fugitivo probablemente de Huanacastle, hoy Costa Rica. Por alguna circunstancia se encontró con el alcalde de Panamá, Corrales, quien estaba leyendo. La sorpresa del indígena fue tal que exclamó: "¿Cómo, también vosotros tenéis libros?, y ¿os servís de caracteres para comunicaros con los ausentes?"[4]

El Salmo
Del griego *psalmói*, y del latín *psalma* o canción acompañada con el salterio, un instrumento musical de cuerdas. El conjunto de 150 cantos se le conoce como salterio. Son oraciones musicalizadas.

Un ejercicio de recontextualización de los salmos lo podemos llevar a cabo de vez en cuando, en ocasiones especiales, a través de paráfrasis. Para muestra basta un botón:
Salmo 137
1. Al otro lado del río Grande, nosotros trabajamos en los campos del Tío Sam, sin descanso, y tristemente recordando a nuestro México lindo y querido.
2. En las trailas que vivimos, cuelgan nuestras guitarras, acordeones, y gabanes; Allí, los patrones nos piden que les toquemos al son que ellos quieren. Nos exigen que solamente hablemos en inglés.
3. Nuestros opresores nos llevan a la White House cada cinco de mayo, como entretenimiento para sus fiestas. Salimos en sus TV shows, en sus medios de información y nos piden que cantemos al son del mariachi.
4. Pero, ¿cómo cantar nuestra música en un país que nos oprime, lejos de nuestra tierra, nuestra familia y nuestra cultura?

5. ¡Ay Dios nuestro!, que creaste la tierra y el sol, si yo llegara a cambiar tus tortillas, pozole, tamales y enchiladas, por el hotdog, arráncame la vida, pues no quisiera vivir.

6. Y si de tí mi Dios, que has bronceado nuestras pieles, y nos has creado del maíz, renegara un día; ¡que me agarre y me deporte la migra!

7. Madre y Padre, acuérdate de estos capitalistas que hacen del maíz, etanol para mover sus coches; en vez alimentar a miles que mueren a diario por el hambre.

8. Capitalismo, hijo (o mejor dicho: ¡jijo!) de la globalización, has de reventar, porque todos los globos se revientan.

9. ¡Dichoso quien prepara su alfiler y empieza a pinchar a la globalización que nos oprime!

Emilio Benítez-Salgado[5]

Segunda lectura

Desde el punto de vista de las denominaciones más tradicionales el primer elemento de peso en la adoración cristiana es la lectura de la Escritura. Lo que persigue el leccionario es parear los pasajes bíblicos de ambos testamentos, por eso ahora le toca el turno a las epístolas de Pablo. Sus escritos son los más numerosos y los más antiguos del Nuevo Testamento. Él fue el primero que transvasó a la escritura la tradición oral del relato de la Última Cena.

El plan de Pablo era extender el evangelio de Jesucristo hasta la moderna España pero le cortaron el vuelo al ser decapitado en Roma. Los escritos posteriores a los suyos silencian la ejecución, tal vez no querían interrumpir los espectáculos sangrientos de los romanos. Pero, ¿será que cuando el apóstol pide su capa estaba planeando torear en España? (2 Ti 4.13).

Aleluya

La "alta liturgia" acostumbra ir en procesión, incensar, santiguar, besar, elevar el evangelario, leer el evangelio escoltado por la cruz procesional, y realizar todo ello precedido por el canto del aleluya. Del hebreo *hallelu*, alaben a Jehová, es equivalente a nuestro ¡que viva Dios! El Aleluya empezó como un cántico responsorial que servía como preámbulo para la lectura del evangelio.

Se espera que durante la temporada penitencial de la cuaresma se suprima, pero lo cierto es que, en la práctica, muchas de las iglesias de tradición histórica más larga, lo prohíben en todo el año. "Háganlo todo decentemente y con orden" es la consigna, puesto que lo que no se hace es estudiar el contexto original en el que Pablo emite esa orden. Lo que tampoco se menciona es que la palabra "orden" significa rango y jerarquía.

Fueron los pentecostalismos los que nos enseñaron a levantar la voz y, a cambio de ello, adquirieron el mote de: "los aleluyas".

Por siglos al indígena se le prohibió caminar sobre la acera o banqueta, vestir calzón de manta, mirar al patrón a los ojos y hablar fuerte. Había que sobar las palabras. Pero el Aleluya nos remite a la mujer extranjera de voz fuerte (Mt 15.21) que sabía morder las palabras, gritar y levantar la voz. Las chicanas adquirieron nueva fuerza cuando trabaron contacto con las puertorriqueñas y las cubanas y cayeron en la cuenta de que podían decir "nosotras", estar seguras de sí mismas y aceptarse desde su ser mujer, dejando atrás la voz quedita rayando en el cuchicheo.

El evangelio y el evangelario

Algunas denominaciones protestantes se apegan al evangelario. Este es un libro que contiene las lecturas dominicales de los evangelios correspondientes a los tres ciclos anuales. Incluye además pasajes bíblicos para solemnidades especiales. Durante la procesión se marcha con el evangelario levantado. Una vez hecha la lectura del evangelio se procede a besar el susodicho libro.

Quienes, con cierto dejo de superioridad, presentan al cristianismo como la religión del libro olvidan tres hechos. Lo primero es que analfabetismo e ignorancia no son lo mismo, como tampoco podemos igualar a la persona letrada con la sabiduría. Lo segundo es que la escritura de la Biblia fue posible gracias a la tradición oral. Y por último, hagamos memoria de que cuando la Biblia cruzó el Atlántico se topó con culturas de viejo raigambre al interior de las cuales cohabitaban diversos tipos de comunicación, incluyendo la escrita. Un equipo de comunicólogos venezolanos[6] nos recuerdan que comunicación o comunicare significa compartir, participar y crear comunidad. Nos comparten que la historia del Caribe y América Latina no parte de 1539, año en que se echó a andar la primera imprenta en la ciudad de México. Nuestras culturas ancestrales tejieron su historia a través de la comunicación oral: poesía y relatos. La comunicación gesto-espacial-sonora: danza, rituales, teatro. La comunicación iconográfica: piedra, cerámica, orfebrería, platería, tokapus, tejidos y sellos. La comunicación espacio-monumental: lugares sagrados, monumentos, plazas, estelas, portadas, caminos y correos en la ciudad. Y la comunicación escrita: códices, quipus, tejidos, quilcas, pallares. Ante este cuadro hasta el mismo Gutenberg hubiera exclamado: ¡Qué impresión!

Por siglos los españoles le negaron la ordenación sacerdotal a los indígenas y a los de ascendencia africana con tal de mantener el control y el poder sobre el pueblo.

Con ese mismo espíritu el congreso de los EE. UU. negó recientemente la regularización migratoria propuesta en el DREAM Act. Con ello seguirá impidiendo a la juventud latina indocumentada el acceso a la educación superior, incluyendo los seminarios.

Homilía

Hay iglesias que en lugar de mensajes da masajes; en vez de sermones sermoneos; que confunde la predicación con la conferencia. Por eso no está de más acudir a la etimología de este vocablo. Del latín *homilia*, conversar. La predicación ha de ser como la de Jesús, simple no simplista; popular no populachera; generadora de militantes no militontos.

Antes de la predicación ciertas liturgias insertan el segundo de los cuatro saludos apostólicos. Una variante pudieran ser las palabras de Lutero, pero aténgase a las consecuencias: "Dios, ayúdame a confortar a las personas afligidas y a afligir a las personas confortables". Pues de acuerdo con este reformador en la Palabra tiene lugar el "Encuentro con el Jesús resucitado y reinante, quien viene a liberar a su pueblo".[7]

El sermón hasta hace apenas un siglo duraba entre una y dos horas pero en la cultura dominante hoy se estilan los micro sermones de aproximadamente 12 minutos.

Las iglesias *main line* o del centro, esperan que los pastores reduzcan su pastoral a dar una conferencia el domingo por la mañana sobre temas abstractos como la guerra, la maldad, el pecado, cual si fueran algo muy lejano. El púlpito latino, en cambio, lidia con cuestiones concretas del diario vivir. Además de ello, echa mano del laicado también para la predicación. El laico

Orígenes predicaba tanto que cuando su obispo se quejó, sencillamente le hizo ver que él no era un caso aislado. Francisco de Asís, Felipe Melanchton, Juan Calvino y el Jesús de la Última Cena, eran predicadores laicos.

Himno del día

Quien predica selecciona un himno apropiado como una respuesta a los desafíos del sermón. Si quien acaba de predicar "se fue por todo el mundo predicando el evangelio", tal vez seleccione una cadena de coritos.

Credo

Los dos credos más usados son el Apostólico y el Niceno. El Atanasiano sólo se profesa el Domingo de la Trinidad por razones de tiempo pues su extensión ya es inoperante para una iglesia y sociedad que únicamente lee "Selecciones del Readers Digest", que cree en la lectura rápida, que textea hasta detrás del volante.

El credo se inspiró en la fórmula bautismal trinitaria, pero se enfocó en los peligros de las herejías de su tiempo que eran sobre todo de carácter cristológico. Ello explica el que el credo favorezca la precisión conceptual de esa época a costillas de la práctica liberadora de Jesús.

El Credo en su versión original consistía de tres preguntas y respuestas: ¿Crees en Dios el Padre..." Se usaba para la instrucción de los catecúmenos durante la cuaresma, para concluir con el bautismo en la vigilia pascual.

El culto en ese entonces consistía de dos partes: el servicio de la Palabra y el servicio de la Mesa. Las personas candidatas al bautismo solamente podían asistir a la primera parte.

La buena noticia es que todas las personas, estén bautizadas o no, sean creyentes o ateas, están incluidas en el credo actualizado desde una perspectiva hispana, escrito con la mano zurda y morena de Justo L. González:

UN CREDO HISPANO[8]
    Pastora: Creemos en Dios Padre Todopoderoso,
    Cong: creador de los cielos y de la tierra;
                    creador de los pueblos y las culturas;
                    creador de los idiomas y de las razas.

Introducción a la Última Cena

Pastora:	Creemos en Jesucristo, su Hijo, nuestro Señor,
Cong:	Dios hecho carne en un ser humano para todos los humanos;
	Dios hecho carne en un momento para todas las edades;
	Dios hecho carne en una cultura para todas las culturas;
	Dios hecho carne en amor y gracia para toda la creación.
Pastora:	Creemos en el Espíritu Santo,
Cong:	por quien el Dios encarnado en Jesucristo se hace presente en nuestro pueblo y nuestra cultura;
	por quien el Dios creador de todo cuanto existe nos da poder para ser nuevas criaturas;
	por quien con sus infinitos dones, nos hace un solo pueblo:
	el cuerpo de Jesucristo.
Pastora:	Creemos en la Iglesia,
Cong:	que es universal porque es señal del reino venidero,
	que es más fiel mientras más se viste de colores;
	donde todos los colores pintan un mismo paisaje;
	donde todos los idiomas cantan una misma alabanza.
Pastora:	Creemos en el reino venidero, día de la gran fiesta
Cong:	cuando todos los colores de la creación se unirán en un arco-iris de armonía;
	cuando todos los pueblos de la tierra se unirán en un banquete de alegría;
	cuando todas las lenguas del universo se unirán en un coro de alabanza.
Pastora:	Y porque creemos, nos comprometemos
Cong:	a creer por los que no creen,
	a amar por los que no aman,
	a soñar por los que no sueñan,
	hasta que lo que esperamos se torne realidad.
	Amén.

LA MESA
Oración de las fieles y los fieles

Del latín *prex, preces*, ruegos, súplicas. Al llegar a esta oración, "las y los infieles" tenían que abandonar el lugar de adoración, pues al Servicio de la Mesa únicamente estaban convocadas las personas bautizadas.

Si en la cultura judía de Jesús se oraba mirando hacia el cielo con los brazos levantados, esta oración cristiana se hacía mirando hacia la tierra. El lenguaje corporal no apuntaba hacia el sometimiento sino hacia el cargar con la responsabilidad de todo el planeta. El contenido de la oración era de carácter universal: las personas ausentes, las necesidades del barrio, la situación nacional, los gobiernos de la comunidad internacional.

Después de cada súplica la congregación se solidarizaba con el Kyrie eleison, señor ten piedad. En nuestros días ya sea que la oración sea espontánea, echando mano del sacerdocio universal, o en forma litánica, las peticiones se terminan con la frase "Dios en tu bondad", y el pueblo responde: "escucha nuestra oración".

Las oraciones, ya sean fijas o espontáneas, la mayoría de las veces reflejan los intereses económicos y políticos de las clases pudientes. A través de lo sutil de la oración es frecuente que nuestro pueblo hispano termine asumiendo gustoso el lugar subordinado que le han impuesto la raza y la cultura dominantes.

Sé de un pastor que hizo una oración de intercesión por unas personas indocumentadas. Al siguiente día los dirigentes de su iglesia a primera hora estaban en su oficina para amenazarlo con llevar su caso ante las autoridades correspondientes. Las redadas han alcanzado no solamente a las iglesias sino hasta a las oraciones.

Ósculo de la paz, 1 Co 16:20

> *vencerán al dios del miedo, sólo entonces serán libres*
> Urayoán, cacique indio Taíno

El beso entre los fieles se incrustó en la liturgia cristiana como señal de reconciliación. Requisito esencial para poder comulgar. El beso se hizo extensivo al altar, al evangelario, al pie del Sumo Pontífice, al anillo del obispo y por siglos se besó un ícono llamado portapaz.

Pero, el dicho de Jesús "La paz les dejo, mi paz les doy, no como el mundo la da. No se turbe su corazón ni tengan miedo" (Jn 14.27) no se reduce al nivel de las relaciones interpersonales. El Nazareno tiene en mente al Shalom que sobrepasa todo entendimiento (Flp 4.7), es decir al bienestar integral: personal, geopolítico, económico, cósmico.

El imperio romano, por el contrario, capitalizó a la perfección al dios *Phobos* del miedo con su política de la pax romana. Sin embargo, cuando en el siglo IV ese imperio adoptó al cristianismo la paz de Jesús pasó a significar algo muy diferente. El historiador portugués Pablo Osorio la pescó al vuelo: "la paz de Cristo es la paz del imperio". Desde entonces adquirió un nuevo sentido el refrán: "A dios orando y con el mazo dando".

La pastoral del miedo y el infierno (del latín *infernum*, inferior) se fortaleció. Cuando en 1680 se publicó el Libro Luterano de Oraciones, lo que se buscaba era aliviar los miedos de la población anciana con esas 25 oraciones que entre otros padecimientos incluye el de la pérdida de la mente.

De ser las correccionales un espacio para corregirse, y las penitenciarías un lugar para la penitencia, el autoexamen y para el resarcirse del reo, se han convertido, como bien apunta Michel Foucault, en fábricas del miedo: "La delincuencia tiene una cierta utilidad económico-política en las sociedades que conocemos... Cuantos más delincuentes existan, más crímenes existirán; cuantos más crímenes hay, más miedo tendrá la población y cuanto más miedo en la población, más aceptable y deseable se vuelve el sistema de control policial. La existencia de ese pequeño peligro interno permanente es una de las condiciones de aceptabilidad de ese sistema de control, lo que explica por qué en los periódicos, en la radio, en la televisión, en todos los países del mundo sin ninguna excepción, se concede tanto espacio a la criminalidad, como si se tratase de una novedad cada nuevo día".[9]

El panóptico, del griego *opticon*, observar y pan todo, consiste en una tecnología ideada en el siglo XIX para vigilar permanentemente a los prisioneros desde una torre. No tomó mucho tiempo para que los reclutas interiorizaran ese ojo escrutador, estuviera o no estuviera ahí. En la actualidad el panóptico se encuentra en los cientos de miles de cámaras que vigilan las ciudades. Su objetivo no es el de velar por la paz social, sino el de reclutar ciudadanos para el jugoso negocio de las cárceles. Lovisa Stannow, la directora ejecutiva de "Detención Internacional Justa" (JDT por sus siglas en inglés) sostiene que las cárceles estadunidenses son impenetrables al escrutinio y que es de preocupar pues contienen al 25% de la población mundial encarcelada: dos millones, cien mil presos y seis millones en libertad condicional.[10] El "Estado de vigilancia" cateó hace poco los hogares de los activistas pacifistas y ambientalistas que viven en Minneapolis, Chicago, Michigan y Carolina del Norte.

Lo opuesto de la fe no es la incredulidad sino el miedo. El perfecto amor echa fuera el temor (1 Jn 4.18). Cuando Jesús vuelve a dar el saludo de la paz lo hace con sus manos perforadas (Jn 20.21-25) por los instrumentos de tortura del imperio.

Ofrendas

Del latín *offerenda*, cosas para ofrecer. Tiene que ver con la triple ofrenda a Dios de nuestro ser, nuestro tiempo y nuestras posesiones. Tan ligada está a la Última Cena que también se lleva a cabo la elevación de las ofrendas, evocando los antiguos sacrificios.

La iglesia primitiva acostumbraba llevar el pan y el vino, seguidos por las ofrendas en especie, en una procesión hacia la mesa de la comunión. Cuando hizo su aparición el dinero, junto con él nació la limosna.

Como consta en Mateo 5.23-24, las ofrendas que agradan a Dios son las que se ofrecen en un ambiente de paz con justicia pues tanto la eucaristía como las ofrendas son asuntos comunitarios. El robo, el homicidio, la avaricia (*pleonexia*) y todo tipo de injusticia (*adikía*) eran castigados con el impedimento a comulgar. Cipriano de Cartago equiparaba el entregarse al dinero con el manchar la eucaristía (Ep. 65 III, 2). Basilio dijo no a una ofrenda de un prefecto injusto (Gregorio Nacianceno, Orat. XLIII, 52). En el año 585 el Concilio de Auxerre condenó las ofrendas de los homicidas.

Hay una continuidad entre las ofrendas y la Última Cena pues ambas apuntan a la redistribución de la riqueza. Justino, en su Apología del año 150, anota que seguir las enseñanzas de Jesús equivalía a socorrer a las viudas, los huérfanos y los encarcelados. La Didaskalia Apostolorum (II. 26) del siglo III declara que las viudas y los huérfanos son el altar de Dios. Crisóstomo dedicaba las ofrendas para sostener a 3.000 viudas, vírgenes y enfermos en

Antioquía (In Mat. 66, 3.). Los Oráculos Sibilinos del siglo III (VIII, 402-411, 411-483, 483-486, 496-500) inspirados en Sibila, la vidente, dan fe de cómo la comunidad cristiana distribuía pan, vino y ropa a la gente pobre. Mañosamente de Sibila lo que perdura hoy son las "respuestas sibilinas": sí pero no, no pero sí.

En esto de las ofrendas hay que tener algo bien claro: no se trata de la política asistencialista que hace a las personas dependientes, como las marquesas que solían llamar a sus subalternos "mis pobres". El movimiento de Jesús está promoviendo la justicia económica al nivel estructural. Tiene que ver con la iracundia sagrada: "Quien no paga el justo salario derrama sangre" (Eclesiástico 34.27) y no con el neoliberalismo indolente de Milton Friedman y su tristemente célebre "no hay almuerzo gratis". Antes de la gran depresión del año 2008, en el año 2000 el 1% de los ricos del mundo poseía el 40% de la riqueza del planeta y el 10% de los ricos eran dueños de más del 70% de la riqueza. Mientras que 50% de los pobres poseían únicamente el 1%.[11]

Gran plegaria eucarística

Si bien es cierto que algunas denominaciones trivializan la Última Cena y cuando se acuerdan de ella la realizan mecánicamente y a las carreras en el momento de los avisos, también es verdad que otras tradiciones la han aderezado con demasiadas especias. Aquí le presentamos para su atenta consideración los ocho ingredientes convencionales que componen la gran plegaria eucarística. Quiera Dios que encuentre usted pastos verdes en alguno de estos elementos para encender la pasión por la lucha contra el flagelo del hambre.

Por siglos lo que primó durante la plegaria eucarística fue la posición orante, o sea, el estar de pie con las manos extendidas hacia el cielo. Fue hasta el siglo XIII cuando se pidió que la congregación se arrodillara de cara al "cuerpo de Cristo". Durante la missa lecta o baja, de carácter penitencial, la feligresía permanecía arrodillada todo el tiempo de la celebración.[12]

Esta es una oración dialogal, del griego *dialégo*, hablar con otra u otro. En el oriente también se le conoce como Anáfora y en el occidente como Canon. Son muchas las plegarias eucarísticas que se han elaborado pero todas tienen la impronta del judaísmo.

En el siglo II mantenía cierta espontaneidad: "El obispo dará gracias como se ha dicho más arriba. En modo alguno es necesario que pronuncien las mismas palabras que antes mencionamos, preocupados por decirlas de memoria, dando gracias a Dios, sino que cada uno elevará las preces según su capacidad" (San Hipólito, La Tradición Apostólica). Sin embargo tal libertad llegó a su fin cuando en el siglo IV se fijó la liturgia.

La gran plegaria eucarística inicia con el tercero de los cuatro saludos apostólicos: "Dios esté con ustedes", "Y con tu espíritu". Es como una naranja que desgajaremos a continuación: Prefacio, Santo, Epíclesis, Relato de la Institución, Anámnesis, Los dones, Intercesión y Doxología.

Prefacio

Del latín *prae-fari*, lo dicho frente a la cara. Es un canto y una invitación a la alabanza, también conocido como Propio, que se originó en el siglo IV.

Empieza siempre con "En verdad es digno, justo y necesario que en todo tiempo y en todo lugar te demos gracias y alabanzas, oh Dios". Continúa con el embolismo, o "lo añadido", es decir, lo que corresponde a la estación o festividad de ese domingo. Termina siempre con el protocolo "Y así, con la iglesia terrenal y las huestes celestiales, y al son de la música de nuestros pueblos: salsa, merengue, mariachi, plena, andina, tango, rumba, bachata…, alabamos tu nombre y nos unimos a su himno eterno:"

Durante este primer elemento de la gran plegaria eucarística se da gracias a la Trinidad por la creación, redención y santificación.

El santo

Del latín *sanctus*, es la primera melodía de la plegaria eucarística. Se estableció hasta el siglo IV y se basó en el "Santo, Santo, Santo" de Isaías 6.3. Dos siglos más tarde se le añadió el Benedictus: "Bendito el que viene en el nombre del Señor" de Mateo 21.9. Y tan temprano como en los siglos IV ó V los fieles empezaron a persignarse, o a hacer la señal de la cruz, o a santiguarse.

Lo que es motivo de algarabía es el hecho de que el atributo de la santidad Divina al que tanto le cantan estos ángeles, Dios se lo ha participado tanto a sus fieles como al mismo pan cotidiano.

Al movimiento de Jesús también se le conocía como la "Comunidad de los santos-pobres" (Ro 15.26). Este título no consistía en la justificación de la pobreza como se ha tergiversado con aquello de que a los pobres "siempre los tendrán" de Mt 26.11. No. El texto es un recordatorio a la iglesia cristiana a solidarizarse con las personas pobres, en tanto que este sector más vulnerable ha de ser acogido en todo tiempo en la comunidad de creyentes. Los pobres en el evangelio de Mateo no son meros recipientes de la caridad, de la limosna, de la benevolencia cristiana. Son miembros en plena comunión, con voz y voto, parte vital de la iglesia que lucha por erradicar la pobreza.

El pan también adquiere su aura de santidad siempre que circule y no se acumule, en tanto que no se coma "con el sudor del de enfrente", ni "a costillas de la mujer". Así lo entendió Gregorio de Nisa al declarar que el pan es santo cuando "nadie ha tenido hambre para que tú estés saciado", el pan es santo siempre que "no recibe el pan de Dios el que tiene el alimento por una riqueza ávidamente acumulada".[13]

Epíclesis

Del griego *epi*, sobre y *kaleo*, llamar. Es la invocación del Espíritu Santo. Primero con las manos extendidas sobre el pan y el vino para consagrarlos, y luego sobre la feligresía para que haya unidad.

Se escogió a la paloma para personificar al Espíritu Santo porque la anatomía de esos tiempos sostenía que carecía de bilis, y por lo tanto era pura. En la teología de los griegos era la paloma la que alimentaba a quienes poblaban el Olimpo. A los amantes no los deja huérfanos: les participa de su ser al considerarlos "tórtolitos".[14]

De cara a la pregunta ¿después de la epíclesis qué hay en la mesa? Los franciscanos con Duns Scotus dijeron: la aniquilación de la sustancia del pan y del vino. Los dominicos con Tomás Aquino opinaron: el cambio (*metabole*) del pan y vino por la carne y la sangre. Los luteranos con Martín Lutero declararon: "en, con y bajo" el pan y el vino cohabitan la carne y la sangre. Los presbiterianos con Juan Calvino sostuvieron: la presencia real y espiritual, el pan y el vino son soportes materiales de las realidades espirituales del cuerpo y la sangre de Cristo. En todos los casos el pan y el vino, la comida y la fiesta para los pobres fueron los grandes ausentes.

El juicio de Nietzsche contra la iglesia que cambió la mesa por el altar, y la fraternidad de mesa por la transubstanciación vale para todas las interpretaciones anteriores.[15]

Relato de la institución, 1 Corintios 11.23-26

Del latín *institutio*, plan. Este es el meollo y el cuarto elemento de la gran plegaria eucarística. Fue hasta la época tardía del siglo V cuando el papa León el Grande en su sermón 58 empezó a hablar de algo parecido a la institución, al referirse a cómo Jesús estableció el sacramento de su sangre y su carne.

Pablo, autor de la primera narrativa de la eucaristía en el año 55, y Lucas siguen la tradición griega antioqueña de la acción de gracias o eucaristía; mientras que Marcos y Mateo privilegian la jorosolimitana de la bendición judía. El relato litúrgico de la institución echó mano de las cuatro fuentes.

El evangelista Juan se casó con la Cena Galilea y ni siquiera se dignó registrar la del Aposento Alto de Jerusalén. Lo que intriga es que cuando Ireneo ministraba la Santa Cena, lo hacía con las palabras de la institución: "Porque yo recibí de Jesús lo que también les he transmitido, que la noche en que Jesús fue entregado..." Lo que hacía Ireneo al presidir la eucaristía era sencillamente, comunicar lo que su mentor Policarpo le encargó. El valeroso anciano mártir Policarpo, a su vez se limitó a cumplir las indicaciones que su consejero Juan, le había encargado. El evangelista Juan, por su lado, se ciñó a pasar de boca en boca las mismísimas palabras que Jesús expresó durante la institución de la Última Cena.

Lo asombroso es que Juan haya transmitido oralmente lo que no registró por escrito en su evangelio. ¿O será que el obispo Ireneo en el siglo II, en el suelo de lo que actualmente es Francia, haya oído mal?, ¿se cumplirá una vez más así el dicho "el sordo no oye pero compone?

Quienes estudian a fondo "la teoría de los actos de habla"[16] afirman que los distintos grupos sociales autorizan a determinadas personas para emitir enunciados realizativos. Éstos no consisten en decir algo de algo o de alguien. Tienen que ver más bien con el hacer algo en determinada situación: declarar, jurar, prometer. Así, por ejemplo, en una boda, lo que constituye la unión es la declaración del clero: "yo los declaro esposa y esposo". O, en el asunto que nos ocupa, la declaración: "Esto es mi cuerpo, esta es mi sangre, coman y beban todas y todos".

Ahora bien, la pregunta obligada es ¿quién está en condiciones de emitir dicho enunciado realizativo? Algunas denominaciones que no honran el sacerdocio universal de las y los creyentes sostienen que únicamente la persona ordenada puede decir y hacer las palabras de la Institución. Son iglesias pastor-céntricas que, cuando está ausente su pastora o pastor, prefieren comulgar con elementos "pre-consagrados". Son comunidades que siguen manteniendo la brecha entre el laicado y el clero, así como por siglos se alimentó una distancia insalvable entre la mujer y el hombre.

Basta recordar que, durante toda la Edad Media la mujer prácticamente tenía que escoger entre comulgar o copular. Se le prohibía tener relaciones en los tiempos sagrados, todos los domingos, en la infinidad de días festivos, en la cuaresma, por lo menos 20 días antes de navidad, al menos 20 días antes del Pentecostés, tres o cuatro días antes de recibir la Última Cena, durante la menstruación, el puerperio y la lactancia.[17] Como si eso no fuera suficiente afrenta social, desde el siglo VII en algunos lugares les pedían a las mujeres que al acercarse a la mesa debían hacerlo con guantes o un pañuelo sobre su mano, a fin de que el sacerdote no tocara su piel al depositar la hostia. El poeta mexicano y el puertorro nunca pudieron comulgar juntos:

> Carne, carne maldita que me apartas del cielo;
> carne tibia y rosada que me impeles al vicio;
> ya rasgué mis espaldas con cilicio y flagelo
> por vencer tus impulsos, y es en vano, ¡te anhelo
> a pesar del flagelo y a pesar del cilicio!
>
> Amado Nervo

> Por la encendida calle antillana
> Va Tembandumba de la Quimbamba
> -Rumba, macumba, candombe, bámbula-
> Entre dos filas de negras caras.
> Ante ella un congo -gongo y maraca-
> ritma una conga bomba que bamba.
> Culipandeando la Reina avanza,
> Y de su inmensa grupa resbalan
> Meneos cachondos que el congo cuaja
> En ríos de azúcar y de melaza.
>
> Luis Pales Matos

En el siglo XVII el obispo belga Jansenio retomó el pesimismo sexual agustiniano. El papa Inocencio X condenó al jansenismo únicamente en lo relativo a la predestinación y la gracia, pero dejó intacta su postura del repudio a la delectatio carnalis (placer de la carne), pues eso implicaba tener que vérselas con Agustín de Hipona el cual seguía vivito y coleteando. Antonie Arnauld abrazó la causa jansenista y en 1643 publicó su libro Sobre la comunión frecuente. Este escrito enfrió la participación en la Última Cena por siglos, hasta que en 1905 el papa Pío X se pronunció al respecto. Según el "Gran Arnauld" había que abstenerse del acto sexual antes y después de comulgar. También consiguió que solo en contadas ocasiones las personas casadas se acercaran a la Santa Cena. El que más popularizó al jansenismo fue Blais Pascal, especialmente con sus Lettres Provinciales de 1662. En sus cartas 15 y 16 apoya el rigorismo sexual de su amigo Arnauld y el impedimento a la comunión frecuente. El humor exquisito y la belleza de su pluma no lograron liberar a Pascal de su cruzada en pro del celibato para todo mundo. El gran genio francés vestía una camisa áspera con ganchitos de fierro para pincharse a la menor provocación.[18]

Anámnesis
Palabra griega que significa memoria, conmemoración, recuerdo, memorial. El sentido litúrgico tiene que ver con actualizar o hacer presente esa recordación, con miras a vislumbrar un futuro más prometedor. Y eso no es optativo: "hagan esto en memoria mía". La anámnesis nos remite a la vida, pasión, muerte, resurrección y segunda venida de Jesucristo.

Recordar o re-cardía es volver al corazón, o pensar con el hemisferio derecho de nuestro cerebro donde tienen asiento los afectos. En español también se relaciona con dejar la modorra: "recuérdame a las cinco de la mañana". Un acuerdo se supone que se establece con el corazón.

De acuerdo con Giambattista Vico, humano viene de humanitas, humare, o sea, el acto de enterrar a los muertos. Para este filósofo italiano del siglo XVIII, la identidad y la imaginación del ser humano le permiten re-membrar o mantener la memoria viva, reconectar los miembros que han sido separados.

Remembrar es traer a la memoria, pero como decía Sócrates, "Para recordar algo primero hay que nombrarlo". Una práctica común de los gobiernos en turno ha sido la del memoricidio, pues le conviene a sus intereses que el pueblo sea desmemoriado, para poder gobernar para las élites.

Al nivel personal podemos seguir varias recetas contra la pérdida de la memoria: llenar crucigramas; bajarle a la ingesta de alcohol; ejercitarse a diario; aprender otro idioma; memorizar poemas; reunirse con amistades para recordar aquellos días cuando éramos jóvenes y bellos; dejar de soñar despiertos y concentrarse en lo que uno hace; no quejarse; no preocuparse; dejar la cantaleta: "tengo mala memoria"; tomar un curso para la memoria; hacerse una memoria de papel,[19] y ya no me acuerdo qué más sigue.

Pero lo que aquí nos interesa es recuperar la memoria colectiva y subversiva del proyecto de Jesús: el Reino de Dios y su justicia.

El sistema educativo de los Estados Unidos y de nuestros países de origen está basado en la amnesia. En Arizona ha tenido lugar el culturacidio, o el asesinato de culturas como la hispana al prohibirse los estudios étnicos. En general se han disminuido las disciplinas de la filosofía, el civismo y la historia universal. Woodrow Wilson no toleraba a las personas que —como el que esto escribe— tienen apellidos unidos por un guión: "Cualquier hombre que porte un guión consigo, lo que lleva es un puñal, el cual tan pronto pueda, lo encajará con presteza en el corazón de esta República".[20]

Los dones

Del latín *oblatio*, presente, ofrenda. En la teología católica romana el sexto elemento de la gran plegaria eucarística se enfoca en la oblea, hostia u ofrenda. Según esta denominación cristiana, así como Jesús hizo oblación de su vida en la cruz, ahora en la mesa también se ofrenda por su pueblo.

Intercesión

Del latín *inter*, *cedere*, intervenir a favor del prójimo. En este espacio se ora por la comunidad de fe y la comunidad internacional.

Muchas iglesias hispanas oran como el Espíritu Santo "con gemidos indecibles" (Ro 8.26); como la madre tierra o Pachamama que gime con dolores de parto (Ro 8.22-23); como Jacob forcejeando con la Divinidad (Gn 32.22ss) como Pablo con temor y temblor (Flp 2.12). La oración no ha sido privatizada por sus líderes religiosos pues el pueblo echa mano de la doctrina del sacerdocio universal de todos los creyentes.

Doxología

Del griego *dóxa* gloria y *lógos* palabra. Es la glorificación con la que culmina un himno o una oración. En este caso, esta doxología corona toda la gran plegaria eucarística: "Por Cristo con él y en él, a ti, Dios Padre omnipotente, en la unidad del Espíritu Santo, todo honor y toda gloria por los siglos de los siglos".

Ireneo entonó esta alabanza: "La gloria de Dios consiste en que el ser humano viva" (*Gloria Dei, vivens homo*). Juan Calvino cantaba "El fin principal del hombre es alabar a Dios y gozar de Él para siempre". Oscar Arnulfo Romero corrigió a los dos: "La gloria de Dios consiste en que las personas pobres vivan" (*Gloria Dei, vivens paupe*r).

Tenemos que sopesar bien las palabras de Jesús: "Mirad las aves del cielo, que no siembran, ni siegan, ni recogen en graneros, y sin embargo, vuestro Padre celestial las alimenta. ¿No sois vosotros de mucho más valor que ellas? (Mt 6.26). En la cultura del Nazareno las aves eran consideradas impuras, pero Jesús les levanta el estigma social y las alimenta. Esa valoración contrasta con algunas culturas de nuestros pueblos originarios donde las aves eran una especie de angelitas, o mensajeras de la Divinidad. Por citar un ejemplo mencionemos a Huitzilopochtli cuyo nombre se deriva de huitziliuitl o colibrí, chupamirto o picaflor. Ahora bien, un artículo de la ley agrícola de 1985 brega con el Programa para la Conservación y Reserva, el cual se refiere a la alimentación de los pájaros. Según esta cláusula se destinaron 35 millones de acres, el equivalente al 8% de las tierras para el sembradío de los EE. UU., para que estén ociosas y puedan alimentar a los patos, faisanes, y demás. Todo eso está muy bien pero junto con ello hay que implementar y hacer valer leyes que garanticen el sagrado sustento para los pobres.

El Padre Nuestro

Hay dos maneras de conquistar y esclavizar a una nación.
Una es a través de la espada. La otra es por medio de la deuda.

John Adams

Después de la plegaria eucarística sigue la oración del Padre Nuestro, la cual se oraba tres veces al día según consta en la Didaché (8,3). En el siglo V es Cirilo de Alejandría quien lo introduce en la eucaristía (Cat. Myst., V,11).

Cuando los discípulos le piden a Jesús que les enseñe a orar, lo que realmente querían era que les diera una oración que los distinguiera de los otros grupos de discípulos, como se estilaba en esa cultura. Lo distintivo de la oración de Jesús es que su oración no hacía distingos: "Esta oración puede ser repetida por cualquier hebreo y cualquier musulmán; quizá incluso muchos hindúes no tendrían dificultad en repetirla".[21]

"La tortilla nuestra de cada día dánosla hoy" (del náhuatl *In totlaxcalmomostlae totechmonequi*), es la petición por la diaria ración en los EE. UU. donde, al decir de Joseph E. Stiglitz, el 1% de la población obtiene el 25% de los ingresos y controla el 40% de la riqueza.

Eso contradice la oración de Jesús. Más bien responde a la política corrupta que desde principios de la década de 1970, desmanteló con más fuerza los sindicatos, desreguló la producción y finanzas y entregó las tierras a los latifundistas. En 1991 Goldman Sachs, el mismo banco que el gobierno rescató en el 2008, empezó a especular con la comida consiguiendo añadir 250 millones de personas a la lista de los hambrientos.

La comida en los Estados Unidos la subsidian los hispanos, específicamente los indocumentados. Las cifras conservadoras del Departamento del Trabajo informan que el 50% de la mano de obra agrícola la realizan las personas sin papeles, y que en estados como California esa mano de obra esclava asciende hasta el 90%.

Cuando Jesús ora: "Condónanos nuestras deudas", tenía en mente a su contemporáneo Hillel. Este prestigioso rabí estableció el prosbul, o sea, la declaración que desconocía la condonación de deudas cada siete años. El Nazareno se distancia de esa ley perversa.[22]

La fracción del pan

Del latín *fractio panis*, partir el pan. Fue a partir de la Didaché, en el siglo II que cambió su nombre por el de la eucaristía pero en nuestro tercer milenio debiera llamarse "eu-carestía".

El movimiento de Jesús se congregaba al caer la tarde en las casas, para comulgar (Hch 2. 46, 20.7). También lo hacían el día del Señor, dies dominica, a puerta cerrada para no dispersarse. Juan se contradice: por un lado menciona que la comunidad cristiana tenía miedo de los judíos, y por otra parte informa que Tomás andaba a sus anchas perdido por la ciudad (Jn 20.19-28). Lo que hemos de tener en cuenta es que a Jesús lo mataron como judío, no como cristiano.

La "fracción del pan" nos habla de una cultura que no conocía el cuchillo, que partía con las manos, no cortaba el pan (Mr 14.22). A la vez nos remite a una economía donde la cena era seca, por no tener los medios para comprar el bebestible de la levitación.

Nuestras hermanas y hermanos latinos trabajadores agrícolas tienen un ingreso anual de no más de 10.000 dólares. El único bebestible festivo al que tienen acceso es a esos refrescos embotellados que pudren el hígado y pulverizan el páncreas. Si no nos organizamos como iglesia y sociedad, un día vamos a imitar a la familia que preparó su cena dominguera con lo que encontró entre la basura de un hospital: pedazos de un seno amputado.[23]

La copa de vino

Es una cortesía el que quienes presiden y auxilian durante la Última Cena comulguen al final. Hay iglesias que prefieren servicio a la mesa, es decir que se llevan las especies del pan y el vino hasta sus asientos. Otras congregaciones prefieren ir en procesión a la mesa de la comunión, como para recordar que somos una comunidad peregrina aunque también podría tratarse de algo así como un drive-through o servicio en el automovil. En todo caso, al ofrecer la copa tengamos presente la recomendación de Christina Neff: "Cuando ofreces la copa a una persona concreta, pienso que necesitas dársela a la gente de tal manera que sepan que esa copa les pertenece...Yo no quiero sostener la copa por ellos. Particularmente con los niños, siempre trato de darles la copa y con frecuencia les digo: 'Toma la copa'".[24]

Jesús está a escasas horas de cerrar su ministerio y lo hace chocando su copa con un "salucita". No es por nada que Juan Calvino estaba convencido de que el vino era bueno en ciertas circunstancias, pero que alegraba el corazón en todos los casos.[25]

Al cierre del Concilio de Nicea el vino estaba a la orden del día:

> El emperador invitó a un banquete a los ministros de Dios... Ningún obispo faltó a aquel banquete. La cosa superó todo cuanto se pueda decir. Destacamentos de guardianes y de soldados custodiaban la entrada del palacio con espadas en las manos, y por medio de ellos los hombres de Dios procedían sin miedo hacia el interior de los salones imperiales, donde algunos acompañaban al Emperador en la mesa, mientras que otros se reclinaban en sillones a ambos lados. Se podría pensar que se encontraba allí simbolizando un retrato del Reino de Cristo, un sueño más que una realidad.[26]

La invitación

"¿Serían tan amables de pasar a la mesa? ¿qué tal si empezamos con una amable ensalada?" Originalmente la palabra amable tenía esos dos significados.

Veamos qué tan amable es la mesa de la comunión hoy día. La Sociedad de los Amigos o Cuáqueros son muy hospitalarios, pero han decidido descontinuar la mesa sacramental de su liturgia silente. La iglesia bautista mantiene una comunión cerrada. La iglesia romana nos sigue considerando "hermanas y hermanos separados". Las iglesias pentecostales nos tienen en ayunas pues, como muchas otras denominaciones, comulgan esporádicamente. Las iglesias luteranas a veces usan unos cuadraditos diminutos de harina que se requiere de un milagro para ver que son pan. Las iglesias presbiterianas le dan el asiento de honor a la predicación. Las iglesias ortodoxas solo comparten el segundo pan, el no consagrado. Los Amish comulgan de vez en cuando, pero lo que no falta cada domingo son las galletas de animalitos para la niñada. Muchas iglesias hispanas reinventan las marcas de la iglesia: abrazona, besucona y comilona.

El Cordero de Dios

En latín, *Agnus Dei* es el nombre que le dio a Jesús su primo Juan el Bautizador (Jn 1.29, cf. Is 53.7, Ap 5.6). Consiste en una letanía donde se invoca tres veces al Cordero inmolado. Se incorporó al culto cristiano en el ocaso del siglo VII.

La cultura judeo-cristiana enraizada fuertemente en la agricultura y la ganadería, se reflejaba en el mismo concepto de la alianza. Pacto, en hebreo *berith*, se puede traducir como "comer", o mejor todavía como "comer con sal".[27] Dios selló su alianza con la humanidad al estilo de los carniceros: "Abraham trajo los animales ante Dios, los partió por la mitad, y colocó las mitades en dos hileras opuestas…" después caminó por en medio de ellas hasta el centro y juró: "Que Jehová haga conmigo lo que yo acabo de hacer con los animales, en caso de que yo no cumpla el pacto" (Gn 15.7-18, cf. Jer 34.18).

Definitivamente el *Agnus Dei* no impresiona tanto como el "que me parta un rayo" del violento Abraham de la época de los sacrificios humanos (Gn 22, cf. Jue 11). Y ¿qué decir del canibalismo bíblico? (Lm 2.20, 4.10). Hubo un tiempo cuando en Atapuerca, España, devoraban a sus enemigos, especialmente apreciaban la carne de niños y adolescentes.

Ah, pero eso sí, en el siglo XVI los misioneros cristianos lanzaron un cruzada para desaparecer al *cuy* andino, rebautizado como conejillo de india. Según la teología ibérica, su carne era incomible pues se ofrecía a Satán. Quienes hemos degustado este platillo gourmet testificamos que no le envidia nada al cordero "enmolado".

La comunión

Del latín *communio*, y del griego *koinonía*, apunta hacia el comunismo o el poner todo en común. Hasta donde conocemos el ritmo para comulgar era semanal hasta el siglo IV. A partir de ahí se torna diario, y conforme se articula el sistema penitencial las eucaristías por los difuntos van teniendo más demanda en la Edad Media. Hasta el siglo XII se participaba de pie, después se impuso el arrodillarse, pero ¿no tiene sentido pensar que originalmente quien presidía la Última Cena lo hacía sentado?

A Søren Kierkegaard, por su parte, "no le olió bien" la manera en que se desmaterializó la Última Cena:

> La definición de "Iglesia" encontrada en la Confesión de Augsburgo, de que —la comunión de los santos se da donde la Palabra es enseñada correctamente y los sacramentos son rectamente administrados— esta capta con acierto solo los dos puntos relacionados con la Palabra y los sacramentos pero obvia el primero, la comunión de los santos. De manera que la Iglesia consiste en la comunión de existencias indiferentes, pero eso sí, la "doctrina" es correcta y los sacramentos son administrados rectamente. Esto es un verdadero paganismo.[28]

El teólogo danés criticó la identidad de la iglesia basada en esa doble conversión: el cuerpo místico de Cristo en su cuerpo real, y el cuerpo real del prójimo en el cuerpo místico de Cristo.

Nuevamente volvemos a la pregunta tramposa de hace 2.000 años: ¿quién es mi prójimo? (Lc 10. 29). Para un judío su prójimo era su semejante: otro varón judío. El mandato "no cometerás adulterio" (Ex 20) tenía que ver exclusivamente con no meterse con la esposa de otro judío.

Pues bien, el pueblo hispano de la diáspora o dispersión sigue topándose con la cultura dominante excluyente de quienes no sean PLU (*people like us*) o no ser gente como nosotros, y mucho menos NOKD (*not our kind, dear*) o no perteneces a nuestro grupo, querido.

Por la hostilidad de ciertas leyes, se dice que hoy no se puede volar siendo árabe, no se puede manejar siendo afro-americano y no se puede caminar siendo hispano. Si no hacemos algo pronto no se podrá respirar siendo pobre. La Última Cena es un llamado a recuperar el significado original de la liturgia: el trabajo comunitario. Mejor conocido en nuestras tierras de origen como minka, tequio o faena.

Nunc Dimittis, Ahora puedes dejar ir, Lucas 2.29-32

Del latín *Nunc dimitis*, es el cántico de Simeón: "Ahora Dios puedes dejar ir a tu siervo en paz…". Se canta en Navidad y Epifanía, aunque puede sustituirse por otra canción alegre.

El problema del *Nunc dimitis* consiste en que, junto con el *Magníficat* y el *Benedictus*, son de carácter muy patriotero. Los tres se arraigan en la tradición judía según la cual, en tiempos mesiánicos cada judío tendrá derecho a 2.800 esclavos paganos.[29] En esta misma línea se ubica el salmo 110 y su lenguaje imprecatorio. La teología de ese trío musical desentona con el vaciamiento, o *kenosis* del Nazareno, quien se deshizo de su rango y se solidarizó con los esclavos. Jesús no bateaba todas, no se tomaba la vida tan en serio, era de carácter alegre y jocoso (Flp 2:6-7).

Muchas de las iglesias main line o del centro, han reducido la hospitalidad a unos minutos para degustar vino con queso. A propósito de ello, si ese queso es salado, la sal apagará la capacidad de percibir de los taninos. Lo que significa que lo que le están ofreciendo por vino es solo un vinillo, casi tan barato como el que destinan para ser sangría.

No son pocas las comunidades latinas que adoran en los sótanos o salones pero nunca en la nave principal, cuando comparten el edificio con las comunidades anglosajonas. Para añadir insulto al agravio, cuando se nos ocurre asomarnos a la hora del café sin previa invitación, no faltará quien nos despida: "¿gustas un café... para el camino?"

Oración poscomunión
Del latín *oratio*, discurso, capacidad de hablar. La fe viene por el oír la Palabra de Dios pero también "la fe se aprende por medio de la oración, porque esta da acceso al que es el objeto de la fe, y porque es mala teología la que no es capaz de traducirse en oración".[30]

Avisos
Algunas iglesias colocan los intereses de la iglesia en lugares no tan interesantes: antes de que inicie la adoración o después de la bendición. Por un lado se corre el peligro de caer en un docetismo en donde no se le da seguimiento entre semana a las demandas del evangelio. En el otro extremo está la manipulación de las conciencias al ejercer presión en público para que la gente se comprometa a ofrendar cierta cantidad, por poner un ejemplo.

Bendición
Del latín *bene*, bien, y *dicere*, decir. O sea, el biendecir acerca de las personas o de las cosas. Es equivalente a nuestro "adiós", es decir, "te encomiendo a Dios".
Existen muchas bendiciones, pero los reformadores del siglo XVI se inclinaron más por la bendición aaronita de Números 6.24-27. La bendición más universal es la de 2 Corintios 13.13 "La gracia del Señor Jesucristo...". Es una manera bella de clausurar el culto, pues al decir de Karl Barth, la gracia es la clave interpretativa de la teología y la gratitud es el móvil de la ética.

Envío
Del latín *Ite, missa est*, pueden ir en paz. Y la congregación responde: *Deo gratias*, demos gracias a Dios. Una pluma anónima de Centroamérica lo dice con elocuencia:
"Los ángeles no están llamados a cambiar un mundo de dolor, por un mundo mejor. Me ha tocado a mí hacerlo realidad. Ayúdame Señor a hacer tu voluntad".

Ya lo hemos apuntado más arriba esta introducción es eso: una probadita tanto a la Última Cena como a la mesa de la comunidad hispana y de la creación en general. A través de historias breves hemos tratado de digerir el contexto original de la eucaristía y el entorno contemporáneo de pueblo hispano y su relación con la comida. Empezamos esta introducción ubicando la Santa Comunión con el marco del Año Cristiano Hispano. Continuamos con las narrativas galilea y jerosolimitana y su pertinencia para nuestra coyuntura histórica. En tercer lugar le metimos el diente a la fiesta gozosa dominical de la Santa Comunión y sus desafíos para nosotras y nosotros hoy. Ahora procederemos a dar los últimos toques de la sazón valiéndonos de los ingredientes litúrgicos tradicionales relativos a la Santa Cena. En todo ello seguimos remachando tercamente la urgencia de concebir la comida como un tema central de la teología, para actuar en consonancia.

Notas

[1] Jesse Jackson, "America Has Poor Excuse for Poverty", *Common Dreams*, 2/27/2007.

[2] Casiano Floristán, 256.

[3] Jürgen Moltmann, *El Espíritu Santo y la teología de la vida*, Salamanca, España: Sígueme, 2000, 87.

[4] Pedro Mártir de Anglería, *Décadas del Nuevo Mundo*, vol. 1, México, D.F.: Porrúa, 1964, 395. Citado por Miguel León-Portilla, *Códices; los antiguos libros del nuevo mundo*, México, D.F.: Aguilar, 2003, 28-29.

[5] Agradezco al pastor Emilio por permitirme compartir su paráfrasis en este libro.

[6] Luis Ramiro Beltrán Salmón et. al., *La comunicación antes de Colón; sobre los tipos y formas de comunicación en Mesoamérica y los Andes*, La Paz: CIBEC, 2010.

[7] Philip H. Pfatteicher, Commentary on the Lutheran Book of Worship, Minneapolis: Fortress Press, 1979, 144.

[8] La lectura alternada de este Credo Hispano no aparece en el original. La adaptación es nuestra.

[9] Conferencia proferida en 1976 en la Facultad de Filosofía de la Universidad del Brasil. Publicado en la revista anarquista 'Barbarie', N4 y 5 en 1981-82, San Salvador de Bahía, Brasil. La traducción del francés al portugués la realizó Ubirajara Reboucas, y la traducción del portugués al castellano la hizo Heloisa Primavera y fue publicada en la revista *'Farenheit 450'* N1, Bs. As. Diciembre de 1986 (revista publicada por estudiantes de la carrera de Sociología UBA).

[10] Daniel Burton-Rose, Dan Pens y Paul Wright (comps). *El encarcelamiento de América; una visión desde el interior de la industria penitenciaria de EE. UU.*, Barcelona: Common Courage Press, 2002.

[11] World Institute for Development Economics Research of the United Nations University, Helsinki.

[12] Gabe Huck y Gerald T. Chinchar, *Liturgia con estilo y gracia*, Buenos Aires: Lumen, 202, 85.

[13] De Or. Dom 4, PG 44. Citado por Maggi, *Padre de los pobres*. Nueva traducción del Padre Nuestro, Córdoba: Ediciones El Almendro de Córdoba, SL, 2007, 107.
[14] Casiano Floristán, 234.
[15] Friedrich Nietzsche, *La voluntad de dominio*, Madrid: Aguilar, 1951, 124.
[16] J. L. Austin, *Cómo hacer cosas con palabras*, Barcelona: Paidós, 1982.
[17] Uta Ranke-Heinemann, *Eunucos por el Reino de los cielos*, 128-129.
[18] Uta Ranke-Heinemann, *Eunucos por el Reino de los cielos*, 239-241.
[19] Fred Wistow "You Can´t Remember Half the Things You Used to: How Much Does That Matter?" AlterNet, May 22, 2010.
[20] James W. Lowen, *Lies my Teacher Told Me: Everything your American History Textbook got Wrong*, Nueva York: Simon & Schuster, 1995, 29.
[21] Gerd Theissen, T*he Open Door: Variations on Biblical Themes*, Minneapolis: Fortress, 1991, 62.
[22] Maggi, *Padre de los pobres*, 122.
[23] Paulo Freire, *Pedagogía de la autonomía; saberes necesarios para la práctica educativa*, México, D.F.: Siglo XXI, 1996, 73.
[24] Gabe Huck y Gerald T. Chinchar, *Liturgia con estilo y gracia*, 89.
[25] Juan Calvino, "Commentary on Psalm 104:15", Ioannis Calvini Opera, 32:91.
[26] Eusebio de Cesarea, Vita Constantini, 3,15. Citado por Rafael Aguirre, La mesa compartida; estudios del Nuevo Testamento desde las ciencias sociales, Santander: Sal Terrae, 1994, 131.
[27] Sara Covin Juengst, Breaking Bread: The Spiritual Significance of Food, Louiville: Westminster John Knox Press, 1992, 17.
[28] Søren Kierkegaard, *Søren Kierkegaards Papirer. The Papers of Søren Kierkegaard*, Editado por P.A. Heiberg, V.Kuhr y E. Torsting, vol. X 4 A 246, s.f. 1851, ed. N. Thulstrup, Copenhague: Gyldendal, 1968-78.
[29] Alberto Maggi, *Las bienaventuranzas*, 26.
[30] J. J. von Allmen, *El culto cristiano; su esencia y su celebración*, Salamanca, España: Sígueme, 1968, 122.

Capítulo 4
Guarniciones
Términos eucarísticos

"Ahora es cuando, chile verde, le haz de dar sabor al caldo".

En esta introducción a la Última Cena hemos intentado tomar en serio las implicaciones sociales de este sacramento. En el espacio que resta ponemos a la consideración de quien amablemente lea estas líneas, el menú de algunos términos eucarísticos y su significado. En nuestro acopio de este glosario hemos recurrido a las liturgias tradicionales sin el afán de que se vuelvan normativas. No. Estos ingredientes cúlticos no son un fin en sí mismos. Sin embargo, ¿será que si nos damos permiso de inyectarles nuevos contenidos o si los recreamos al calor de la realidad hispana, podamos encontrar en ellos ángulos liberadores para nuestra grey? ¿Será que con esta perspectiva histórica y con este trasfondo de la cultura litúrgica podamos ensayar nuevas formas de sentarnos a la mesa inflamados con la justicia social del Reino de Dios? Al final de cuentas "se hace camino al andar".

Ablución
Del latín *ablutio, abluere*, lavarse, purificar. Actualmente es más una acción simbólica al sumergir en el agua de un recipiente los dedos pulgar e índice. También se purifica el cáliz. Antes la feligresía se persignaba y se mojaba los dedos en la pila de agua bendita a la entrada de la iglesia. Sin embargo, tal práctica ha caído en desuso por el terrorismo maniático de la pulcritud, todo ello para la fruición o deleite de la industria de las sustancias químicas limpiadoras.

Absolución

Del latín *absolvere*, perdonar, desatar. Los rabinos "ataban y desataban", quienes seguían a Jesús "retenían y remitían" (Jn 20.23), y hoy hay caciques de las iglesias que "hacen y deshacen". El disolvente también ab-suelve, o realiza la ablución de la suciedad. *Placenta* en latín y suelo en inglés, *soil* significa lo sucio, como lo vimos más arriba en ocasión de la Fiesta de la Candelaria.

En el siglo XII se introdujo la fórmula declarativa: "yo te perdono" pero todavía hay quienes se rigen por la deprecativa: "que Dios nos perdone". Lo mismo vale para la impartición de la bendición final. ¿De dónde proviene nuestro temor a no usar la primera persona singular? Ser o no ser es el dilema o *to beer or not to beer*!

Aclamación

Del latín *acclamatio*, grito, clamor: aleluya, hosanna, amén, demos gracias a Dios, gloria a Dios. El pueblo latino tiene a flor de labios el grito. Hay personas que pretenden hablar por los y las "sin voz", pero con ello muestran su ignorancia bíblica (Stg 1.19). Hemos de oír el clamor y el grito del pueblo, en lugar de amordazarlo.

Ágape

Del griego *agape*, amor. Se refiere a la comida que seguía a la eucaristía durante los primeros siglos. En la comunidad de Corinto Pablo no fue muy sabio al no insistir en que las personas con más recursos fueran compartidos (1 Co 11.22). Se hizo "rosca" o de la vista gorda, asumió la "guardia monga": "no coman pan delante de los pobres".

En el siglo IV se prohibió el ágape y en el siglo XVIII la iglesia presbiteriana de los EE. UU. intentó reactivarlo pero sin éxito. Afortunadamente las iglesias hispanas mantienen viva esta institución del comunismo cristiano pues no falta un pretexto para comer en compañía de toda la feligresía después del culto.

Agnus Dei, Cordero de Dios

Es la letanía cantada tres veces inmediatamente antes de participar de los elementos del pan y del vino. Este título de Jesús se lo otorgó su primo Juan el Bautista (Jn 1.29, 36). Esta oración se añadió a la liturgia cristiana hasta el siglo VII.

Alba

Del latín *albus*, blanco. Esta prenda litúrgica hunde sus raíces hasta el Antiguo Testamento (Ex 28). Originalmente toda persona bautizada vestía esta túnica blanca, para representar la vida victoriosa. En el siglo VI se empezó a usar como atuendo litúrgico cristiano. Pero no fue sino hasta el siglo IX cuando León IV decretó que el uso del alba le correspondía exclusivamente al clero. Para ese entonces los griegos y romanos ya la habían descontinuado de su diario vestir. Para el siglo XV se empieza a adornar el alba con encajes.

Aleluya

Del hebreo *allelu*, alabad y *yah*, Jehová. Es la canción que introduce la homilía. Por ser una estación penitencial se omite en la cuaresma, a menos que se lleve a cabo algún culto especial.

Altar

Del latín *altaria*, mesa. Desde temprano (Mr 10.45) se enraizó la doctrina de la expiación elaborada por el apóstol Pablo, la cual presenta a Jesucristo como el cordero del sacrificio por el "rescate" de la humanidad. Se acostumbraba depositar bajo el altar las reliquias. Las flores nunca se colocan sobre el altar sino a los lados, se recomienda discreción durante el adviento y la ausencia total de flores en la cuaresma. El beso al altar lo ejecutan las iglesias que asocian este mueble con el sacrificio de Jesucristo.

Lo liberador de Jesús es que haya roto con el altar del templo opresor de Jerusalén. Y que en su lugar haya establecido la mesa doméstica íntima y hospitalaria. Desgraciadamente la imagen del altar ha prevalecido en el imaginario de la iglesia protestante. Hasta los evangelistas hacen "¡llamamiento al altar!" De esa manera se empaña el ejemplo de la redistribución de la riqueza de la mesa abierta del Nazareno. ¡Qué pronto se nos olvidó que Jesús expulsó a latigazos a los banqueros del templo junto con su altar, ¿qué no?! (Mr 11.15). El presidente de España, José Luis Rodríguez Zapatero se ganó el mote de "Robin Hood de los banqueros" pues sigue empeñado en robarle el dinero a los pobres para dárselo a los magnates. Como miembro de un partido político al servicio del pueblo habría que refrescarle la memoria: "Zapatero a tus zapatos".

José Joaquín Fernández de Lizardi alias el Pensador Mexicano, en su *Conversaciones del Payo y el sacristán*[1] denuncia con fuerza el colmo de la fe ciega. En 1825 un fanático se escandalizó porque un inglés no se arrodilló ante el sacramento del altar al pasar de largo por una iglesia en la ciudad de México. El capitalino no tuvo más remedio que matar al extranjero por causa de Cristo.

Anáfora

Del griego *anaphéro*, elevar. Antes llamado el canon de la misa, corresponde a las plegarias eucarísticas. Abarca el prefacio, la epíclesis, las palabras de la institución, la anámnesis, la intercesión, el Padrenuestro y la doxología.

Anámnesis

Del griego *anámnesis*, memoria o recuerdo. Pero un recuerdo desde del corazón *cardía*, es decir, que se actualiza, se hace presente en la celebración litúrgica. Es asimismo un imperativo de Jesús: "Hagan esto en memoria mía".

Árbol de navidad

Incorporado en el siglo VII por San Bonifacio (680-754). Este misionero entre los alemanes partió a hachazos el árbol consagrado al Dios Thor, de donde viene el nombre en inglés de Thursday o jueves. En su lugar sembró un pino cuyo verdor permanente simbolizaba el amor eterno de Dios. Lo adornó con manzanas y con velas, evocando la caída del género humano y la luz redentora de Jesucristo. Ello evolucionó en las esferas y demás ornamentos. Con el tiempo se ponían los regalos de los reyes magos al pie del árbol casero.

Sentimos decepcionar a San Bonifacio pero hoy sabemos que el pino traga agua a más no poder y es tóxico para la biodiversidad.

Ayuno

El abstenerse de probar bocado se debe a muchas razones.

El ayuno anoréxico puede ser mortal, como el de Rosa de Lima, quien se obsesionó tanto con la hostia sacramental que fue lo único que ingirió hasta la muerte. Una versión del cristianismo es culpable por los desórdenes alimenticios contemporáneos.

El ayuno profiláctico busca expulsar las toxinas del cuerpo.

El ayuno político o huelga de hambre tiene como objetivo poner presión social y conseguir algún cambio.

El martirio blanco, llamado así por no haber derramamiento de sangre, se refiere a la vida monótona marcada por la miseria: comer, conversar, moverse, girar siempre en torno a lo mismo. Se relaciona con el ayuno forzoso que dos tercios de la población mundial practican como resultado del sistema capitalista indolente, que fabrica el hambre y penaliza a quienes luchan contra ella. El ayuno en sí es una opción para quienes pueden darse el lujo de comer.

El ayuno solidario se da cuando alguien se brinca una comida para dársela a la persona necesitada (Is 55.8). El Pastor de Hermas (5.3.7-8) lo mantenía vivo: "Cuando ayunes, haz la cuenta de cuánto dinero cuesta la comida que no ingeriste y dalo a una viuda, un huérfano o a alguien en necesidad...ese será un sacrificio agradable a Dios".

El ayuno anti-Satán, evoca la época cuando se veían demonios pululando hasta en la sopa. Desde antes de nuestra era cristiana se creía que estos seres inmateriales se introducían en las criaturas mortales a través de los orificios del cuerpo como la boca. La oración por los alimentos era una especie de exorcismo. El abstenerse de la ingesta entonces prevenía la visita de estos pobres diablos.

El desayuno cristiano, al igual que quienes seguían a Jesús: "no funda su vida en ayunos y ritos penitenciales, sino en el rito supremo del amor y comida, en el vino de bodas".[2] Por eso y por mucho más, no permitamos que haya gente que se quede en ayunas.

Báculo
Cayado del pastor, es para obispas y obispos. Simboliza la autoridad maternal y paternal.

Banquete nupcial
En la mesa griega los esclavos cabían solamente para servir; las mujeres para la prostitución y la niñez para la pederastia, como decía un tal Pausanias: "Dame sabiduría que yo te doy sexo". La única fiesta que se salvó fue la de Zenódoto de Éfeso. A este bibliotecario de Alejandría, se le asocia con el banquete igualitario,

donde divide los panes en porciones iguales y en las copas sirve la misma cantidad de vino.

En la actualidad lo que prima es la TINA (*there is no alternative*) no hay alternativa, de Margaret Thatcher, ex-primera ministra de Inglaterra. Pero, la buena noticia consiste en que, precisamente en este mundo de desesperanza, afirmamos la utopía por excelencia (Zac 9.17), donde el sur, el norte, el este y el oeste dirán presente (Lc 13.29) en el gran Banquete.

Basílica

Del griego *basiliké*, casa del rey. El movimiento de Jesús dio un saltó olímpico de su lugar original de reunión en las catacumbas, a las basílicas. Cuando el imperio romano adoptó al cristianismo en el siglo IV, junto con ello estableció el que adoraran en esos edificios profanos más que paganos. Las basílicas eran edificios públicos donde se administraba la justicia.

Berakah

Voz hebrea que significa bendición. En latín corresponde a *bene*, bien y *dicere*, decir. Es la acción de dar gracias por los alimentos a la vez que se excluía a la gente impura. Aplicado a la eucaristía consiste en la bendición del pan y del vino, precisamente el primer fruto de la nueva era después del diluvio (Gn 9.20).

Antiguamente orar por la comida era una especie de exorcismo. El papa Gregorio testificaba que una monja quedó poseída por no haber hecho la señal de la cruz sobre la lechuga que comió.[3] Al estornudar se desea salud, por temor a que el diablo también se introduzca por la nariz. El ayuno también servía para des-demonizarse. Cubrirse la boca al bostezar equivalía a bloquear el orificio bucal para que el diablo no hiciera sus diabluras.

Cáliz

Del latín *calix*, y griego *potérion*, vasija, copa. Las primeras eran de barro, con el imperio romano se adoptaron las de oro y plata, al menos en su interior por reverencia a Cristo. En todo caso se prohibieron los materiales porosos, para no desperdiciar la sagrada sangre. En el siglo V se crearon las metálicas. Los poderosos se concentraron en el recipiente y disimularon el hecho de que "beber el cáliz" implica abrazar el Reino de Dios por lo cual mataron a Jesús.

Campana

Del latín *campana*. Instrumento de percusión hecho generalmente de bronce.

Ya había campanillas desde las catacumbas, y las campanas emergieron paralelamente a la construcción de templos. Sin embargo, no fue sino hasta el siglo VI que se construyeron los campanarios con su veleta gallo, símbolo de la vigilia. Este animalito considerado endemoniado por cantar de noche pasó a ser un atalaya de la fe cristiana.

La vida de la comunidad giraba en torno a la campana. Ellas marcaban las horas en los pueblos y el ritmo de los monasterios. Tocar a rebato ponía en sobreaviso del peligro. Doblar las campanas anunciaba muerte. Repicar las campanas significaba que algo muy importante había acaecido. El número de campanazos indicaba si la persona difunta era célibe, rica, re-casada, divorciada. Con la campana los amos medían el tiempo a sus esclavos de regreso de la iglesia al infierno de los ingenios. La campana alejaba los demonios y todavía se bendecían hasta el Vaticano II de principios de la década de 1960. La campanilla durante la epíclesis no indica tanto la conversión de los elementos en la carne y sangre de Cristo. Es más bien para despertar a la congregación de su letargo.

Casulla

Del latín *casula*, cabaña. Era el manto romano o pénula que vestían los senadores del siglo IV. Es una especie de poncho, gabán (mexicano no puertorriqueño) o ruana ovalado y sin mangas que se encarama sobre el alba y la estola. Simboliza el yugo de Cristo. El color se adecúa con la temporada litúrgica.

Celebrante

Toda persona que participa del culto de adoración. Las iglesias tradicionales confunden al celebrante con quien administra la Última Cena. Pero para hablar con precisión, en este caso se trata del presidente, del latín *prae* delante, y *sedere* sentarse. En honor a la verdad toda la feligresía es la celebrante, por razón del sacerdocio universal efectuado en su bautismo. Todo el pueblo es el celebrante por razón de que no se trata de una ceremonia sino de una fiesta gozosa.

Fue el nada inocente papa Inocencio III quien, a través del IV Concilio de Letrán de 1215, decretó que la presidencia de la eucaristía debía estar en manos de "un sacerdote válida y lícitamente ordenado". Fue hasta la reforma radical del movimiento anabautista del siglo XVI que la iglesia perdió esa inocencia que asoció la Última Cena con el clericalismo autoritario y mágico.

Las iglesias *main-line* o del centro han puesto infinidad de candados los cuales previenen al mismo clero oficiar la Última Cena fuera de su capilla. Un maremágnum de iglesias hispanas bautistas, pentecostales y libres empoderan a su laicado para presidir esta ordenanza o sacramento. Sería bueno traer a cuento el hecho de que Jesús fue un laico.

Cíngulo

Del latín *cingulum*, ceñir. Es la cuerda, cinta o cordón que hace las veces de correa o cinturón. Incorporado en el siglo XV, además de la utilidad práctica, simboliza la castidad, pureza y continencia, virtudes que les negaron a los indígenas y negros. Por razón de su supuesta "sangre sucia" muy dada a los placeres de la carne, por siglos se les impidió la ordenación sacerdotal.

Cirio pascual

Las iglesias más tradicionales han conservado esta vela enorme que yace junto al púlpito.

Adornado con la primera y última letra del alfabeto griego, el alfa y la omega, una cruz y el año en curso, simboliza que nuestro tiempo y nuestras vidas están al amparo del Dios de la vida. Durante la Vigilia Pascual se bendice el cirio y se enciende con fuego nuevo. En los bautismos se coloca el cirio al lado de la pila bautismal y allí mismo se encienden las velas de quienes reciben el sacramento de iniciación.

No solo el cirio pascual representa a Jesucristo como la luz del mundo. En muchas iglesias pende la luz roja eterna. En la tradición romana apunta hacia el sagrario donde se guarda la hostia o el mismísimo cuerpo de Cristo. Pero en otras confesiones cristianas simboliza la luz de Cristo que alumbra a todo ser humano (Jn 1.9).

Conforme las grandes trasnacionales y principalmente los países del norte siguen derrochando la energía, los apagones de las ciudades nos recuerdan la dimensión fascinante del fuego.

Colecta

Del latín *colligere*, recoger, recolectar. Es la oración que cierra los ritos de entrada. Aparece ya desde finales del siglo V con el papa Gregorio Magno. Es un ruego por la comunidad mundial, pues el concepto mismo de iglesia nacional es una herejía.

Para el pueblo latino es impensable una oración de cuatro líneas. En lugar de ello hay un santo barullo de súplicas a voz en cuello por el mundo entero.

Consubstanciación

Se le achacó equivocadamente a Martín Lutero quien se limitó a decir que "en, con y bajo" el pan y el vino yace la presencia real del cuerpo y sangre de Cristo. Para ser precisos, tiene más que ver con la concomitancia.

Por otro lado es útil recordar que la insistencia del Reformador en lo irrepetible del sacrificio de Cristo, en la inexistencia de la iglesia purgante y sus consabidas misas por los difuntos, no eran meras lucubraciones teológicas. Tenían implicaciones monetarias para la feligresía. Lutero tocó intereses económicos del sistema penitencial voraz.

Copón, o ciborio

Del latín *ciborium*, copa. Es la copa más pequeña que el cáliz, donde se guardan las hostias y se cierra con una tapa. También se utiliza para dar la comunión a domicilio.

Corporal

Del latín *corporalis*, del cuerpo. Es el paño donde descansa la patena y el cáliz. Al levantar la mesa se dobla el corporal en nueve cuadros y se guarda en la bolsa que cubre el cáliz.

Credencia

Del italiano *credenza*, aparador. Es la mesita aledaña donde se pone el copón, las vinajeras de vino y agua, la toalla y el lavabo.

Antes del culto o durante las ofrendas se coloca todo ello en la credencia y de ahí se llevan a la mesa.

Poner un poco de agua al vino representa la unión con Cristo pero también nos recuerda el vino tan denso de tiempos de Jesús que tenía que ser rebajado para poder beberse.

Crucifijo

Se coloca uno en la mesa durante la eucaristía. Hasta el siglo VI Jesús posaba desnudo en los crucifijos, pues parte de la afrenta social consistía en la exhibición de la desnudez. La cruz vacía de muchas iglesias higieniza este instrumento de tortura y des-historiza y des-politiza la muerte de Jesús de Nazaret.

Cruz pectoral

Empezando con las pertenencias del mártir Policarpo a finales del siglo II se originó el culto a las reliquias. Por esos años se colgaban los huesos de mártires, y pedazos de la vera cruz. Posteriormente se incorporó la cruz pero era privativa de los obispos. Ya no era señal de afrenta sino de distinción jerárquica.

Doxología

Del griego *doxa*, gloria, y *logos* palabra. Tiene lugar en la plegaria eucarística: "Por Cristo con él y en él, a ti, Dios Padre omnipotente, en la unidad del Espíritu Santo, todo honor y toda gloria por los siglos de los siglos, Amén".

Elevación

Del latín *elevatio*. En el siglo XIII se instituye a petición de la gente que quiere "ver la hostia". La elevación del cáliz tendrá lugar tres siglos después. Para la mayoría de las iglesias tradicionales es una reliquia de cuando se presidía de espaldas y había que alzar las especies consagradas para poder ser vistas. En el siglo XII se añadieron las campanillas, más que para indicar el cambio de la sustancia fue para despertar y pedir a la congregación que pusieran atención. En el siglo XV se agregó el incienso en señal de reverencia pero también para tapar olores no tan inspiradores.

Enunciados realizativos

Son declaraciones categóricas validadas por la comunidad, las cuales reviven lo expresado en nuestros rituales. Tal es la fuerza de dichos enunciados realizativos que la presión social anticomunista en la década de 1950 llevó a Dwight D. Eisenhower a recibir el bautismo cristiano durante su presidencia de los EE. UU. El mismo presidente inició en 1953 los "Desayunos presidenciales de oración" con la consigna de combatir al ateísmo y al comunismo: "primero muerto que comunista" (*better dead than red*). Gran parte de nuestra gente hispana no tiene otra opción que el consumismo: "con-su-mismo pantalón, con-su-mismo abrigo, ...".

Epíclesis paraclética

Del griego *epí*, sobre, y *kaléo*, invocar. Es la súplica, principalmente de la teología ortodoxa, para que Dios envíe su Espíritu Santo sobre los elementos del pan y el vino para convertirlos en el cuerpo y la sangre de Cristo. Dicha transformación también alcanza a la feligresía.

Estola

Del latín *stolé*, vestido. Es la tira de tela que se pende del cuello y cae hasta las rodillas. Es exclusiva del clero y representa el yugo a Dios (Mt 11.29-39). Algunas versiones ven en ella la toalla que se ciñó Jesús en el Aposento Alto en señal de servicio. En la época del imperio romano la estola hacía las veces de una bufanda y de una servilleta.

Eucaristía

Del griego *eu* bueno, y *charis* gracias, su equivalente en hebreo es la *berakah*, o bendición. Pablo y Lucas siguen la tradición griega antioqueña de la acción de gracias o eucaristía; mientras que Marcos y Mateo privilegian la jorosolimitana de la bendición judía. La narrativa litúrgica de la institución echó mano de las cuatro fuentes.

Los cuatro relatos politizan la Última Cena:
-Es política en sí misma como resultado de su propio contexto.
-Es política porque acontece necesariamente en un contexto político.

-Es política porque, delata su misión profética, tiene que confrontar su propio contexto con la fe.
-Es política porque cada uno de los miembros que participan tiene una línea política de conducta.
-Es política a pesar de que las líneas políticas de sus participantes pueda ser diferente.
-Es política aunque quien la preside no esté consciente del tipo de política en la cual está involucrado.
-Es política porque ella radicaliza y energiza la política.
-Es política porque promueve la personalización, socialización y liberación.
-Es política porque celebra la utopía despertada por la imaginación creadora.
-Es política porque indefectiblemente siembra semillas de no-conformismo.
-Es política porque aquí la real autenticidad de la fe se mide por el compromiso político.
-Es política porque el compromiso político demanda que la fe haga la verdad (verificación) y no únicamente predique la verdad (verbalización).
-Es política porque ella relativiza todo esquema político sin importar qué tan apelante pueda parecer.[4]

Ex Opere Operantis, En virtud de la disposición de la persona

Pedro de Poitiers, en el siglo XII, nadando contracorriente declaró que en el acto de comulgar todo gira en torno a la disposición del sujeto. Según él, hay que desplazar la atención durante la Última Cena hacia las voluntades tanto de quien preside como del pueblo todo. La forma tan rápida en que despachamos a Ulrich Zwingli y su interpretación simbólica de la Sagrada Cena no le hace justicia. El reformador se centraba en la disposición al seguimiento que el sacramento operaba en la congregación.

Ex Opere Operato, En virtud del trabajo realizado

Latinajo: "en virtud del trabajo realizado" o "por la misma acción del sacramento". Significa que lo sustancial en el acto de comulgar no se relaciona con la condición moral ni de quien oficia ni del pueblo, sino que depende enteramente de la acción del Espíritu Santo. Mejor conocido como el *hocus pocus, Dominocus* (este es mi cuerpo, Señor), dice relación al abracadabra, a una acción mecánica mediante la cual se transfieren los méritos de Cristo gratuitamente, independientemente de los méritos de quien preside y quien recibe el sacramento. Lo mismo acontece con el sacramento de iniciación: "No por los méritos del ministro, ni por los del que lo recibe, tiene valor el bautismo, sino en fuerza de una santidad propia, que le ha sido comunicada por Aquel que lo instituyó".[5]

Genuflexión

Del latín *genu* rodilla, y *flexio* doblar. Presente ya en el siglo XII se ejecutaba en razón de la presencia real en la mesa del cuerpo de Cristo. Se dobla la rodilla derecha hasta tocar suelo para indicar humildad de cara al Jesús sacramentado. Los amos no se arrodillaban, para no dañar su imagen, para no rebajarse o para ponerse al tú por tú con el Señor de los cielos.

Hijuela

También conocida como palia, es un paño para cubrir tanto el cáliz como la patena. La cantimplora era para la gente nómada; la copa para la gente bien instalada en la riqueza y para la Divinidad (Jer 51.7). También se acostumbraba pasar la copa del consuelo después de los entierros (Jer 16.7). Quienes ven en la doctrina de la transubstanciación una forma de canibalismo, lo que ven en la hijuela es una mortaja.

Hosanna

Del hebreo *hosha´na*, sálvanos, prima hermana del árabe *harayer* ¡hurra!, que significa mujer libre. Es el grito de la multitud para vitorear al Jesús que entra a Jerusalén el Domingo de Palmas (Mt 21.9). El hosanna ya está incluido en la Didaché del siglo II. Lo que hay que omitir es la tradición que nos habla de la entrada triunfal a la usanza de los desfiles imperiales.

Hostia

Del latín *hostire*, partir. A partir del siglo IX se empezó a comulgar con pan ácimo, o sin levadura. En 1215 durante el 4º Concilio de Letrán se convino en que por la acción Divina el pan y el vino "se cambian verdaderamente en el cuerpo y la sangre" de

Jesucristo. Por lo diminuto y delgado de la hostia hoy se requiere de una fe ciega para creer que es pan. Dan ganas de preguntarle a quien preside ¿Por cuánto me lo agranda?

La hostia u oblea representa el sacrificio de Jesús (Ef 5.2). Los sacrificios humanos se han practicado en infinidad de culturas, como en Grecia donde llamaban a sus víctimas *pharmakos*, de *pharmakon*, de donde proviene el nombre de "farmacia".[6]

Incienso

Del latín *incensum*, incienso. Las resinas estaban reservadas para la realeza y la nobleza. En la liturgia judía además de simbolizar la oración (Sal 141.2) tenía el fin práctico de cubrir olores pestilentes. Se utiliza igualmente en señal de reverencia y para realzar el carácter festivo.

Al interior de la comunidad latina el incienso evoca también el fétido olor a muerte, pues en boca del cronista Oviedo: "¿Quién negará que la pólvora contra los indios es incienso para Dios?"[7]

Inmolar

Es el sacrificar algo por cierta causa divina o humana. Originalmente significaba poner mola, o sea, una salsa de harina de cebada y sal. Era como empanizar la carne para luego asarla al fuego. Víctima viene de *victus* que significa tanto vencido como alimento, comida.[8]

El profesor Ramiro Guillén Tapia se inmoló el 31 de septiembre del 2008 frente a la Secretaría de la Reforma Agraria. Este maestro jubilado y líder agrarista se convirtió a sí mismo en una antorcha humana para ver si de esta manera el gobernador veracruzano le hacía justicia agraria a su gente popoluca. En lugar de ello tildaron de demente al ciudadano del municipio de Soteapan.

Intercesión

El infierno tomó su nombre de la Gehenna o el quemadero de basura que existía afuera de la muralla de Jerusalén. En ese valle también existía el santuario al ídolo Molok donde se realizaban sacrificios humanos, sobre todo de niñas y niños. Ya para el siglo IX existía una jerarquía de misas, en donde la alta misa y la misa cantada eran más efectivas que la misa ordinaria para confortar a los inquilinos del purgatorio. La Reforma Protestante siguió intercediendo por la iglesia militante (creyentes aún con vida), dejó de orar por la iglesia triunfante (quienes ya están en la presencia de Dios) y repudió la iglesia purgante.

El otrora cardenal y ahora papa Joseph Ratzinger en el año 2006 mandó el limbo al infierno. Tres años más tarde hizo lo mismo con el infierno "no es un lugar sino una situación en la que se encuentran las almas". Finalmente, el 12 de enero del 2011 expresó que el purgatorio es un "fuego interior" que purifica las almas.

Intinción

Del latín *intingere*, mojar el pan en la copa. Desde el siglo VII las mujeres tenían que tener un paño en la mano para no tocar la hostia. En el siglo IX se negó el cáliz al pueblo y junto con ello los sacerdotes colocaban la hostia directamente en la boca de la feligresía. Con la intinción se afirma que el laicado es digno de tocar nuevamente el sacramento.

En general la comunidad hispana se siente en casa ya sea sumergiendo el pan o echándose un sorbito de vino, en buen espánglish respeta igual a los *deeppers* y a los *zippers*.

Kyrie Eléison, Señor ten piedad

Es la oración "Señor ten piedad" del inicio de la adoración. Se integró al culto en el siglo V cuando el latín ya dominaba. En el siglo VIII se fijó el que se repitiera tres veces en honor a la Trinidad. Acerca de esta guarnición ya tuvimos oportunidad de pronunciarnos en el capítulo tres.

Lavabo

Del latín *lavatorium*, apunta más hacia la pureza interior. Es un recipiente diminuto donde trabajosamente el oficiante sumerge los dedos en el agua antes de proceder a consagrar los elementos. En las basílicas del siglo IV había cántaros para que quienes se acercaban a comulgar o a orar se lavaran las manos. En ese mismo siglo se incorporó el lavabo a la mesa y terminó desplazando a las vasijas para la ablución del pueblo.

Leche

> Mamar es la utopía anhelada de los exiliados en Babilonia.
>
> Is 66.10-12[9]
>
> Madre nuestra que nos das el seno,
> santificada sea tu obra, venga a nosotros tu leche y
> hágase la nutrición tanto de un pecho como del otro,
> la leche nuestra de cada día dánosla hoy,
> y no compres sus sucedáneos
> así como nosotros tampoco los reclamamos,
> que no hay nada más sano que el pezón,
> más líbranos del mal...Nestlé.
>
> (Koldo Campos Sagaseta)

"Soñamos con la tierra donde fluye leche y miel gratis. Lo leemos en las Escrituras, que son como los senos de Dios, donde llama a todos los sedientos, diciéndoles: 'venid a las aguas; y los que no tienen dinero, venid, comprad sin dinero sin precio, vino y leche'."[10] Le leche es símbolo de prosperidad y fertilidad, ya sea de vaca, oveja o cabra (Ex 3.8). La iglesia primitiva le daba leche y miel a la persona recién bautizada.

La leche materna contiene hasta 200 sustancias, las cuales, además de nutrir combaten alergias, el asma, cáncer infantil, diabetes, colitis, infecciones de oídos, dientes y gastroenteritis, problemas respiratorios, hongos, bacterias. Por si cabe alguna duda, la leche materna fortalece el sistema inmunológico y cardiovascular, la mucosa y la flora intestinales, regula el apetito e incrementa el coeficiente intelectual.

Sólo los seres humanos consumen, sin necesidad, leche de otros mamíferos, la cual casi el 70% es el producto de fórmulas químicas. De acuerdo con la Unicef, un millón y medio de niños mueren anualmente por no alimentarse con leche materna, pues las otras leches están preñadas de hormonas, antibióticos, residuos de pesticidas las cuales producen flatulencias, etc. No es por nada que la leche fue el primer producto modificado genéticamente.

A John Henry Newman se le hizo justicia hasta los 76 años: la Universidad Trinity lo nombró profesor emérito. Fue ascendido al cardenalato. El compositor de la corte, Edward Elgar, musicalizó sus poesías. Y la comunidad homosexual lo abrazó cuando Newman se hizo sepultar en el mismo ataúd de su discípulo Ambrose Saint. El cardenal era dado a tomar baños nocturnos de leche.

En la década de 1960 se orquestó una campaña agresiva para descalificar la lactancia materna. En países como Jamaica se subsidió la leche de fórmula hasta más no poder. En la década de 1990 EE. UU. obligó a Guatemala (*Cuauhctemala*, árbol de leche) a levantar la prohibición contra los biberones que mostraban un bebé regordete para engañar a las mujeres para no dar el pecho.[11]

En tiempos de la guerra fría, Estados Unidos desató su cruzada anticomunista con su "Alianza para el progreso". Kennedy mandaba quesos y leche a América Latina. El problema es que cuando llegaba a países como Brasil ya no estaban en buen estado: "Tuvimos serios problemas de salud por comer el queso de Kennedy y beber la leche de Jacqueline".[12]

Levadura

En tiempos de Jesús como hasta la fecha se sigue practicando, se guardaba una bolita de masa vieja para posteriormente envolverla con la masa nueva para continuar así el proceso de fermentación. Cómo olvidar a aquella mujer que introdujo su bolita en un costal, y de esa manera empujó el Reino de Dios y su justicia (Mt 13.33, Lc 13.21). Pero la levadura también simboliza la arrogancia.

No fue sino hasta el siglo IX que la iglesia occidental empezó a usar el pan sin levadura o ázimo. Durante la Pascua judía se comía pan sin leudar o ázimo, para no olvidar las prisas por salir de la esclavitud de Egipto (Ex 12.34-39). Análogamente es la imagen que alimento cuando a la edad de cinco años mi madre me arrancó de Zacualpan muy de madrugada. Ella rompió así con la tradición que predestinaba a mis dos hermanas y cuatro hermanos a estar encadenados a las minas frías y crueles.

Lex orandi, lex credendi, Como oramos creemos

Como oramos vivimos (1 Co 11.26). El criterio del culto cristiano consiste en adorar como creemos.

Próspero de Aquitania (ca. 390 - ca.463) fue el primero que ligó la oración con la doctrina: "la regla de la oración ha de dar lugar a la regla de lo que se cree". De ahí que para conocer mejor la tradición hay que hurgar no solamente en los tratados teológicos de los padres de la iglesia, sino igualmente en las oraciones y liturgias que celebraron esos mismos autores.[13]

Limosna

Del griego *eleemosyne*, compasión, misericordia.

La fórmula traductor – traidor se cumple una vez más en la traducción de Mt 5.48 como "sean perfectos". El texto no se refiere a la perfección sino a lo completo (*téleios*).[14] "Sean buenas y buenos en todo" es el sentido de la consigna bíblica. La limosna no se relaciona con la caridad paternalista sino con la compasión y misericordia solidarias. En los siglos XVI y XVII afuera de los templos protestantes se arremolinaban los pobres pues sabían que ese pueblo era misericordioso. Hoy muchas iglesias en lugar de la solidaridad le exigen al pobre "solo-dar-y-dar".

Liturgia

Del griego *laós* pueblo y *érgon* obra, obra pública. Tiene que ver con la faena o trabajos de la comunidad en los que obligatoriamente uno tiene que participar. La *leitourgía* pues más que un formato "enlatado" rígido y frígido, nos habla de "nuestro deber y obligado servicio" (de siervo) de todo el pueblo de Dios. Con este telón de fondo carecen de sentido todo tipo de ceremonias religiosas privadas y otros embelecos.[15]

Maranatha

Cuando alguien sueña solo es sólo un sueño;
cuando sueña en compañía, no es sólo un sueño;
es el comienzo de la realidad.

Dicho brasileño

Del arameo "Ven Señor Jesús". Es un credo que evoca la venida del Reino de Dios en el cual hasta el león es vegetariano (Is 11.1-9). Es la invitación a organizarse como pueblo para transformar los anti-reinos injustos. Es el grito de centinela: "La mesa inclusiva de Jesús a la vista".

El término "vegetarianismo" se acuño hasta el 1840, pero a lo largo y ancho de la historia del cristianismo quienes se abstuvieron de la ingesta de carne fueron considerados herejes: albigenses, adventistas, quáqueros, Juan Wesley…[16]

Mártir

De la raíz sáncrita *samarati*, ella o él recuerda. Se refiere a quien recuerda la misión de Jesús y su proyecto del Reino. Quien testifica en ese sentido morirá crucificado.

Misa

Del latín *mittere* enviar, e *ite, Missa est* vayan, están despedidos. Ante lo cual la congregación responde: *Deo gratias*, demos gracias a Dios. Se relaciona con la *missio*, o misión, es decir, el envío a la cotidianidad.

Después de la homilía despedían a los catecúmenos y al final a las personas bautizadas. Catecúmenos es una voz griega *catechéo*, que significa hacer eco.

Mitra

Es el sombrero terminado en punta exclusivo de obispos u obispas. Simboliza las llamas del fuego del Espíritu Santo sobre el Pentecostés.

Pacto

Del hebreo *berith*, "comer", o "comer con sal".[17] Dios selló su alianza con la humanidad al estilo de los carniceros: "Abraham trajo los animales ante Dios, los partió por la mitad, y colocó las mitades en dos hileras opuestas..." después caminó por en medio de ellas hasta el centro y juró: "Que Jehová haga conmigo lo que yo acabo de hacer con los animales, en caso de que yo no cumpla el pacto" (Gn 15.7-18, cf. Jer 34.18).

Paños de la mesa

Una serie de ornamentos para vestir la mesa de la comunión. Aparecen ya en el siglo II pero se añaden más en el siglo VIII: corporal (*corporalis*, relativo al cuerpo) o mantel donde se ponen el cáliz y la patena. Cubrecáliz. Tela de diferentes colores usada en la credencia. Purificador, etc.

Patena

Del griego *phatne*, pesebre. Es un plato pequeño redondo generalmente de plata para el pan; a falta de copón sirve para la distribución.

Pelícana

Es un símbolo eucarístico del autosacrificio (Hch 20.24). Dice la leyenda que en tiempos de hambre la mamá pelícana no duda ni un instante en picarse a sí misma para alimentar a las crías con su sangre. A las personas agnósticas, escépticas y ateas se les invita a mirar el anillo rojo que tienen esta aves justo donde comienza su pico. A Jesús lo mataron fuera de Jerusalén (Heb 13.2) por haber roto con el sistema sacrificial alimentado de la sangre de los pobres.

Los Estados Unidos prohibió el uso, no así la producción, del DDT por asesinar a muchos animalitos, entre ellos a los pelícanos.

Píxide

Del griego *pyxis*, caja. Es el receptáculo pequeño donde se transporta la comunión a la gente enferma. El ejército fue más práctico al diseñar copas desechables y micro cuadritos de harina.

Pre-consagración

Cuando el agente pastoral se ausenta, varias denominaciones cristianas pastor-céntricas estilan consagrar de antemano los elementos. Esta acción mediada echa por la borda el sacerdocio universal otorgado en el bautismo cristiano. Todavía existen iglesias trasnochadas que ni siquiera le permiten tocar el pan al comulgante por ser "indigno". Quien oficia con elementos preconsagrados como quienes comulgan son personas ab-negadas, es decir, que se han negado absolutamente a sí mismas.

Tal vez la pre-consagración carezca de sentido porque el mismo vocablo "consagrar" dice relación a todo lo no tan santo: "está consagrado a tener éxito".

Presencia real-espiritual

Corresponde a la propuesta de Juan Calvino, según la cual el cuerpo y la sangre de Cristo sobre la mesa son una "presencia real pero espiritual". Dicha sutileza teológica evoca el episodio cuando Calvino envió a Miguel Serveto a la hoguera por negar el dogma trinitario. Según informe de su colega Guillermo Farell, las últimas palabras del español fueron: "Oh Cristo, hijo del eterno Dios, ten misericordia de mí". Farell no daba crédito a dicha confesión recriminando al ajusticiado: "¡Ay bendito!, si Serveto en lugar de decir ´hijo del eterno Dios´ hubiera dicho ´hijo eterno de Dios´, se hubiera salvado de la candela".

El comer (*manducatio*) del cuerpo de Cristo nunca es un comer oral (*manducatio oralis*) sino un comer espiritual (*manducatio spiri-*

tualis). El Consenso de Zurich lo puso en estos términos: "Uno no debe concebir el comer la carne de Cristo (*manducatio carnis Christi*) como un mezclar (*commixtio*) o verter (*transfusio*) la substancia".[18]

Según la tradición reformada de la presencia existencial (Lewis S. Mudge), el cuerpo glorioso de Cristo está a la derecha del Padre. Es el Espíritu Santo quien supera la distancia y nos une al cuerpo de Cristo.

Por otra parte, la tradición calvinista concibe este sacramento como parte de los "medios de gracia", pero sería bueno aclarar si se distancia o no de las "ayudas de gracia" *auxilia gratiae*, de la iglesia romana.

Para acabar pronto, la apocatástasis declara categóricamente que Dios es todo en todas y todos (1 Co 15.28). Ello ha de conducirnos a todos los presentes a continuar plantando su Reino aquí en la tierra. De otra manera, tendremos un problema real.

Presencia simbólica

Tan temprano como el siglo III Clemente de Alejandría espiritualizó al Jesús de la Última Cena, y no conforme con ello, le aplicó el mismo tratamiento al ágape o la comida fraternal: "Un ágape es, realmente, un alimento celestial, un banquete espiritual", "Todo lo sufre, todo lo soporta, todo lo espera; el amor (ágape) jamás decae (1 Co 13.7,8).[19]

En el siglo IX Ratramno de Corbie, endosó la presencia simbólica o sacramental de Cristo, dado que su cuerpo físico está en el cielo. Dos siglos después Berengario de Tours siguió los mismos pasos, pero fue obligado a retractarse ante el papa Nicolás II y posteriormente frente a Gregorio VII: "Yo Berengario, creo de corazón y confieso de boca que el pan y el vino que se ponen en el altar, por el misterio de la sagrada oración y por las palabras de nuestro Redentor, se convierten sustancialmente en la verdadera, propia y vivificante carne y sangre de Jesucristo nuestro Señor" (DS 700).[20]

Purificador

Del latín *purificatorium*. Es un paño para limpiar el cáliz, la patena y el copón.

Realismo extremo

> *Convirtió su carne en pan:*
> *¡Ved qué empanada de carne*
> *con todos sus accidentes!*
> *¿Háse dicho tal de nadie?*[21]

Así como de Francisco de Asís se predica que tuvo la gracia de contemplar las mismísimas llagas o estigmas de Jesús, eso mismo se afirma del cuerpo y la sangre de Cristo. Este realismo burdo sostiene que hay personas a quienes les es concedido el don de ver al Jesús sacramentado en persona.

La pregunta pertinente sigue siendo la misma, después de comulgar ¿cuál es el impacto que causa en mi comunidad de fe?

Reserva

Del latín *reservare*, se refiere a cómo el viernes no se celebra la comunión pero sí se distribuye. Para ello se recurre a la reserva de los elementos del día anterior.

Revestirse

Del latín *revestire*, vestir el atuendo clerical sobre la ropa del diario trajinar.

Sacramento

Del griego *mysterion*, y del latín antiguo *sacramentum*. Consistía en el depósito del litigante a favor de un soldado, o el juramento militar de lealtad. Ha de distinguirse del sacramentalismo en donde la adoración a Dios está divorciada de la justicia (Am 5.21-24; Is 1.11-20; Is 59.17-25 Stg 2. 14-17).

Sangre

La sangre de Jesús erradicó la afrenta social impuesta por los reinos de este mundo a la sangre menstrual. No obstante, todavía hay muchos tabúes que lavar. Los bancos de sangre ya aceptan sangre de afro-americanos, pero rechaza la de los homosexuales, las personas con tatuajes y perforaciones; de quienes hayan tenido una pareja ocasional el último año; de la gente que ha sido encarcelada o detenida por más de 72 horas.

La sangre de Jesús también se trivializa cuando se la casa con el *Kool-Aid* y otros líquidos de esa calaña.

Símbolo

Del griego *sym-ballein*, re-unir, congregar, lo que une al pueblo. A diferencia del *dia-ballein*, lo que des-une, lo que disgrega o lo diabólico.

La vida es incomprensible si la abordamos desde la razón fría de la Ilustración. Pablo Picasso no se ofendió cuando un sujeto le confesó no haber comprendido una de sus pinturas. El español tranquilamente le preguntó: "¿Qué almorzaste?", "bisteces, ¿Por qué es la pregunta?" le contestó el aficionado. Picasso continuó el interrogatorio: "¿Te gustó?", "me encantó" replicó el crítico. El artista le dio el toque final: "Y, ¿acaso comprendiste el guisado?"[22] Qué fuera de nuestra vida sin el hemisferio derecho de nuestro cerebro, el de la imaginación, la creatividad, el de lo simbólico. La corriente filosófica europea de la ilustración o del iluminismo no siempre ilumina, no siempre ilustra. El racionalismo en ocasiones desemboca en un "sé razonable, hazlo a mi manera".

Sursum corda, levanten los corazones

> *Dios esté con ustedes*
> *Y con tu espíritu*
> *Eleven sus corazones.*
> *Los elevamos a Dios.*
> *Demos gracias al Dios.*
> *Es digno y justo.*

Esta oración fue escrita por San Hipólito en el año 220 en su *Tradición apostólica*.

Transubstanciación

Aristóteles era de la opinión de que todas las cosas están compuestas de substancia, *sub stare* lo que yace debajo, y accidente, lo que existe en otro, lo que se adhiere, lo que puede ser de otra manera. Ahora bien, la doctrina de la transubstanciación sostiene que la conversión del pan y el vino se lleva a cabo al nivel profundo de la sustancia, mientras que lo externo permanece intacto.

Ahora bien, cuando el IV Concilio Laterano articuló el dogma de la transubstanciación, la afirmación de Inocencio III de que lo físico es vehículo para comunicar lo divino en forma misteriosa[23] no era tan descabellada. Tenía dedicatoria: el repudio al mundo material sostenido por los cátaros.

Viáticos
De vía, camino. Es la provisión eucarística para la persona agonizante.

Vinajera
Vasijas para el vino *vinum* y el agua *aqua*.

Notas

[1] José Joaquín Fernández de Lizardi, *Conversaciones del Payo y el sacristán* (periódico bi-semanal), 1824.
[2] Pikaza, 119.
[3] En *Dialogorum libri*, IV (1,4). Citado por Alberto Maggi. Jesús y Belcebú: Satán y demonios en el evangelio de Marcos, Bilbao: DDC, 2000, 15.
[4] Rafael Ávila, *Worship and Politics*, Nueva York: Orbis, 1981, 89-90.
[5] San Agustín, *Contra Cresconium*, I, IV, c. 19.
[6] Steward Lee Allen, *In the Devil's Garden*, 167.
[7] Lewis Hanke, La lucha por la justicia en la conquista de América, Buenos Aires: Sudamericana, 1949, 189.
[8] Alberto Aranda, *La cena del Señor: iniciación eucarística*, México, D.F.: La Buena Prensa, 1997, 29.
[9] Elsa Tamez, "De la leche y sus derivados: rompiendo las cadenas de la injusticia", *Signos de vida*, Sep. 1999, 8.
[10] Elsa Tamez, "De la leche", 11.
[11] Sonia Shah, "La diabetes es más que un problema usamericano", *Rebelión*, 3/29/2006.
[12] Frei Betto, "El don Helder Cámara que yo conocí", *Rebelión*, 2/15/2009.
[13] Jaroslav Pelikan, *The Melody of Theology: A Philosophical Dictionary*, London: Harvard University Press, 1988, 264.
[14] Maggi, *Padre de los pobres*, 45.
[15] Cf. Prólogo de Justo L. González, en Isaías A. Rodríguez, *Introducción al culto; la liturgia como obra del pueblo*, Nashville: Abingdon, 2005, 9-16.
[16] Colin Spencer, *The Heretic's Feast: A History of Vegetarianism*, Hanover y Londres: University Press of New England, 1995.
[17] Sara Covin Juengst, *Breaking Bread*, 17.
[18] Jan Rohls, Reformed Confessions: Theology from Zurich to Barmen, Louisville, Kentucky: Westminster John Knox Press, 1998, "Eating (manducatio) and Faith", 234 ss.
[19] Alfonso Ropero, *Lo mejor de Clemente de Alejandría*, Miami: Clie, 2002, 126.
[20] María de los Ángeles Navarro, *La eucaristía; origen, doctrina, celebración y vida*, Madrid: PPC, 2002, 70.
[21] Farsa de Corpus publicada en Madrid, 1664. Citada por Salinas Campos, *Gracias a Dios que comí*, 410.
[22] González (ed). *¡Alabadle!*, 25.
[23] Álvaro Delgado-Gal, "El multiculturalismo imposible", *El País*, 5/30/2001.

Postre

"Donde dije digo, digo Diego"

Vivimos en una sociedad indolente que lo que transmite por todos los medios habidos y por haber no cuadra con la cruda realidad. Es un "sistema", para continuar con los términos culinarios, que todo lo arregla con su discurso triunfalista plagado de eufemismos y salpicado de imágenes mal intencionadas. Es la televisión-cracia que diviniza a tiranos hasta que caen, para luego demonizarlos sin más. Es el capitalismo que baila con Dios y con Mamón y al instante olvida quién es quién.

Jesús, en cambio, habla sin tapujos: "que tu sí sea sí, y tu no sea no" (Mt 5.37). O más radical aún: "¿También ustedes quieren irse?" (Jn 6. 67).

El Galileo quiere ser recordado en el comelitón del picnic galileo y en el fiestón de la Última Cena. Este es el punto de llegada de la larga lista de comidas en las que el Nazareno compartió con personas de todo tipo. Al mismo tiempo, la Cena del Aposento Alto es el punto de partida de los almuerzos que prolongó más allá de su asesinato. Jesús apostó por el Reino de Dios y su mesa franca, la cual nos envía a luchar por el derecho más básico de todos: el de los sagrados alimentos. No es accidental el que la esencia del cristianismo sea el *synesthíein*, o el comer juntas y juntos.[1]

Entre la hispanidad cuando alguien solicita indicaciones sobre cómo llegar a cierto lugar, hay quien inclusive acompaña hasta su destino a la persona desorientada. Si no sabe la respuesta intenta aproximarse, pues la relación amistosa está por encima de la precisión geográfica. También mucha de nuestra gente latina prefiere mantenerse al margen del debate. En lugar de batirse a espadazos con las palabras hacen concesiones, pues la relación cordial está por encima de la esgrima verbal. En esta Introducción nos hemos guiado por esos atavismos culturales. Tan solamente hemos sobrevolado por las geografías y los miles de años de la tradición eucarística. Lo hemos hecho con la oración porque ello despierte el apetito de nuestras iglesias y continúen hincándole el diente a este tópico.

Según hemos visto, la Última Cena es un recordatorio perenne a la urgencia de cocinar la teología con la comida, y la pastoral con el hambre física. Las implicaciones geopolíticas y económicas de este sacramento u ordenanza nos han llevado a dejar de considerar el hambre material como una fatalidad o como el resultado de una crisis coyuntural. No. Este flagelo de destrucción masiva es el resultado del crimen organizado por los organismos internacionales y los gobiernos locales, cuya política es la de "más pulgas para los perros flacos".

Hay quienes literalmente no leen la Biblia y quienes no leen la Biblia literalmente. Estos últimos saben que a Dios no se le puede conocer en directo, sino a través del alimento compartido con la gente hambrienta (Mt 25.31-46). Saben que la comida es el hilo conductor de la vida y obras de Jesús. Saben que al Profeta de Nazaret lo mataron porque no sabía hacer distinciones sociales al momento de sentarse a la mesa (Mt 9.11). Porque sacó de la cocina a la mujer y la invitó a sentarse a la mesa y a aprender a que le sirvieran (Gn 18.9). Saben que el Hijo de María no quería morir: "Aparta de mí este cáliz amargo" (Lc 22. 44), pero que se sacrificó para acabar de una vez por todas con todo sacrificio humano. Quienes leen la Biblia con temor y temblor conocen de la crisis de conocimiento en la que están instaladas las empresas trasnacionales y los políticos corruptos del norte y del sur: "Perdónalos Padre porque no saben lo que hacen" (Lc 23.24). Jesús muere perdonando, pero muere denunciando.

Como iglesia cristiana latina en los Estados Unidos hemos de hacer una lectura más comestible de la Última Cena. Hemos de abrazarnos a la promesa del Resucitado: "Beberé con ustedes el vino nuevo en el Reino de mi Padre". En el entretanto, en lo que el hacha va y viene, cuidémonos de que la comida plástica no nos coma; de continuar politizando el tema del pan; y de acompañar las causas de los movimientos campesinos y la soberanía alimentaria.

Ca nelli tlahzocamati ihuan miec (en verdad, muchas gracias).

Nota
[1]Manuel Díaz Mateos, *El sacramento del pan*, Madrid: PPC, 1997, 151.

Alacena
Bibliografía

Aguirre, Rafael. *La mesa compartida; estudios del Nuevo Testamento desde las ciencias sociales*, Santander: Sal Terrae, 1994.
Agustín, San. *Contra Cresconium*, I, IV, c. 19.
Alba Rico, Santiago. *Archipiélago* # 60.
Allen, Stewart Lee. *In the Devil's Garden: A Sinful History of Forbidden Food*, New York: Ballantine Books, 2002.
Allmen, J. J. von. *El culto cristiano; su esencia y su celebración*, Salamanca, España: Sígueme, 1968.
Aranda, Alberto. *La cena del Señor: iniciación eucarística*, México, D.F.: La Buena Prensa, 1997.
Arens, Eduardo. *Asia Menor en tiempos de Pablo, Lucas y Juan*, Córdoba, España: Almendro.
Aristóteles. *La Política*, Bogotá: Panamericana, 1989.
Ascher, Marcia. *Code of the Quipu: A Study in Media, Mathematics, and Culture*. Ann Arbor: University of Michigan Press, 1981.
Asturias, Miguel Ángel y Pablo Neruda. *Comiendo en Hungría*, Barcelona: Lumen, 1972.
Austin, J. L. *Cómo hacer cosas con palabras*, Barcelona: Paidós, 1982.
Ávila, Rafael. *Worship and Politics*, New York: Orbis, 1981.
Barth, Karl. *Der Römerbrief*, Husinger: Berne G. 1919.
Barragán Zambrano, Mayela. "En México manda la ley del crimen organizado", *Rebelión*, 10/2010.

Beltrán Salmón, Luis Ramiro. et. al. *La comunicación antes de Colón; sobre los tipos y formas de comunicación en Mesoamérica y los Andes*, La Paz: CIBEC, 2010.
Bernache Pérez, Gerardo. *Cuando la basura nos alcance; el impacto de la degradación ambiental*, México, D.F.: Ciesas, 2006.
Bernardo Analía. "La sexofobia judeocristiana versus sexualidades espiritualizadas de otras culturas", *Jornada*, 5/2/2005.
Betto, Frei. "El don Helder Cámara que yo conocí", *Rebelión*, 2/15/2009.
Boff, Leonardo. *La nueva evangelización; perspectiva de los oprimidos*, Santander: Sal Terrae, 1991.
———. "Viernes, día de la resurrección", www.servicioskoinonia.org, 5/12/2005.
Bord, Janet y Colin Bord. *Sacred Waters: Holy Wells and Water Lore in Britain and Ireland*, London – New York: Granada, 1985.
Bou, Luis César. "Africa y la historia", *Rebelión*, 1/21/2003.
Brooks, David. "Más de 50 millones de estadunidenses sin nada que celebrar en el Día de Acción de Gracias", *La Jornada*, 26/11/2010.
Brunhoff, Suzzane de. *A hora do mercado; crítica do liberalismo*, São Paulo: UNESP, 1991.
Burton-Rose, Daniel y Dan Pens, Paul Wright (comps). *El encarcelamiento de América; una visión desde el interior de la industria penitenciaria de Ee Uu*, Barcelona: Common Courage Press, 2002.
Calvino, Juan. "Commentary on Psalm 104:15", *Ioannis Calvini Opera*, 32: 91.
Cañada Porras, Manuel. "¡comprad, cucarachas!", *Rebelión*, 1/20/2005.
Capanna, Pablo. "Los espías botánicos", *Página* 12, 3/6/2010.
Carlo, Edna. *Pastoral de las personas con discapacidades*, en preparación.
Carpentier, Alejo. *El reino de este mundo*, México, D.F.: Ediapsa, 1949.
Cartwright, S.A. *The New Orleans Medical and Surgical Journal* (1851).
Castillo, José María. "Lectura materialista del santoral", *Misión Abierta* 74 (1981), 307-311.
Castillo, J.M. et al. *Fe y Justicia*, Salamanca: Sígueme, 1981.

Cavanaugh, William T. *Torture and Eucharist: Theology, Politics, and the Body of Christ*. Malden, MA: Blackwell, 1998.

Ceballos Garibay, Héctor. BBC de Londres, Sección Ciencia, 23 enero, 2006, "Jornada semanal", 702, 8/17/2008.

Césaire, Aimé. *Discourse on Colonialism*, New York: Monthly Review Press, 1999.

Chiffolo, Anthony F. y Rayner W. Hesse Jr. *Cooking with the Bible: Recipes for Biblical Meals*, Connecticut – Londres: Greenwood Press, 2006.

Coe, Sophie D. *Las primeras cocinas de América*, México: FCE, 2004.

Colbert, Don. *¿Qué comería Jesús? El mejor programa para comer bien, sentirse bien y vivir más*, Miami: Betania, 2003.

Crossan, John Dominic. *Jesus: A Revolutionary Biography*, New York: Harper San Francisco, 1994.

Davis, David. *El problema de la esclavitud en la cultura occidental*, Bs. As.: Paidós, 1968.

Davis, Ellen F. Scripture, *Culture and Agriculture: An Agrarian Reading of the Bible*, New York: Cambridge University Press, 2009.

Delgado-Gal, Álvaro. "El multiculturalismo imposible", *El País*, 5/30/2001.

Díaz Guerrero, Rogelio. *Estudios de psicología del mexicano*, México, D.F.: Antigua Librería Robredo, 1961.

Díaz Mateos, Manuel. *El sacramento del pan*, Madrid: PPC, 1997.

Diez de Urdanivia, Fernando. *Dichas y dichos de la gastronomía insólita mexicana*, México: LUZAM – Seminario de Cultura Mexicana, 2003.

Fanon, Frantz. *Los condenados de la tierra*, México, D.F.: Fondo de Cultura Económica, 1963.

Farb, Peter y George Armelagos. *Consuming Passions: The Anthropology of Eating*. Boston: Houghton Mifflin, 1980.

Fernández de Castro y de Trinchería, Chimo. *El cristianismo desmitificado; estudio de la sexualidad en tiempos de Jesús*, Barcelona: Kairós, 2006.

Fernández de Lizardi, José Joaquín. *Conversaciones del Payo y el sacristán (periódico bi-semanal)*, 1824.

Floristán, Casiano. *Diccionario abreviado de liturgia*, Navarra: Verbo Divino, 2007.

Freire, Paulo. *Pedagogía de la autonomía; saberes necesarios para la práctica educativa*, México, D.F.: Siglo XXI, 1996.
Friedmann, Harriet. "The Political Economy of Food: the rise and fall of the postwar international food order". *American Journal of Sociology*, 88S (1982): 248-86.
Galeano, Eduardo. *Memoria del fuego; I. Los nacimientos*, México, D.F.: Editorial Siglo XXI, 2002.
González, Justo L. *Retazos teológicos; escritos inéditos de Justo L. González*, Nashville: Abingdon, 2010.
———. *Culto, cultura y cultivo; apuntes teológicos en torno a las culturas*, Lima: Puma, 2008.
———. Prólogo de Justo L. González, en Isaías A. Rodríguez, *Introducción al culto; la liturgia como obra del pueblo*, Nashville: Abingdon, 2005, 9-16.
———. (ed). *¡Alabadle! Hispanic Christian Worship*, Nashville: Abingdon, 1996,
González Stephan, Beatriz. "Escritura y modernización: la domesticación de la barbarie", *Revista Iberoamericana* (LX enero-julio 1994).
Gutiérrez Alea, Tomás (escritor y director). *La Última Cena*, 110 minutos, La Habana, 1976, videocassette distribuido por New York Films, premiada con el Gran Premio del Festival Internacional de Cine de Chicago.
Gutiérrez, Ana. *Se necesita muchacha*. México, D.F.: FCE, 1993.
Gutiérrez de Arce, Manuel. Apéndice a El Sínodo Diocesano de Santiago de León de Caracas 1687, Academia Nacional de Historia, 1975, v. 125.
Hanke, Lewis. *La lucha por la justicia en la conquista de América*, Buenos Aires: Sudamericana, 1949.
Hayes, Shannon. "Radical Homemaking; Why both men and women should get back in kitchen" *AlterNet*, 2/8/2010.
Heiser, Charles. *Nightshades: The Paradoxical Plants*. San Francisco: W. H. Freeman, 1969.
Huck, Gabe – Gerald T. Chinchar, *Liturgia con estilo y gracia*, Buenos Aires: Lumen, 202.
Illich, Iván. *H2O y las aguas del olvido*, México, D.F.: Joaquín Mortiz, 1993.
Infante, J. M. "Psicoanálisis de la fiesta mexicana", en Pérez H. (ed.). *México en fiesta*, Zamora: 1998.

Jackson, Jesse. "America Has Poor Excuse for Poverty", *Common Dreams*, 2/27/2007.
Juengst, Sara Covin. *Breaking Bread: The Spiritual Significance of Food*, Louisville: Westminster John Knox Press, 1992.
Kierkegaard, Søren. *Søren Kierkegaards Papirer. The Papers of Søren Kierkegaard*. Editado por P.A. Heiberg, V.Kuhr, y E. Torsting, 16 vols. En 25 tomos, ed. N. Thulstrup. Copenhague: Gyldendal, 1968-78.
Kolb, Robert - Timothy J. Wengert (eds). *The Book of Concord: The Confessions of the Evangelical Lutheran Church*, Minneapolis: Fortress Press, 2000.
Lamas, Marta. "La mala fama", *Página 12*, 12/17/2010.
Lepes Miranda, Narda. *Comer y pasarla bien*, México D.F.: Planeta, 2007.
León-Portilla, Miguel. *Códices; los antiguos libros del nuevo mundo*, México, D.F.: Aguilar, 2003.
Lowen, James W. *Lies my Teacher Told Me: Everything your American History Textbook got Wrong*, New York: Simon & Schuster, 1995.
Lubac, Henri de. *Corpus Mysticum: L'Eucharistie et L'Église au moyen age*, 2a ed. Paris: Aubier, 1949.
Luvis Núñez, Agustina. *Creada a su imagen; una pastoral integral para la mujer,* Nashville, TN: Abingdon, 2011.
Maggi, Alberto. *Padre de los pobres. Nueva traducción del Padre Nuestro*, Córdoba, España: Ediciones El Almendro, 2007.
———. *Cómo leer el evangelio y no perder la fe*, Córdoba, España: El Almendro, 2005.
———. *Las bienaventuranzas; traducción de Mateo 5, 1-12*, Córdoba, España: El Almendro, 2001.
———. *Jesús y Belcebú: satán y demonios en el evangelio de Marcos*, Bilbao: DDC, 2000.
———. *Nuestra Señora de los herejes; María y Nazaret*, Córdoba, España: El Almendro, 1988.
Malebranche, Camille Loty. "Haití, el estómago de los pobres controlado por los plutócratas", Rebelion.org 4/25/2008.
Mateos, Juan y Fernando Camacho. *Evangelio, figuras y símbolos*, Córdoba, España: El Almendro, 2007.
May, Roy H. *Josué y la Tierra Prometida*, New York: División de Mujeres de la Iglesia Metodista Unida, 1997.

Mignolo, Walter D. *The Darker Side of the Renaissance: Literacy, Territoriality, & Colonization*, Michigan: The University of Michigan Press, 1995.

Mintz, Sidney W. *Dulzura y poder; el lugar del azúcar en la historia moderna*, México, D. F.: Siglo XXI, 1996.

Miranda, José Porfirio. *Being and the Messiah: the Message of St. John*, Maryknoll, NY: Orbis, 1973.

Moltmann, Jürgen. *El Espíritu Santo y la teología de la vida*, Salamanca, España: Sígueme, 2000.

Navarro, María de los Ángeles. *La eucaristía; origen, doctrina, celebración y vida*, Madrid: PPC, 2002.

Nedungatt, George y Michael Featherstone (eds). *Retorno al Concilio de Trullo*, Roma: Instituto Oriental Pontificio, 1995.

Nietzsche, Friedrich. *La voluntad de dominio*, Madrid: Aguilar, 1951, 24.

Ontray, Michel. *El vientre de los filósofos; crítica de la razón dietética*, Guipúzcoa: R and D, 1996, 59-60.

Payno, Manuel. *Los bandidos de Río Frio*, México, D.F.: Porrúa, 2003.

Pelikan, Jaroslav. *The Melody of Theology: A Philosophical Dictionary*, Londres: Harvard University Press, 1988.

Pérez Álvarez, Eliseo. *Abya Yala; discursos desde la América des-norteada*, México, D.F.: El Faro et al, 2010.

———. *Introducción a Kierkegaard o la teología patas arriba*, Nashville: Abingdon, 2009.

———. *Marcos*, Minneapolis: Fortress, 2007.

Pérez Sandi Cuen, Laura. *Usos y costumbres en torno a la mesa; conservación y transformación*, México, D.F.: Iberoamericana – Plaza Valdez, 2007.

Pfatteicher, Philip H. *Commentary on the Lutheran Book of Worship*, Minneapolis: Fortress Press, 1979.

Pikaza, Xavier. *Diccionario de la Biblia; historia y palabra*, Navarra: Verbo Divino, 2007.

Poniatowska, Elena. "Imágenes de la Patria", *La Jornada*, 10/16/2005.

Quintero Rivera, Angel G. (ed.) *Vírgenes, magos y escapularios; imaginería, etnicidad y religiosidad popular en Puerto Rico*. SJ: UPR, Universidad del Sagrado Corazón, Fundación Puertorriquena de las Humanidades, 1998.

Alacena (Bibliografía)

Radford Ruether, Rosemary. *Gaia and God: An Ecofeminist Theology of Earth Healing*, New York: Harper Collins Publishers, 1992.

Ranke-Heinemann, Uta. *Eunucos por el Reino de los cielos; iglesia católica y sexualidad*, Madrid: Trotta, 1994.

Ribeiro, Silvia. "Manipulando el clima", *La Jornada*, 3/2/2007.

Richardson, Jill, "Too Fat to Serve: How Our Unhealthy Food System Is Undermining the Military", *AlterNet*, 12/15/2009.

Rigotti, Francesca, *Filosofía en la cocina; pequeña crítica de la razón culinaria*, Barcelona: Herder, 2001.

Rivera Pagán, Luis N. *Los sueños del ciervo; perspectivas teológicas del Caribe*, Quito: CLAI, 1995.

Roberts, Paul. *The end of food*. Boston: Houghton Mifflin Harcourt, 2008.

Rodríguez Cruz, Rafael. "Diez mitos acerca de los trabajadores inmigrantes indocumentados en Estados Unidos", *Rebelión*, 9/27/2007.

Rohls, Jan. *Reformed Confessions: Theology from Zurich to Barmen*, Louisville, Kentucky: Westminster John Knox Press, 1998.

Ropero, Alfonso. *Lo mejor de Clemente de Alejandría*, Viladecavalls, España: Clie, 2002.

Rothschild, Nadine de. *Los buenos modales: El arte de seducir y tener éxito*, Barcelona: Folio, 1994.

Ruvalcaba, Alonso. "Antrobiótica, Petronio Arbiter", *La Jornada*, 7/5/2005.

Salinas Campos, Maximiliano. *Gracias a Dios que comí; el cristianismo en Iberoamérica y el Caribe s. XV-XX*, México, D.F.: Dabar, 2000.

Santiago, William Fred. *Venceremos; recobro de M.L. King Jr.* San Juan, PR: Isla Negra, 2011.

Santoro, Sonia. (comp.) *¡Sin nosotras se les acaba la fiesta! América Latina en perspectiva de género*, Colombia: FESGENERO, 2009.

———. "Aprender a oler", *Página 12*, 12/3/2002.

Schaberg, Jane. *The Illegitimacy of Jesus*. San Francisco: Harper & Row, 1987.

Schüssler Fiorenza, Elizabeth. *Jesus Miriam's Child, Sophia's Prophet*. New York: Continuum, 1995.

Shah, Sonia. "La diabetes es más que un problema usamericano", *Rebelión*, 3/29/2006.

Shiva, Vandana. *Water Wars: Privatization, Pollution, and Profit*, Cambridge, MA: South End Press, 2002.

Spencer, Colin. *The Heretic's Feast: A History of Vegetarianism*, Hanover y Londres: University Press of New England, 1995.

Stosny, Steven. "Do men love differently than women?", *AlterNet*, 6/23/2010.

Suárez Granda, Juan Luis. *Las cucharas de la tribu*, Asturias: Ediciones Trea, 2003.

Swidler, Leonard. *Biblical Affirmations of Women*. Philadelphia, Westminster, 1979.

Tamez, Elsa. *Las mujeres en el movimiento de Jesús el Cristo*, Quito: Clai, 2004, 103.

———. "Justificación", 189-191, en Virginia Fabela y R. S. Sugirtharajah (eds). *Diccionario de teologías del Tercer Mundo*, Navarra: Verbo Divino, 2003.

———. "De la leche y sus derivados: rompiendo las cadenas de la injusticia", *Signos de vida*, 9/1999, 8-11.

Tapper, Theodore G. (ed.), *Luther's Works 54. Table Talk*, Philadelphia: Fortress, 1967.

Tedlock, Dennis y Barbara Tedlock. "Text and Textile: Language and Technology in the Arts of the Quiché Maya", *Journal of Anthropological Research* 41, 2 (1985): 121-46.

Theissen, Gerd. *The Open Door: Variations on Biblical Themes*, Minneapolis: Fortress, 1991.

Vivas, Esther. (co-autora) *Supermercados, no gracias*, Icaria, 2007.

Weatherford, Jack. *Indian Givers: How the Indians of the Americas Transformed the World*. New York: Fawcett Columbine, 1990.

Wistow, Fred. "You Can't Remember Half the Things You Used to: How Much Does That Matter?" *AlterNet*, 5/22/2010.

Zhong, Chen-Bo y Sanford E. DeVoe. *You Are How you Eat: Fast Food and Impatience*, en prensa en Psychological Science.

Zinn, Howard. "4 de julio: arriemos las banderas", *The Progressive*, 7/8/2007.

———. "America's Blinders", *Common Dreams*, 3/22/2006.

———. "El flagelo del nacionalismo", *La Jornada*, 2/20/2005.

www.ingramcontent.com/pod-product-compliance
Lightning Source LLC
Chambersburg PA
CBHW070534170426
43200CB00011B/2422